本书的出版得到

湖北省高校人文社会科学重点研究基地

江汉大学武汉语言文化研究中心

江汉大学人文学院汉语言文学专业（国家一流专业建设点）

湖北省社科后期资助项目（HBSK2022YB516）

经费支持，谨致谢忱。

Research on the Social Language Life
in Ming and Qing Dynasties

明清社会语言
生活研究

梁洁　著

中国社会科学出版社

图书在版编目（CIP）数据

明清社会语言生活研究／梁洁著. -- 北京：中国
社会科学出版社，2024.9. -- ISBN 978-7-5227-3713-3

Ⅰ. H1

中国国家版本馆 CIP 数据核字第 2024TX8797 号

出 版 人　赵剑英
责任编辑　王　越
责任校对　刘　娟
责任印制　戴　宽

出　　版　中国社会科学出版社
社　　址　北京鼓楼西大街甲 158 号
邮　　编　100720
网　　址　http：//www.csspw.cn
发 行 部　010-84083685
门 市 部　010-84029450
经　　销　新华书店及其他书店

印　　刷　北京明恒达印务有限公司
装　　订　廊坊市广阳区广增装订厂
版　　次　2024 年 9 月第 1 版
印　　次　2024 年 9 月第 1 次印刷

开　　本　710×1000　1/16
印　　张　14
插　　页　2
字　　数　238 千字
定　　价　79.00 元

前　言

　　自古以来，我国的文学作品就浩如烟海，这些作品对于后世学者而言无疑是一个巨大的资源宝库。随着时代的发展，岁月的变迁，一些语言文化会如冰山一样，渐渐潜藏到水下深处。而每一个古往今来曾经出现过的语言现象，正如树木中的年轮，会永远留下岁月生长的印迹，记录社会的兴衰、历史的荣枯。中国向来是文史资源的超级大国，研究中国语言学的学者应该利用这取之不尽、用之不竭的资源宝库，以不懈的努力来丰富、发展和完善具有中国特色的语言学。正如鲁国尧先生所言，一个人文学者应该高瞻远瞩，旁搜远绍，有开阔的学术视野，多方采撷吸收其他学科的成果……研读文史典籍，经过考证和识别，利用坚实的文史资料以探究历代语言的状况及其演变。

　　本书以明清白话小说为研究对象，原因：一是明清小说数量充足，而充足的语料可以保证数据的丰富性和结论的准确性；二是语言具有相对的稳定性，同时代的横向的作品难以说明问题，而拉长年代则可以更容易地看出语言的发展变化。明清以来，仅长篇白话小说就有两三百部，短篇小说数以万计，这些作品以前所未有的广度和深度反映了当时的社会生活，以最大限度地容纳了中国传统文化的精华。明清的一些长篇白话小说，如罗贯中的《三国演义》、施耐庵的《水浒传》、吴承恩的《西游记》、曹雪芹的《红楼梦》以及"三言""二拍"、《儒林外史》等，许多作品一经写就，立即成为我国古典白话文学的巅峰，在民间广为流传，它们直接或间接地记录了当时社会生活的面貌。尤其是一些现实主义小说，以百科全书式的全景记录，几乎触及了当时社会的任何一个角落，是当之无愧的社会写生集。这些细致的社会描写，为社会语言学的研究提供了丰厚的土壤，它们所记录的社会与社会语言学的研究具有天然的契合性，并触发了社会语言学研究触角的进一步延伸，也由此扩展成了文史语言学。

以《醒世姻缘传》为例，作为一部长篇世情小说，它成书于近代汉语向现代汉语转型的关键时期，上承《金瓶梅》，下启《红楼梦》，肩负着白话小说发展中的过渡任务，因此，在研究白话语言史上具有重要地位。或许其思想性和文学成就难以比肩四大名著，但社会语言学并不怎么关心作品的文学价值，而更看重其语料价值，作为社会语言学的语料，它无疑是更合格的研究对象。这些白话小说的可贵之处就在于它们以写实手法如实反映当时社会语言面貌，这正与社会语言学的研究具有深度的契合性。即使如《西游记》这样的神魔小说，也是用的当时的白话和共同语写成，并使用了大量的方言、熟语，使得它十分接近当时的口语，因此也能体现社会语言面貌。还需要说明的是，由于文言往往带有拟古的特点，模拟的是先秦语言，不能如实反映时代性，所以，本书排除了文言小说作品，只选取一些典型白话小说作为研究对象。

本书主要从历史语言学和社会语言学理论出发，通过研究明清语言的时代特点，如蒙汉、满汉的语言接触，地理方言，宗教词汇，科举词汇，语言的阶层性，语言性别变体等，来探究明清时期的社会语言生活面貌。这样的研究既是有益的，也是有趣的，且对于当前社会的语言规划，社会语言生活等也有一定的历史借鉴与参考意义，提供一些可靠的历史依据。

总的来说，目前对社会文史语言学的研究还只是起步阶段，未来这一方面的研究仍然大有可为。本书的研究首先是跨学科交叉型的，既是明清历史与社会语言学的结合，也是汉语史和语言学的结合研究；其次，本书的材料以明清小说为主，巨量的语料需要巨量的分析，而微观的研究又需要见微知著，工作任务是艰巨的；再次，本书的视角是全方位的，既有宏观社会语言面貌概述，又有点面结合的微观个案研究；最后，本书研究的方法既有语言本体的静态研究，也有历时的流变分析，通过数据统计、考察分析，来确定某些词汇、语法形式的历史阶段性，语言词汇在运用上的变异性，以及某些语言现象所反映出的底层逻辑等。本书可以帮助读者了解明清时期的语言面貌，也能给文学、社会学、语言学、汉语史学等学科提供一定的参考。

目　　录

第一章　绪论 …………………………………………………………… (1)

第一节　社会语言学概述 ……………………………………………… (1)

第二节　社会语言生活与明清白话小说 …………………………… (2)

一　《水浒传》与社会写实 ………………………………………… (5)

二　《西游记》与宗教语言 ………………………………………… (6)

三　《金瓶梅》与市井社会 ………………………………………… (7)

四　"三言""二拍"与市井细民 …………………………………… (8)

五　《醒世姻缘传》与转型社会 …………………………………… (8)

六　《红楼梦》与清代社会 ………………………………………… (10)

七　《儒林外史》与科举官场 ……………………………………… (11)

八　"四大谴责小说"与封建末世 ………………………………… (12)

第三节　研究的意义与方法 ………………………………………… (13)

一　研究的意义 ……………………………………………………… (13)

二　研究的方法 ……………………………………………………… (16)

第二章　明清社会的语言生活 ……………………………………… (18)

第一节　社会变迁与语言的时代性 ………………………………… (18)

第二节　明清小说语言的时代性 …………………………………… (29)

一　从文字避讳看作品的时代性 ………………………………… (30)

二　从词汇潜显看作品的时代性 ………………………………… (36)

三　从语法现象看作品的时代性 ………………………………… (38)

第三节　明清小说语言的地域性 …………………………………… (42)

一　方言类词汇的地域性 ………………………………………… (42)

二 地名类词汇的地域性 …………………………………… (44)

三 饮食类词汇的地域性 …………………………………… (51)

四 服饰类词汇的地域性 …………………………………… (54)

第四节 明清小说语言的社会性 …………………………… (57)

一 从民俗词汇看作品的社会性 …………………………… (57)

二 从信仰词汇看作品的社会性 …………………………… (62)

三 从节气词汇看作品的社会性 …………………………… (68)

四 从俗语詈语看作品的社会性 …………………………… (72)

第五节 本章小结 …………………………………………… (75)

第三章 明清语言应用的阶层变异 ………………………… (77)

第一节 明清社会与阶级分层 ……………………………… (78)

一 《醒世姻缘传》中的阶层性与创作背景 ……………… (78)

二 明清小说中的社会阶级分层 …………………………… (79)

三 明清小说中的职官体系 ………………………………… (81)

第二节 社会阶级分层与语言变异 ………………………… (87)

一 阶层差异与词汇的选择 ………………………………… (88)

二 阶层差异与语法语用的变异 …………………………… (92)

第三节 社会阶层与语言变异的非同步性 ………………… (100)

一 非同步性概说 …………………………………………… (100)

二 《醒世姻缘传》中的非同步性 ………………………… (100)

第四节 本章小结 …………………………………………… (105)

第四章 明清语言应用的性别变异 ………………………… (107)

第一节 语言的性别变异 …………………………………… (107)

一 语言性别变异的原因 …………………………………… (108)

二 《醒世姻缘传》中的女性语言变异例析 ……………… (111)

第二节 性别变异与詈词歧视 ……………………………… (117)

一 语言性别变异的特点 …………………………………… (117)

二 詈语与性别歧视 ………………………………………… (121)

第三节 本章小结 …………………………………………… (128)

第五章　明清社会与行业语言 ……………………………………（130）

　第一节　明清社会与行业语言 ………………………………（130）

　　一　行业语言概说 ………………………………………（130）

　　二　明清社会与行业语言 ………………………………（134）

　　三　明清社会与天下百工 ………………………………（136）

　第二节　明清社会行业词汇 …………………………………（141）

　　一　行政司法词汇 ………………………………………（141）

　　二　工商行业词汇 ………………………………………（145）

　　三　宗教信仰词汇 ………………………………………（149）

　　四　戏曲行业词汇 ………………………………………（155）

　　五　科举教育词汇 ………………………………………（158）

　第三节　本章小结 ……………………………………………（162）

第六章　明清语言生活与社会称谓语 …………………………（164）

　第一节　亲属称谓 ……………………………………………（164）

　　一　称谓概说 ……………………………………………（164）

　　二　亲属称谓 ……………………………………………（165）

　第二节　表敬称谓 ……………………………………………（189）

　　一　职业尊称 ……………………………………………（189）

　　二　官职尊谓 ……………………………………………（191）

　　三　势位尊称 ……………………………………………（193）

　第三节　詈称称谓 ……………………………………………（195）

　　一　性别詈称 ……………………………………………（198）

　　二　动物詈称 ……………………………………………（199）

　　三　身份詈称 ……………………………………………（200）

　　四　妖魔詈称 ……………………………………………（201）

　第四节　本章小结 ……………………………………………（202）

参考文献 …………………………………………………………（204）

第 一 章

绪 论

第一节 社会语言学概述

语言既是个体思维的工具，也是人类整体的交际工具，人类社会的形成、发展、消亡决定了语言的形成、发展和消亡，因此，社会性是语言最本质的属性。语言和社会紧密相连，语言是人类所特有的现象，动物没有完整的语言，其语言也不能明确地表情达意，无法用语言来帮助思维和交际，也就无法形成完整的社会。动物群体无法组成社会，这也从反面印证了语言的思维工具和社会性交际工具属性。在某种程度上也可以说，语言是社会的产物，没有语言就无法组成社会，更谈不上文明的发展。语言的发展与社会发展是一种共变的关系，它们是一对命运共同体，相互作用，社会变迁可以看作是因变量，语言的兴衰存亡则是自变量。

社会语言学是一门既古老又年轻的学科，古老是因为我国学者很早就注意到了语言与社会的关系问题，年轻说的是这门学科的建立时间并不久远，是20世纪60年代兴起的，发源地为美国。从研究方向来说，社会语言学主要有两个方面：一是从社会来研究语言，即从人类的社会科学如"人类学""政治学""历史学""社会学"等角度去观察、分析、研究语言；二是从语言研究社会，可称为"语言的社会学"，从语言去观察、分析和研究社会现象。二者都是把语言看作一种社会现象或者文化现象，来研究语言和社会的关系。

社会语言学有广义和狭义之分。广义的社会语言学，涉及语言与文化保护的关系问题，多民族背景下的多语言主义以及多民族背景下的单语制处理的问题，单语言主义与地理方言的保护问题，语言生态保护的问题，社会语言心理问题，社会交际视角下的语言净化问题，现代语与历史语言的关系问题，以及外语教育、母语教育、语言忠诚度等重大语言问题，在一定的社会历史条件下这些问题都有可能上升为社会政治问题。还有从语言本体着眼的，研究语言在社会中的阶级、阶层、年龄、性别、地域、风格的变异等问题，这些都属于宏观的社会语言学。

狭义的社会语言学也叫微观语言学，往往从语言的本体出发，研究语言在语音、词汇、语法等层面上的表现，在特定社会时间和空间里的变异，也即语言社团里的变异问题，考察社区因素对语言的影响。在研究方法上多采用抽样调查、数理统计、定量分析等方法，注重实地调查和描写分析，研究语言的不同变体及其社会交际功能和语用价值。在研究内容上，从语言的本体角度关注具体的语言规则的形式，如词法、句法层里的规则，或者语言规则形式与语言系统的结合，如洋泾浜语、克里奥尔语等，或多种系统的共存，如蒙式汉语、满式汉语等。狭义的社会语言学由于着眼于本体，研究对象小而微，因而研究方法受结构主义语言学的影响，研究内容与普通语言学多有交叉。

第二节　社会语言生活与明清白话小说

语言是历史的遗迹，过去的语言是社会历史文化的活化石。对特定时期的语言进行研究分析，正如考古学一样，可以发掘被时间湮没的社会文化。语言暗含着社会的变迁，要了解语言的发展演变情况，文字背后的文化内涵，词汇的语用原则，甚至语法规则的演变过程，就必须把语言同历史密切联系起来。

语言生活（language situation）又称语言状况，实际上是指人们使用语言文字的情况。[①] 明代工商业的繁荣带动了经济的发展，有钱有闲的市民聚集在勾栏瓦舍听书说戏，文人们谋生的需求、表达的欲望、对社会的责任感和市民们精神文化需求结合了起来，推动了明清小说的快速发展。明清时期产生的长篇小说有几百部，短篇小说数以万计，这些作品

---

① 陈章太：《语言规划研究》，商务印书馆 2022 年版，第 25 页。

打破了唐宋以来诗词的文学正统的局面。诗词过短的篇幅难以满足流连听众和读者的精神文化需求，于是明清小说以前所未有的广度和深度以及创新性繁荣了当时社会生活。借助这些明清的作品可以研究当时的语言与社会文化、民族、心理等宏观变异，因此，这些小说都是社会语言学研究取之不尽的宝库。虽然多数的小说不乏虚构，不过这些明清的白话小说，或多或少都会直接或间接地反照一些当时的社会情况。且社会语言学并不关心小说文学内容的真实性，而是从语言的语音、词汇、语法等角度研究问题，所以小说的内容虚构与否，对研究的影响并不大。

总的来说，中国的明清时期是错综复杂的时代，是矛盾纠织，思想开放与政权钳制、经济进步与政治守旧、文化启蒙与大众愚昧相互纠缠的时代。随着明代资本主义萌芽，经济发展，封建统治强化，理学与禁欲主义成了主导，经济发展和政治钳制导致矛盾错综复杂。硬条件上，出版行业发展已经成熟，为小说进入书面创作准备了物质条件。明代小说由此进入全盛期，产生了几百部的长篇小说和数以万计的短篇小说，如明代四大奇书以及"三言""二拍"等代表作。到了清代又出现了反映现实主义的写实小说《儒林外史》和《红楼梦》这两座高峰，还有文言著作《聊斋志异》更成为中国古典现实主义小说辉煌的顶点。

明清时期，社会政治经济和人性反映到小说中，就是如《西游记》《水浒传》一样的揭露封建统治阶级的罪恶和政治统治的黑暗，统治阶层从上到下追求物质的欲望和贪婪；或如"三言""二拍"一样歌颂市井小民的勤劳诚实，商人追求发财致富的理念，手工业者的生活与思想；或如《红楼梦》为天下女子立传，主张爱情与婚姻生活的自由；或如《官场现形记》《二十年目睹之怪现状》抨击社会现实等主题。凡此种种共同组织成明清的白话小说的特色。这些特点与社会语言学从语言的角度研究语言在"年龄、性别、阶层、地域、风格、民族、地理、交际"等语言层面上的变异问题不谋而合。

本书也探讨了社会历史与文化语言学层面的问题，如语言中的文化现象、词汇中的隐喻，语言中的性别歧视等诸如此类的问题。在选择某些白话小说作为语料时，通常运用文史互证的方法，在同时代的文献中找到更多的语料作为辅证。

由于学科交叉问题，本书往往涉及文学，历史，语言等学科，首先在此厘清相关的几个概念。

一是文学和史实的界限。从某种程度上说，文史不分家，文学创作和历史事实有的时候界线会比较模糊。文学有更高的使命，它从来不是政治的从仆和历史的录音机，在涉及历史事实的时候，小说往往会避实就虚，既有吻合的细节，又有虚构的夸大。有些作品为了编排主题，为了读者阅读猎奇，摒弃历史真实服从的阅读效果，不惜修改历史和逻辑。文学作品也有着更无奈的宿命，作为文学作品，往往是"全实则死，全虚则诞"，在通俗笔法中融合考证。《水浒传》在虚构与忠实之间反复，如宋江的身份和征讨方腊等问题的创作上就采用了避实就虚的写法。小说在小人物塑造上下足了典型塑造的功夫，高俅成功地"抢镜"历史真实人物"蔡京"。但也有真实之处，比如明代的政治生活，蔡京为取悦宋徽宗而到处搜罗古玩与字画；而在小说里，高俅靠球技取宠，招安过程也是对宋徽宗反复无常的心理如实描摹。再如《金瓶梅》，在题材上，寄意时俗，不再是入《三国》英雄征战、《西游记》神魔斗法，而是转向世俗社会，关注世态炎凉，更加贴近现实，贴近生活，直面人性和人生，成为市井百态的生活全书。

二是文学和语言学的界限。语言学和文学往往也存在着界限模糊的情况，语言和文学虽然不能划分一条绝对明确的界限，不过大体上还是有着各自的研究范围。文学以研究文学作家作品、文学理论为主，传统的语言学"小学"研究"音韵""训诂""文字"，以疏通字词为要，主要为解经服务，是经学的附庸。现代的普通语言学除研究语言内部的语音、语义、语法、文字等内容，外部还涉及语言与社会、文化、心理等学科，这个分界就存在着一定的模糊性。

三是普通语言学和社会语言学的界限。普通语言学与社会语言学在某种程度上存在着一种包含关系，社会语言学可以说是普通语言学的一个分支。研究中国明清时期的社会语言学，则是以现代社会语言学理论为指导，以明清白话小说文学作品为语料，从语言的角度考察某个社会历史时期的社会语言生态。本书既不主要考究文学作品文学真实性，也不同于传统的经学附庸的"小学"，而是从现代语言学的角度出发，对如《西游记》中的佛教词汇，《儒林外史》中的科举词汇、官场阶层语言词汇，《醒世姻缘传》中的天下百工、行业词汇等进行分析，考察的是特定历史时间段的社会语言面貌,相当于社会历史语言学。

社会语言学研究在中国最应该具有不同的学派特色。中国有悠久历史语言文化,与美国等历史文化相对较短的国家只能做共时平面层面的研究相比,我国的社会语言学研究还可以进行历时纵深的研究。当前我国社会语言学除了对语言与社会关系进行调查、描写和解释外,还有必要从历时的角度,把共时平面的研究与历时纵向的研究结合起来,从而探索中华民族悠久的历史和灿烂的文化,这种具有立体性的社会语言学才具有中国特色,才符合我们这个文明古国的特点。下面简要介绍一些从适合社会语言学视角出发进行研究的明清小说作品。

一 《水浒传》与社会写实

明清时期,长篇白话小说多达数百部,短篇小说数以万计,因此,只能列举一些具有代表性的作品,选取与社会语言学研究相契合的方向作为切入点。

《水浒传》开创了我国白话章回体小说的先河,可以说是武侠小说的鼻祖,市井小说的巅峰,在明代就被列为"四大奇书",后又被列为"四大名著"之一,对后世中国乃至世界,都产生了重大的影响。

《水浒传》通过108个落魄人物被"逼上梁山"的故事,歌颂了一群有反抗精神的英雄,小说展示了当时社会政治的黑暗、不可调和的尖锐的阶级对立矛盾。宋朝统治者对内忌惮地方军事实力,走上"自废"之路,对外怯懦畏战,但求安稳。作品通过特定结构把不同阶层的人物联系起来,组成了一幅宋明两代社会的风俗画卷,与其说是写农民起义,不如说是写市井文化。里边的社会政治环境,风俗习惯,官府的组织结构、行政方法,官民矛盾与冲突,官官相护与官官相残,江湖帮派互助与倾轧,绿林的团结与争雄展现得淋漓尽致。同《三国演义》相比,它的社会性写实更多,政治演义的成分更少,所以可以称之为"假演义小说"。

很明显这种社会风俗画卷正是社会语言学的着眼之处,作品把目光投向社会风俗和市井百态,增强了小说的生活气息和真实感。纯熟的白话创作,日常琐事和平凡的人物描写,贴近了生活,浸透着相当程度的市民意识,写作手法和民众立场也融合了大众愿望和意志。这些为社会语言学研究语言与阶级、阶层、地域、文化和社会心理等提供了大量便利和真实的语料。

其后还有《水浒传》续貂之作。明代小说的巨大成就影响了清初文人，出现了大量续书。较为出色的有陈忱的《水浒后传》，它完全否定了招安的结局，还借机总结明亡的历史教训。不过，作者作书在于借续抒愤，因此，在艺术上很难获得较大的成功，叙事模式也发生了变化，没有了传奇色彩，而趋向寻常化。

二 《西游记》与宗教语言

《西游记》是我国第一部长篇浪漫主义的章回体小说，是中国神魔小说的巅峰之作，使孙悟空的形象家喻户晓。该小说取材于玄奘赴印度取经历史事件，在民间流传过程中不断神化异化，现实主义与浪漫主义结合，释、道、儒三教合流，天上、人间、地狱三界和西方佛教糅合，在神佛世界里注入了现实社会的人情世态。一切想象本有现实的根源，它也是现实主义的，浪漫的幻想源于现实生活，在奇幻的描写中折射出世态人情，歌颂人民大众对现实社会的不满和反抗。那些变幻莫测的故事，是现实的影子，包含着生活真理，通过作者的艺术加工，奇幻得入情入理，深刻曲折地描绘了明代社会的现实。

明朝中国的封建制度发展到高度鼎盛的时期。商品经济的发展会要求思想的自由，但过度的思想自由并不利于明朝的社会统治，明朝不得不大肆加强政治管控和思想钳制，中央集权和君主专制空前加强，明初官不聊生甚至强于民不聊生，官员受到空前控制。万历时期，收取矿税事件也在民间引起了强烈的反抗，万历十年（1582）的杭州也发生了暴动。反抗正是商品经济发展到一定阶段、市民阶层与自由思想兴起之后，对封建暴政的一种反映。文字狱兴起，人人敢怒不敢言，于是一大批文学家只能借助荒诞浪漫的形式表达自己的感受。所以，从反抗现实主义角度来讲，明代的神魔小说具有积极的社会意义。

《西游记》对天宫、地府和人间的描写，都在影射明代社会的统治，明代社会政治黑暗，贪官污吏横行，民众困苦，孙悟空的反抗精神总体上象征着人民的反抗。取经路上的种种妖魔鬼怪，在局部上象征着地方上的黑恶势力。神仙与妖魔鬼怪残害生灵，正是统治阶级和黑恶势力勾结，欺压残害百姓的变形写照。后来的神话小说作品如"八仙过海""济癫和尚"等，都是借神魔道法，惩治恶人，反映的是普通百姓无力反抗，只能借助想象来实现惩恶扬善的愿望。

不过，社会语言学并不过于关心作品的文学艺术价值，如《西游记》这类小说作品作为语料，其佛教道教语言词汇，也能够为社会语言提供价值。

三 《金瓶梅》与市井社会

《金瓶梅》是我国第一部由文人独立创作的白话长篇小说，以往的长篇小说都是或依据说书人话本、历史故事，或依据民间传说整理而来，《金瓶梅》由此成为中国社会现实主义世情小说的开山之作，自此之后，文人的创作成为小说创作的主流。《金瓶梅》约成书明代万历前中期，反映的是明代社会政治、经济、文化习俗，是一部明末社会史。《金瓶梅》的价值，主要在于它的写实性。《金瓶梅》之前的长篇小说，主要是描写帝王将相，皇祚更替，英雄征战，草莽英雄，神魔斗法，但这些传奇显然远离了民众的现实生活。《金瓶梅》开始将注意力转向世俗社会，市井百姓，开始关注人间悲欢，世态炎凉，更加贴近现实。《金瓶梅》为世情小说的发展奠定了基础，写的完全是市井平民真实的日常生活，其情节不在于故事有多离奇曲折，而在于严密细致。语言上几乎不加修饰地展现市民生活原生态，多用民间市井语、家常口头语，这种对日常生活的细致描摹，才更能真实地反映当时的社会生活。从西门"一家"，写及"天下国家"，深刻表现了16世纪中国商人的悲剧，揭示出晚明农本势力没落、资本势力崛起时的城市风尚，纵欲亡身，人性扭曲，拜金享乐主义的社会风向，也深刻暴露当时政治腐败、社会黑暗的问题。

关于《金瓶梅》的价值，历史学家们认为，它是研究明代社会的一部百科全书；文学评论家们认为，它是世界文学宝库中的瑰宝。其主要影响在于它为以后的世情小说的创作奠定了基础，《金瓶梅》之后我国小说的发展分成了两大流派，且为后来的巨著《红楼梦》做了必要的理论探索和准备工作。

四 "三言""二拍"与市井细民

"三言""二拍"是明代短篇小说集,"三言"是指明代冯梦龙的《喻世明言》《警世通言》和《醒世恒言》,"二拍"是指凌濛初的《初刻拍案惊奇》和《二刻拍案惊奇》。

"三言"是我国文学史上第一部规模宏大的白话短篇小说总集,是白话短篇小说历程上的一座丰碑,标志着继长篇小说之后,白话短篇小说也达到了新的高度。它是以宋元说话艺人口头说话为底本,文人作家进行的再加工创作,在形式上保留了很多说话的艺术形式,如"话说天下大势,合久必分,分久必合""话分两头""花开两朵,各表一枝"等。

冯梦龙自小饱读诗书,却时运不济,57岁才考取贡生,68岁参加抗清斗争,终生职业化地编辑书籍,达一千余万字,成为罕见的文化巨匠。其编撰的《喻世明言》《警世通言》和《醒世恒言》辑录了宋元明以来的历史故事、社会传闻等,题材广泛,内容复杂。其不同的短篇小说从各个角度反映了社会生活面貌,描写了市井百姓生活状态。

"二拍"是指凌濛初模仿"三言"而作的《初刻拍案惊奇》和《二刻拍案惊奇》,是作者根据野史笔记、社会传闻等内容创作的,与"三言"为辑录的故事不同,"二拍"基本上为作者独作。"二拍"反映了民众对财富追求和享乐的社会风气,以及追求爱情和自由平等的思想,重视商业描写,商人的逐"利"不求"义",接触到了商业活动的本质,更准确地反映了晚明商业的崛起,体现了时代特征。有些作品有进步思想,提出在爱情婚姻生活中要求男女平等。还有的作品不停地"奉劝世人行好事",说教思想严重,气息陈腐,大谈忠孝节义、因果报应,令人疲倦。总的来说,"二拍"的艺术成就比"三言"差得不少。

"三言""二拍"为我们展现了一个作为独立阶层而登上历史舞台的市民的众生相,作者们不约而同把兴趣放在普通市民及其身边的琐事上,将笔触伸向平凡的城市生活,真实而全面地描绘出一幅明代社会风俗画卷,为市井细民写心立传。

五 《醒世姻缘传》与转型社会

《醒世姻缘传》大约成书于明末清初时期,是一部长达百回的世情白话小说巨著，它以一个两世姻缘的故事，全面真实地反映了当时社会的世态百相。它成书于近代汉语向现代汉语转型的关键时期，上承《金瓶梅》，下启《红楼梦》，反映了山东地区口语的基本面貌。对于后世研究者来说，无论是借其了解地域方言，还是研究社会与文化，都具有重要的参考价值。《醒世姻缘传》肩负着白话小说发展史上的过渡重任，成为白话小说的新阶段的标志，因而在白话小说史上具有重要影响。

一直以来，《醒世姻缘传》的社会文化价值都得到了学术界的高度重视。以内容而论，《醒世姻缘传》算得上是一部真正意义上的明清社会的"浮世绘"。胡适说："《醒世姻缘传》真是一部最有价值的、最丰富又最详细的文化与社会史料，他的最不近情理处，他的最没有办法处，他的最可笑处，也正是最可注意的社会史实……我可以预言：将来研究十七世纪中国社会风俗史的学者，必定要研究这部书；将来研究十七世纪中国教育史的学者，研究十七世纪中国经济史（如粮食价格、如灾荒、如捐官价格等等）的学者，必定要研究这部书；将来研究十七世纪中国政治腐败、民生痛苦、宗教生活的学者，也必定要研究这部书。"① 徐志摩同样也对它有很高的评价："《醒世姻缘传》是一个时代（那个时代至少有几百年）的社会写生，作者西周生把中下社会的各色人等的骨髓都挑了出来供我们赏鉴……从悍妇写到懦夫，从官府写到胥吏，从窑姐写到塾老师，从权奄写到青皮，从善女人写到妖姬，不但神情语气是各合各的身份（忠实的写生）……他的是一幅画里必要的工细，他的画幅几乎和人生的面目有同等的宽幅。……是我们五名内的一部大小说。"②《醒世姻缘传》和《海上花》，一个写得浓，一个写得淡，但是同样是最好的写实作品。我常常替它们不平，总觉得它们是世界名著。鲁迅说："《醒世姻缘传》描写则颇仔细矣，讽刺则亦或锋利矣，较之《平山冷燕》之流，盖诚乎其杰出者也。"③

---

① 胡适：《〈醒世姻缘传〉：一个时代的社会写真》，《胡适论名著》，文化艺术出版社 2012 年版，第 304 页。

② 徐志摩：《〈醒世姻缘传〉序》，杜云编《明清小说序跋选》，广西人民出版社 1989 年版，第 263—264 页。

③ 鲁迅：《致钱玄同》，陈漱渝等编《书信全编》（上卷），广东人民出版社 2019 年版，第 71 页。

　　我们应当全面深入地了解汉语，不仅要懂得它的今天，还应当懂得它的昨天，更要能预见它的将来。研究汉语既要弄清楚汉语在不同历史时期语音、词汇和语法的基本面貌，也要了解它们在不同时期的发展变化，探索这些发展变化的特点和原因，揭示出汉语发展的内部规律。

　　研究明清时期的白话小说是有意义的。汉语历时研究，过去一直偏重于中古以前，自吕叔湘先生在20世纪40年代写了一系列相关文章后，唐宋时期的白话开始有人作专门研究。20世纪80年代以来，学者们开始重视中古汉语的研究，出现了数量众多的学术论文以及一些有分量的专著，这些成果极大地推动了近代汉语的研究。相比较而言，对明清时代繁多的白话小说，却研究得不够充分。明清时期是现代汉语形成的重要时期，对这些作品进行研究，能帮助我们厘清官话从近代汉语到现代汉语的发展脉络。这些作品不但具有很高的文学价值，而且具有很高的语言学史料价值，是语言研究难得的富矿，可以帮助我们了解当时语音、词汇、语法的基本面貌。

　　《醒世姻缘传》与社会语言学理论具有天然的契合性，无负"最有价值的社会史料"和"社会写生"的评价。目前也尚未有学者对《醒世姻缘传》的语言进行社会语言学理论的专题性研究，因此本书的研究也以《醒世姻缘传》为重点。

六　《红楼梦》与清代社会

　　若说"三言""二拍"为市井细民写心立传，那么《红楼梦》在某种程度上可以说是为女子立传。从社会语言学的角度来说，这是观察语言的性别变异的一个好窗口。《红楼梦》具有极高的艺术水准，极其细致地描写了18世纪上半叶中国封建社会末期的社会生活全貌，因此，以社会语言学的角度还可以观察到更多的内容。

　　纵观曹雪芹一生，其少年生活繁华，荣华富贵，旋即家道中落，老来穷困潦倒，幼子夭亡，他将悲剧的人生感悟，幻灭的人生体验熔铸到《红楼梦》中。在《红楼梦》中他猛烈地抨击了封建社会末期的腐朽，热情歌颂了年轻人对爱情的追求，歌颂贵族中的叛逆者，表达了新的朦胧进步的民主思想。总的说来，《红楼梦》是百科全书式的长篇小说，虽然在开篇套用了一个神话外壳，但是并不影响整体的写实性，它通过对以贾府为代表的封建贵族家族的兴衰的描写，揭露了当时的官场、宫廷的黑暗和四大家族的腐朽，全面否定了当时的科举、婚姻、奴婢、等级制度等种种不合理的社会现象，深刻地揭示了封建社会末世的走向覆灭的命运和必然没落的历史趋势，由此对当时的社会做了有力的批判。

《红楼梦》后也出现了一大批续书，模仿其笔法的狭邪小说以及鸳鸯蝴蝶派小说，不过这些小说只学了些皮毛，抛弃了《红楼梦》主旨和精神，多数作品都思想庸俗，境界不高。《红楼梦》后在中国形成专门的红学研究，在国外则有十几种语种的译本，并且国外也有不少人对它进行研究，写出不少论著。

与之类似的还有李汝珍的《镜花缘》，讲述海外奇谈见闻，揭露讽刺社会现实丑恶，寄寓作者的政治理想。这是一部驰骋想象、寄托理想的小说，表现出对妇女地位、境遇的关注和思考，带有一定的进步性。受《红楼梦》影响，在思想上尊崇女性，在命名上也暗含深意，"泣红亭"蕴含人生空幻之感，哀悼女子不幸，终究是一场"镜花水月"。

七 《儒林外史》与科举官场

若说《西游记》还只是亦庄亦谐，吴敬梓的《儒林外史》则代表着中国古代讽刺小说的高峰，它的笔触更加辛辣，开创了以小说直接评价现实生活的范例。吴敬梓在考取秀才后，就时运不济，屡试不第，困于科场牢笼。中年后弃绝功名，33 岁时愤懑离开故乡，举家迁居南京秦淮河畔，以卖文和朋友接济度日。晚年穷困潦倒，饥寒交迫，五十四岁客死他乡。

《儒林外史》由若干互相关联的短篇连接起来，打破了通常由紧凑情节推进的故事模式，从元末明初写一直写到明万历四十四年，前后历时约248 年，前后历经一个朝代的兴衰。展示了一幅幅文化科举教育下的腐朽糜烂的画卷。尤其深刻地揭露了科举制度对士人的毒害，在科举制度下，读书人麻木不仁，是非不分，利令智昏，随着科举考试成败而涨落升沉的人生百态。

吴敬梓在《儒林外史》中深刻地批判了封建社会末期科举制度以及官场，虚伪的理学和封建礼教的勾结，整个封建礼教制度的腐朽和人民灵魂的扭曲。《儒林外史》中既有科考及第后成为贪官污吏的读书人,也有轻视功名富贵,具有一定叛逆性格正统"真儒"。讽刺批判的人物喜剧行为背后,几乎都隐藏着深刻的悲剧内涵,在封建科举制度奴役下的士人丑恶的灵魂。还有一批功名富贵圈外的善良淳朴的市井小民,在一定程度上表现了作者的进步倾向。不过作者虽看到了社会的黑暗,但并没找到出路。该书将中国讽刺小说提升到与世界名著同等的地位,对谴责类小说起到了巨大的影响。在国外现有多种译本,欧美、日本学者对其研究很深入。作品语言是比较纯熟的白话,准确有力,简洁洗练,含蓄风趣而富有形象性。总的说来,《儒林外史》是一个很好的窗口,在观察语言的阶层变异上,可以得到较多的材料。

八 "四大谴责小说"与封建末世

"四大谴责小说"指的是晚清的《官场现形记》《二十年目睹之怪现状》《老残游记》《孽海花》四部作品,这类作品直刺黑暗、抨击腐败、直陈时弊,形成一股强劲的批判现实主义潮流。无疑这类现实主义作品都是社会语言学进行观察的良好窗口。

李宝嘉的《官场现形记》是第一部在报刊上连载的长篇章回小说,首开近代小说直接批判社会的风气,作品揭露了封建末世的官场黑暗历史。与《儒林外史》故事情节设置类似,小说中的人物故事也是蝉联而下的模式,一方唱罢,一方才登台。它集中描写晚清封建末世的官场情形,专门暴露官场腐朽,构成一幅末世官场的百丑图。上至军机大臣,下至佐杂胥吏,他们黑暗丑恶、腐败堕落,小说将他们全方位地摄入笔底,由于《官场现形记》中多是实有其人其事,以致后来被慈禧太后按图索骥,按书中人物事件调查,有官员因此而丢官。摄政王载沣也曾下令两广总督端方派人刺杀作者。

吴趼人的《二十年目睹之怪现状》是一部带有自传色彩的作品,从主人公为其父亲奔丧开始,至其经商失败结束,20年间的见闻,触及上自部堂督抚,下至三教九流,罪恶不堪,道德沦丧,显示了封建末世社会的溃烂,也反映了作家理想幻灭的心路历程。

刘鹗的《老残游记》以走方郎中老残为主人公,以行医糊口,游历北方中国大地,清末山东一带游历的所见所闻与所思所感。小说同情人民群众疾苦，老残为文侠，侠肝义胆，行侠仗义，尽已所能解救民众疾苦，以"侠"的方式对现实高度介入，哪怕无丝毫功夫，仍然可配得上一个"侠"字。书中触及的社会生活面并不甚广，但开掘甚深。《老残游记》首揭诸如杀民邀功的"清官"之恶，曝光统治阶级爪牙为非作歹，恣意妄为，致黄河两岸十万生灵涂炭。正如他书中的自叙："有感于时局、身世、国家、社会……其感情愈深者，其哭泣愈痛……棋局已残，吾人将老，欲不哭泣也得乎。"可知《老残游记》为社会缩影、以文代泣之作。

曾朴的《孽海花》全书 35 回，展现了清代 30 年间的中国社会历史画卷，作品有昂扬的爱国精神和激进的革命倾向，其文笔明丽如画，亦擅讽刺笔墨，多采用隐喻手法，撷取一些有趣的琐闻逸事，对封建知识分子与官僚士大夫的宫闱秘闻，科场闹剧，往往以喜剧形式，突出他们的虚伪和庸腐。

第三节 研究的意义与方法

一 研究的意义

（一）理论意义

共时静态研究和历时动态研究的结合。自传统的语言学提出了历时和共时的理论，此后该理论一直被语言学家所沿用。但是，语言的共时态理论是有缺陷的，时间是流逝的，语言也是流变的，单一的共时态语言只是理想状态，不可能是语言的实际状态。对此，社会语言学提出可以在同一个时间里选择祖孙三代不同年龄段的受试者，调查他们之间的语言变异，从而用共时的研究方法取得历时研究的数据，可以说是在共时和历时之间架起了一座桥梁。

传统的社会语言学主要研究语言使用中的变异现象与社会环境之间的相互关系，尤其注重共时的社区语言的调查研究。而广义的社会语言学是从不同角度去考察语言的，如把社会学、人类学、民族学、心理学、地理学、历史学、哲学等都看成社会语言学的研究范围。由此产生了诸多交叉或者细分的语言学科，如社会语言学、人类语言学、民族语言学、心理语言学、地理语言学、历史语言学等。无数的分支与交叉学科既是人类认知领域的深化，又是学科体系的创新。

从上述认识出发，社会语言学的研究可以说已经走过了很长的历史，但是，现代社会语言学不是语言学和社会学简单的贴标签式的结合，而是有着统一的语言学理论、统一的概念体系和共同研究程序基础。当然，语言与各种社会学科结合的过程还远远没有完成，各种理论与应用的研究过程，就是社会语言学的研究不断走向深入的过程。在世界范围内，社会语言学虽说取得了很大的成绩，但是，作为一门学科还很不成熟。在广度和深度上，人们对语言的交叉研究永远只能是不断地深入。因为语言是人类思维的工具、认知的工具，也是社会交际的工具，语言无论对于个体还是人类社会整体，都具有深层次的决定性的基础地位。人类生产生活认知的不断扩展，也决定了对于语言的研究，注定要深入扩展到人类文明的所有学科和领域。在中国，社会语言学更是刚刚起步，还有许多工作要做，个案的研究，理论的创立，交叉学科的建立，方方面面都需要新的研究来充实。本书也是一种新的尝试，传统的社会语言学一般专注于社区语言调查，而本书则尝试了在社会语言学科话语体系下，用当代的研究方法来研究某个历史时期的语言面貌。有别于历史语言学对语言本体的研究，本书试图以社会语言学的方法，较为全面地反映明清时期的社会语言面貌，这是一种尝试。明清时期的白话小说较历朝历代更为丰富，这为本书提供了丰厚的语言史料，是社会语言学与过往时期的结合，反映的是过去历史时期的社会语言面貌，对于人们认识明清时期的社会语言面貌有一定的帮助。

（二）实践意义

首先，对明清社会语言的研究拓展了社会语言学的研究领域。社会语言学宏观层面往往会涉及当时的语言文化政策，历时的社会语言研究可以从历史沿革角度帮我们更好地认知和规划现有的语言政策。中国一直以来都是多民族国家，各种语言相互影响融合，因而也是社会语言学研究的大舞台，研究多语言社会的语言规划，是社会语言学所应关心的课题。社会永远不停地变迁，民族不停地融合发展，语言政策规划是社会分化融合、政治权利迁移等因素的共同作用，研究这些历史内容对于今天有着现实的实践意义。

其次，本书也有助于人们从语言词汇认识明清时期的社会文化和历史。从文化的角度来说，任何民族的历史，只需要研究当时的语言，就可以从中管窥到社会的方方面面，如宗教、法律、风俗、经济乃至社会意识等，语言会留下或明或暗的痕迹，这也就是人们常说的语言是社会历史的活化石的原因。

任何语言都是具体时代的语言，社会也是特定时期的社会，语言与社会有着千丝万缕的联系。以词汇的研究为例，任何一个新词汇大量涌现的时期，都可以根据这些词汇管窥到当时的社会制度和社会历史文化，大量的成语、惯用语、歇后语、谚语、外来词等，都沉淀着社会历史。研究语言中的词汇现象的出现、变化、消亡，从而去了解当时社会生活的变动，是有可能的，也是必要的。①

人不能脱离时代，语言也不能脱离社会，一部杰出的文学作品，在成功塑造出人物形象的同时，也必然会映射出社会的概貌。以《醒世姻缘传》为例，《醒世姻缘传》如同一幅工画，它细致地、不厌其烦而又入木三分地刻画了明末清初的社会，是一部非常杰出的中国古代世情小说。虽然套了一个因果轮回的荒诞框架，但是，如果抛开十分容易识别的神话与迷信框架，《醒世姻缘传》描写的是封建社会广阔的全景，如当时社会的伦理、婚姻、恩怨、财和势等。受《金瓶梅》的影响，作者对人情世态揣摩深切，写社会家庭间的寻常细事，真切、细致，贴近生活原貌。虽加了些夸张，显示出滑稽可笑，但也因此更富有生活气息，使得人情物态和市井风光栩栩如生。②

在语言学界提出要加强古代汉语与现代汉语的沟通，理论语言学与应用语言学相结合时，《醒世姻缘传》这一类的通俗白话小说文献作为语料的研究价值更应该受到重视。在对它进行历史学、文学、民俗学、社会学等做专题方向研究时，还应加强跨学科跨类型的研究，不仅要关注纵向历时的研究，还要注意加强横向学科间的联系。本书是一种结合性的研究，无论是对增强近代汉语本体的研究，还是对探寻近代汉语的语言应用研究，都有一定的参考价值。

---

① 陈原：《社会语言学》，商务印书馆1983年版，第266页。
② 袁行霈：《中国文学史》第四卷，高等教育出版社1999年版，第298—302页。

二 研究的方法

本书主要运用了社会语言学理论来研究语言和社会的关系，研究明清小说的语言所具有的时代特征。本书属于专题研究的性质，我们主要对明清白话小说的语料、口语材料进行统计和比较分析，总体说来，研究方法上本书坚持以下几种理念。

第一，专书与专题研究相结合。传统的古代专书研究总是专注于语言本体研究，条分缕析、铺排入微，凡书中出现的语言现象总是力求完善，在文史资料中求根溯源，寻找历史证据。我们在继承这种严谨治学精神的同时，力求将交叉研究的方法引入到古代专书的研究中，既研究微观的语言词汇差异，也研究宏观的社会阶级语言。

第二，静态与动态的描写相结合。静态与动态结合是语言研究中常用的一种方法，"静态"与"动态"是一个相对的概念，可以认为，共时的研究是静态的，历时的研究则是动态的；语言研究是静态的，言语研究则是动态的；语法是静态的，语用就是动态的；词和短语是静态的，句子是动态的。我们静态与动态研究也是多方面的，如静态地考察明清小说中的语言单位，如语音和词汇，又动态地比较该词在长时间段内的形式、意义和功能等情况。静态描写有助于我们了解特定时期的社会语言面貌，动态描写有助于我们把握来龙去脉，如考察某些词汇与句法结构流变，分析言语行为，对当时语言的演变所反映社会文化现象作出解释。

第三，比较研究。吕叔湘先生说："要明白一种语言的方法，只有运用比较的方法。"运用比较的方法，从相同的方面可以看出两者的因袭继承，从相异的方面可以看出两者的继承发展。汉语研究也少不了要使用比较法，如纵向比较是指将某种形式的语言单位，如语音、词形、词义等置于一个历时的过程中，考察它的形式、意义和功能等方面的发展变化，这有助于我们把握它的脉络；横向比较指将某词置于同期语料上，比较它们之间的异同之处，或大同而小异，或小同而大异，或同中有异，或异中有同，都值得认真探讨。明清小说中很多方言词追究其来源，往往可以上可追溯到元代及以前，下可流传至今。

第四，定性、定量分析相结合。语言研究方法的分类可谓颇多，然而最常用的分类还是定性与定量。定性研究的方法起源于社会科学研究，它关注人们在一定的场景中的行为，常用于行动研究，案例研究等，回答的是为什么发生、如何发生之类的问题。定量研究指运用概率、统计原理对社会现象和事物发展过程中所出现的数量变化等进行的研究。它可以使人们对社会语言现象认识精准化，是研究人员在考察语言和语篇现象、结构、功能的过程中所采用的一些方法和模型。二者各有长短，需要将二者有机地结合起来，取长补短。

需要特别说明的是，本书例句较多，为方便读者阅读，本书语料按三级标题单独排列。每条例句均在句尾标明出处，并将待解释词汇用下画线标出。

第 二 章

明清社会的语言生活

第一节　社会变迁与语言的时代性

"语言生活"中的"语言"，除了口语，也应该包含文字，文字是为了记录口头语言而产生的，和语音一样，文字也是语言的物质载体。口语应用于听觉，可以叫做听觉语言，书面语言应用于视觉，可以称为视觉语言。语言是客观存在的社会现象，人类对于语言的本体、语言的运用、语言发展演变等形成的有关语言的各种知识，都是人类社会中的一部分。由于语言与人类社会生活的关系非常密切，所以语言知识不只属于专业的语言学领域，还有相当一部分应当成为常识，进入基础教育，进入国家规划，成为科普的内容，由此形成了国家的社会语言生活（李宇明，2016）。

社会语言生活与社会文化生活的关系密切，许多研究内容甚至是重合的。所有的社会现象都是文化现象，所有的文化现象也是社会现象，社会和文化的关系几乎是等边三角形和等角三角形的关系。① 很多社会语言学论著都把文化语言学纳入研究范围，反之很多文化语言学论著也把社会语言学纳入研究范围，学者们对于这两者范围的界定并没有统一的看法。它们在发展的过程中互相影响，互相渗透，甚至有合流的趋势。

社会总是在发展演变，这决定了任何一种语言也必将总是处于不断的发展变化中。语言、社会与人是三位一体、变化联动且共生共存的，

---

① 邢福义、吴振国主编：《语言学概论》（第二版），华中师范大学出版社 2010 年版，第 297 页。

每一个词都有其时代性。揭示语言的时代性是汉语史的基本任务之一，也是正确训释词义的一个重要因素，而揭示语言的社会性和文化性也是社会文化语言学的基本任务之一。微观的社会语言学主要研究语言的三种变体：地域变体、社会变体和功能变体，也即地域方言、社会方言和语域语体。本章我们主要讨论明清小说的语言的时代性、地域性和社会性。

中国一直以来都是多民族国家，各种语言相互影响，因而中国也应该是社会语言学研究的大舞台，研究语言与社会的共变，是社会语言学关心的课题。社会的变迁，民族的融合发展，引发了语言的不停变化。从宏观层面看语言与社会的共变，也即所谓的语言的社会变迁，语言政策的规划，它们是社会分化融合、政治权利迁移等多因素共同作用的结果。

社会的变迁主要指改朝换代造成的社会政权结构、阶级结构的变化，以及由此引发的社会文化模式的变迁。任何社会的变迁，如社会制度、阶层变化、民族融合、经济结构调整等，都会在语言中留下痕迹。社会语言学并不关心社会变迁的每一个方面，而只在意社会变化能在语言中引起变化的部分。如社会政权的变迁，导致语言的融合或消亡，元代"蒙式汉语"到了明代"单一语言制"后就逐渐消亡。所谓的"蒙式汉语"指元代蒙古人所说的一种汉语，它是元代蒙古政权变迁后语言接触的产物。"蒙式汉语"融合了北方的汉语以及蒙古语的语音、词汇和语法，本质上是一种皮钦语，皮钦语是一种中介语，它主要用于蒙古人和汉人的语言交际。

随着明代政权的确立，驱赶了元代蒙古人的政权，明代也从一个"异族王朝"过渡到一个"本土王朝"。由此就需要对明代的宏观"语言政策"进行考察，语言政策是社会语言生活层面的宏观课题，可以从广义的、宏观的层面研究元明社会的政治、经济、文化的嬗变，脱离语言政策是难以全面理解当时的社会生活的。元明换代既不意味着社会的巨大的断层，也不意味着完全平缓的过渡。明政权绝非仅仅强硬地反蒙，明初所接收的蒙元帝国遗产不仅仅是领土，也有语言文化层面的遗产，在两个朝代的过渡过程中，语言扮演了非常重要的角色。明朝一方面继承了元代的很多政治文化遗产，另一方面又将汉语提升为唯一的官方语言，这与元代的多语言主义形成了鲜明对比。明代是一个对国家语言生活有所规划的一个朝代，除了将汉语确定为唯一官方语言，还有四夷馆与外语习得规划，明末中西接触与翻译的规定等。明代渴望构建一个像元代一样的世界性帝国，但"单一语言制"与世界性帝国的理想产生了一定的冲突，世界性帝国必然是多语种主义的。明代的语言政策规划有助于我们认识国家意识和民族意识的形成条件，理解汉语及方言、少数民族语言关系，在国内普通话一体化以及经济全球化背景下，如何更好地坚持汉语与方言，汉语与少数民族语，汉语与外语的多语种主义并存，这是一个值得深入思考的问题。每一种语言都意味着一种资源，一种方言的消失，或者一种少数民族语言的消失，对于维护语言生态环境来说，得失如何都是值得思考的。

明清社会嬗变，由汉族政权改朝换代为少数民族政权，同样有着继承与过渡。清初统治者们励精图治、开疆拓土，后期则腐败软弱无能，丧权辱国，领土流失。政权的更替相应地也反映在语言层面上，政策由明代的单一语制转为多语制，语言政策开明进取，后期满语逐渐被动消亡，这都需要对清代的宏观"语言政策"进行考察。从宏观层面来说，清初的多语制与正好是明代单语制的逆化，清政府也绝非单纯强硬地推行满语，实行的是多语言主义。多语言主义在官方象征层面和日常交流中扮演了重要的角色，即使是处于统治地位，满语也只是官方在早期的应用，到了后期统治者只能被迫接受汉语和汉文化。在绝对人数上，满族和满语处于汉族和汉语所形成的大语言环境中，这种绝对的人数优势往往表现为语言上的优势与强势。不过相互影响总是难免的，语言也许是保守的，但语用总是开放的，交流总会引起语言的融合。早期阶段汉语较先影响了满语，满族人入关前就曾经流行过汉语，这种汉语又被他们带进关内。满族成为政权中心后，满语又反过来影响了汉语。大量满人入关，与汉族密切来往，语言之间的影响，绝不是单方面的，加之绝对人数和汉文化始终处于优势地位，为加强统治，清统治者不得不提倡学习汉语，为了笼络汉族官员也不得不用汉语科举取士，满语和汉语的互相影响逐渐发展至高峰。

在满语与汉语的语言的接触与融合方面，从语系上说，满语属于阿勒泰语系的满语支，与赫哲语、鄂伦春语相似，汉语则属于汉藏语系；

在语法上，满语是典型的复合词结构黏着语，与蒙古语、突厥语等属于一个系统，而汉语则属于孤立语，自成独立语法系统。清顺治朝至雍正朝时期，满语中涌入了大量的汉语借词，汉语的音位、语素也进入了满语的构词体系，使得满语语音和词汇系统出现了较大的变化，大量的汉语借词也引起满语内部发生一系列变化。最终量变引发质变，到清朝末年，汉语借词的数量约占满语词汇系统的33%，到了现代则有50%左右，汉语对满语的影响越来越大，意味着满语在相当大的程度上被汉语融合同化，也可以说，汉语借词过多是导致满语消亡的重要原因之一。借词过多需要引发社会的警惕，虽然借词可以丰富一种语言的表达，但过多的借词容易导致一种语言的同化消亡，满语的消亡在一定程度上为我们敲响了警钟，社会语言学的学者们应该更深入地思考语言的纯洁性的问题。语音上，汉语对满语也产生了影响，汉语的音素进入了满语，满语语音系统也因此发生了变化。数代居留关内的满人已习用汉语，至入学读书始将满语作为一门课程学习，他们的学习受到汉语音韵的影响。清代满语与汉语的相互影响，也产生了所谓的"满式汉语"，这种"满式汉语"与前文提到的"蒙式汉语"在某种程度上有类似之处。语法方面，《红楼梦》语法系统也有不少体现出受满语影响，相关的研究也不少。

我们以"蒙式汉语"为例，看蒙语对明代语言的影响。"蒙式汉语"是元代蒙古人与汉人交流时产生的一种皮钦语，是民族融合在语言中的表现。元代的蒙古语属于阿尔泰语系，与北方汉语发生的大规模接触后，蒙古语中的语音、词汇、语法系统大量地混入汉语要素，两种语言的接触、渗透与融合形成了一种独特的"蒙式汉语"白话，并且一直流传到明初。元代蒙古语同北方汉语语言接触大致可分为三个阶段①，早期蒙古人对中原汉地进行了军事征服和管理，这是蒙汉语言接触的初期。中期，蒙古帝国完成统一大业后，统治中心转至中原地区，元代社会政治经济秩序恢复稳定，并逐步发展，民族大杂居局面开始形成，"诸部与汉人杂处，颇类市井"（周伯琦，《扈从集后序》）。元大都里，既有世居于此的汉人、契丹人、女真人等，也有从江南徙居而来的南方人，还有来自北

---

① 祖生利：《元代蒙古语同北方汉语语言接触的文献学考察》，《蒙古史研究》2005年第8辑。

方草原部落的人，也有来自欧亚的外国人，身份涉及色目官员、传教士、商人、各种工匠等。庙堂里蒙古人、色目人和汉人官员们共处一朝，后宫里各族嫔妃宫女们朝夕相处，城里蒙古人与汉人的居处犬牙相错。据至元三十年（1293）的一份统计，上都城内的工匠，也多为内地迁来的汉人，蒙汉两种语言接触进入全面发展阶段。后期，蒙古统治者出于统治需要，在政治上逐渐汉化儒化，且恢复科举制，推动了汉文化在蒙古人中的普及。

皮钦语"蒙式汉语"是社会语言学最典型的研究对象之一，汉族人口优势以及文化优势导致到了明代蒙语逐渐式微，元明换代后明代采用了单一语言制，不过如此大规模的社会变化总会在语言中留下痕迹。蒙语与汉语的相互影响，其深度和广度是其他任何时期所不能相比的，在明代以后的文学作品中也到处可以看到痕迹。元代的蒙古语和汉语进行了长达一百多年的接触，一些作品如旧版的《老乞大》《朴通事》等，其语言让人颇多费解，"与华语顿异"，这些记载透露了当时的语言状况。再如《蒙古秘史》也在明初有了白话译文，还有元代白话碑文及《元典章》《通制条格》等也有直译白话译文，过去一般认为，《元典章》是一种书面语，后来的研究认为这实际是一种以蒙古语为底层，汉语为表层的混合语，有着阿尔泰语影响的北方汉语变体，也叫"汉儿言语"。下面我们从语音、词汇以及语法层面谈谈蒙语和汉语在相互交流接触中所产生的影响与痕迹。

先谈语音方面，从唐宋元明清再到现代，我们可以发现一个中国政权更替的现象，即中国一直是少数民族与汉族政权交替。宋至元代的公元12—14世纪，中国的北方一直处于政权更迭的过程之中，语言上就是北方的阿尔泰语与汉语在这个过程中不断地相互影响。1324年《中原音韵》诞生，该时期为元代，它代表的是近代汉语音系，北方语音从《切韵》演变到《中原音韵》，按照平声归送气，仄声归不送气的方式，浊塞音和浊塞擦音演变为清塞音和清塞擦音，且到了《中原音韵》的时代入声已消失。《中原音韵》还保留有［m］尾，而现代汉语则合并为［n］尾。如果考虑到社会的因素，我们可以发现不同语言背景的阿尔泰语系少数民族入侵中国北方，他们主动使用了当时的北方汉语方言。在使用的过程中导致了汉语语音系统的简化，《中原音韵》语音系统的简化就是语言融合的结果。正如我们今天可以观察到的外国人学汉语，在声调方面往往会简化，因为音节声调较易变化，汉语的四个调类会被他们简化为只有轻音和重音分别的二元对立系统，所以中国人一听就能知道是外国人在讲普通话。

词汇层面，蒙汉词汇都有相互吸收的情况。汉语吸收蒙古语中的一些常见的词汇，如"褡裢""胡同""把势""站""歹""者"等词沿用至今。

"褡裢"是指一种长方形的布袋，中间开口，两头缝合，一般挂在腰带上或搭在肩上，用于装财物等。褡和裢都是音译蒙古语而造的词①，起初有"褡连""答连"等不同写法，后来在明清小说中都有所反映。

（1）蕙莲先付钥匙开了门，又舀些水与他洗脸擦尘，收拾褡裢去，说道："贼黑囚，几时没见，便吃得这等肥肥的。"（《金瓶梅》第二十五回）

（2）那道士叹道："你这病非药可医。我有个宝贝与你，你天天看时，此命可保矣。"说毕，从褡裢中取出一面镜子来——两面皆可照人，镜把上面錾着"风月宝鉴"四字。（《红楼梦》第十二回）

（3）也是元椿合当晦气，却好撞着这一起客人，望见褡裢颇有些油水。元椿自道："造化了。"（《初刻拍案惊奇》卷三十一）

"褡裢"是蒙古语音译词，最初有各种不同的写法，作为一个规范单纯词的写法最早见于明代，其后清代的各种小说中均有所反映，见上述各例。明清存在了500多年，"褡裢"一词在元代消失后的500多年仍然存在，可见"褡裢"一词进入了明清汉语的基本词汇。不过，现今各种背包的兴起，"褡裢"一词又由显转潜，从基本词汇退出，成为潜藏词。这是蒙语影响汉语的例子。

（4）敬济道："这条胡同内一直进去，中间一座大门楼，就是他

①　史慧：《元明戏曲中的蒙古语借词研究》，硕士学位论文，宁夏大学，2013年，第1—52页。

家。"(《金瓶梅》第四十六回)

（5）每年家熟烂柿子落在路上，将一条夹石<u>胡同</u>，尽皆填满；又被雨露雪霜，经霉过夏，作成一路污秽。（《西游记》第六十七回）

（6）听的说鸿老住在右大人<u>胡同</u>，前面便是。那不是他的老家人王孝来了？（《聊斋俚曲集》第三十回）

"胡同"一词也是源于蒙古语，最早见于元杂曲，元关汉卿《单刀会》"杀出一条血胡同来"。元杂剧《沙门岛张生煮海》梅香："我家住砖塔儿胡同。"学界对"胡同"一词含义的解释：一是认为该词是"水井"一词的音译，在蒙古语、满语中，"水井"一词的发音与"胡同"的读音非常接近，由此写作"胡同"；二是认为该词是元代蒙古语的名词，蒙古语将城镇称为"浩特"，现代汉语中至今还有"呼和浩特"，指"青色的城市"，蒙古人建元后，按照习惯，将中原城镇也称为"浩特"，后来演化为"火弄"，进而演化成今日的"胡同"。其后"胡同"一词在明清代的各种小说中均有反映，并且在北京方言中使用至今。

（7）行者道："……那魔是几年之魔，怪是几年之怪？还是个<u>把势</u>，还是个雏儿？烦大哥老实说说，我好着山神土地递解他起身。"（《西游记》第三十二回）

（8）李九强说："四爷，你要肯拿，这眼皮子底下就有一个卖私盐的都<u>把势</u>哩。只是四爷你不敢拿他。"（《醒世姻缘传》第三十一回）

（9）心生一计：自小学得些枪棒拳法在身，那时抓缚衣袖，做个<u>把势</u>模样。逢着马头聚处，使几路空拳，将这伞权为枪棒，撇个架子。（《喻世明言》卷三十九）

"把势"一词源于汉语的"博士"一词，指"古代的学官"，后被称为"博古通今之人"。唐代末期被突厥语借用，后又被蒙古语借用，写作"把势"，或者"八哈思""八哈室""八合失"等，类似于对某种职业尊称"师傅"或者"博士"，现今汉语的某些地区仍然把木匠师傅叫作"博士"。例（8）中的"都把势"也与"把势"一词有关，指的大头目，蒙古语的音译。这是蒙语和汉语相互影响的例子。

（10）关、张二公俱怒。及到馆驿，督邮南面高坐，玄德侍立阶下。良久，督邮问曰："刘县尉是何出身？"（《三国演义》第二回）

（11）你师父吃的那水不好了，那条河唤作子母河，我那国王城外，还有一座迎阳馆驿，驿门外有一个照胎泉。（《西游记》第五十三回）

（12）正钦差等副钦差接过印，他却按照驿站大道回京复命。（《官场现形记》第十九回）

（13）却说安大人在家安排了几日，便商定自己按着驿站由旱路先行，家眷顺着运河由水路后去。（《儿女英雄传》第四十回）

"站"字一词，是对元蒙时期蒙语"jam"的音译，本义是"路"，后来转指"车站""路站"，指短暂休息的地方。秦汉时期称之为"亭"，唐宋以后称之为"驿"，元蒙时期称之为"站"。明代皇帝去蒙化，下命复"站"为"驿"，所以在明代的小说中基本上是有"驿"无"站"，当然表"站立"的"站"是一直存在的。而在民间口语中，明代仍然在使用"驿站"的"站"，而且一直沿用到今天，如火车站，汽车站等，"驿"则彻底退出了口语，让位于"站"。清代时期，"驿"和"站"经常混用，或者合用，如例（12）（13）。

虚词方面，也有大量蒙式汉语的表达存留在明清汉语中，如"那般者""那般的""这的每""也么哥""兀的""兀那""则个"等也出现在后代小说当中。如：

（14）独自一个，嗟叹多时，复又宁神思虑，以心问心道："这妖魔知是个甚么搭包子，那般装得许多物件？"（《西游记》第六十五回）

（15）这狄希陈往日莫说老婆说出的言语，不敢不钦此钦遵，就是老婆们放出像素姐那般的臭屁，也要至至诚诚捧着嗅他三日。（《醒世姻缘传》第九十五回）

（16）叫我不知道往家里跑，街上人看着我乱笑，到家把爹合娘

都唬的不认得我，这的促狭。(《醒世姻缘传》第九十五回)

（17）于夫人此时运正<u>也么高</u>，尽着你歪揣济着你叨。(《聊斋俚曲集姑妇曲》)

（18）小校用手指："好了！<u>兀的</u>不是一个人来？"(《水浒传》第十回)

（19）那婆子笑道："<u>兀的</u>谁家大官人打这屋檐下过？打的正好！"(《金瓶梅》第二回)

（20）刘唐赶上来，大喝一声，"<u>兀那</u>都头不要走！"(《水浒传》第十三回)

（21）如今却怎么处？到弄做个人命事，一发重大了！<u>兀那</u>杨氏！那小厮是你甚么人？可与你关甚亲么？(《初刻拍案惊奇》卷三十三)

（22）那汉道："若得如此救护，深感厚恩。义士提携<u>则个</u>！"(《水浒传》第十三回)

（23）荆公道："且去随喜一回，消遣<u>则个</u>。"(《警世通言》第四卷)

此类词汇如"那般者""那般的"主要表达反问与感叹，如例（14）（15）。"这么"和"这的"功能类似，相当于"这么的"，表感叹，如例（16）。"也么高"也是一个非常蒙语化的表达，多用于表达惊叹，如例（17）。"兀的"原本为一句粗俗詈语，詈语一般会有各种变形，遮掩冲淡其本身的感情色彩。"兀的""兀那"为句首发语词，相当于现今的脏话"妈的这个，妈的那个"等义，如例（18）至例（21），这些在明清小说中都是很常见的。"则个"也是非常典型的蒙语词汇，至今在蒙语中还在使用，相当于祈使语气，表请求，如例（22）（23）。现在蒙语中"则个"的读音有所变化，一般读作"扯个"，这是尖音和团音合流的问题。类似的还有"者"字，被读作"扎""家""介"，这是年纪、性别、地域的影响，北京话里有很多人把"这个"读为"介个"，"别这样"读"别介"等。

语法方面，也有大量的蒙式汉语的表达，经过渗透融合，到逐步调整改造，存留在明清汉语中。如表示比拟的"似""似的""也似"等，元代以前表比拟的一般用"然""一般""若……者"，经过渗透融合，"也似"等表达逐渐占了主位，不过到了现代口语，"像"字则占了主位。由例（26）可以看出"似"的逐步变化，"好似……一般"逐步让位于今天的口语表达"好像……一样"。例（27）则可以看到"好像"和"似的"处于并存阶段。

（24）石秀楼上跳将下来，手举钢刀，杀人似砍瓜切菜，走不迭的，杀翻十数个；一只手拖住卢俊义，投南便走。（《水浒传》第六十一回）

（25）姐姐，不要取去，我不穿皮袄，教他家里捎了我的皮袄子来罢。人家当的，好也歹也，黄狗皮也似的，穿在身上，教人笑话，也不长久，后还赎的去了。（《金瓶梅》第四十六回）

（26）那黛玉倚着床栏杆，两手抱着膝，眼睛含着泪，好似木雕泥塑的一般，直坐到二更多天方才睡了。一宿无话。（《红楼梦》第二十七回）

（27）还有那些本是手头空乏的，虽是空着心儿，也要充作大老官模样，去逐队嬉游，好像除了征逐之外，别无正事似的。（《二十年目睹之怪现状》第一回）

语序方面，明清汉语当中"动＋了＋宾"结构也占据了绝对优势地位。蒙古语的语序是"宾＋主＋谓"，动词后面紧跟时体成分；汉语是"动＋宾＋了"结构，因此"动＋了＋宾"带有蒙古语语法和汉语语法融合的微小痕迹。由于汉语语法的"内因"和蒙语的"外因"混合影响，"动＋了＋宾"这种结构在明清程强势的形式，即便其他句法成分出现，也没有改变"动＋了"这一基本形态，并且一直沿用到今天，"吃饭了"和"吃了饭"在现代汉语当中基本处于势均力敌的状态，二者存在分工的情况。

（28）那贲四误了买卖，好歹专心替他看着卖的叫住，请他出来买。（《金瓶梅》第二十三回）

（29）收了战书，又押出城外，对军前打了三十顺腿，放我来回

话。(《西游记》第七十回)

（30）万岁爷思水解渴，惊动了玉帝不安。(《聊斋俚曲集》第四回)

（31）我知道了，想是有仇家差来刺客(《警世通言》第一卷)

例（28）是"动词+了+宾语"结构，例（29）是"动词+了+数量+宾语"结构，例（30）是"动词+结果补语+了+宾语/主语+谓语"结构，例（31）是"动词+了"结构。

再如表原因的后置词"上"，"上"在现代汉语中本是方位词，表示时间和处所，如"早上""晚上""地上""天上"等。而在元代杂剧中"上"是表示原因的后置词，是表达因果关系的语法标记。祖胜利（2007）认为，元代直译体文献中，方位词"上"做后置词表原因的用法不是汉语所固有的，而是直译中古蒙古语的结果。元代的用例，很难和汉语因果复句使用的标记相联系，最合理的解释还是从语言接触角度出发，联系历史背景，认为是汉语受到蒙古语后置词的影响。"因此上""所以上""……上头""为……上头""因……上"等在明清的小说中，甚至是"大诰"这样的正式文件当中也是非常多见的，例如：

（32）止为那宇殿倾颓，琳宫倒塌，贫僧想起来，为佛弟子，自应为佛出力，因此上贫僧发了这个念头。(《金瓶梅》第五十七回)

（33）他五百年前吃了这城国王及文武官僚，满城大小男女也尽被他吃了干净，因此上夺了他的江山，如今尽是些妖怪。(《西游记》第七十四回)

（34）林冲大叫道："先生差矣！我今日只为众豪杰义气为重上头，火并了这不仁之贼，实无心要谋此位。"(《水浒传》第十八回)

（35）为这上头，也不知挺了多少打，罚了多少跪，到如今才挣得这两榜进士。(《官场现形记》第一章)

（36）天灾人祸必然到他身上，为他有军功上头，且则发去云南出征。若是再撒泼皮呵，你怕他逃得将去?(明朱元璋《大诰武臣》)

例（32）到例（35）中是常见的明清小说的用例，表明明清时期汉语语法受元蒙语法的影响是非常常见的现象。例（36）则是皇帝的大诰，告诫边疆武臣不要冒领军粮。明代立朝伊始就大力恢复汉语的官方地位，恢复使用文言文，尽力去除蒙古语对汉语的影响。不过从朱元璋发布的白话"大诰"来看，口语仍然是受了蒙古语影响的，为防止边疆将领看不懂文言，所以用白话来告诫武官。最后一句反问句的句式，也是带有蒙古语影响痕迹的。

与例（35）有关的还有"军话"问题，从社会语言学可以称之为"军话方言岛"。郭熙（2018）指出，所谓的"军话"是指来自不同地域、讲不同方言的士兵，他们集结成一个或大或小的军队，在军中使用的通语。为了交流他们不可能只讲自己的方言，而只能用当时较通行的官话，因而讲"军话"的人都具有双方言或多方言的语言理解能力或表达能力。军话是明代初期"卫所"军制的直接产物，朱元璋为了抵御倭寇和军队自养问题而设立了卫所。卫所分布在汉语方言地区，与当地方言有别，"军话"由此而得名，其本质为语言的方言岛。不同地区的军话都带有各自方言的特点，以官话为底层，以各自方言为表层，由于居住地分散，社会的变迁，经过六百多年的演变，多数已然被同化，军话已濒危矣。

第二节 明清小说语言的时代性

语言是文化的符号，文化是语言的内容。语言的时代性往往指的是语言镜像功能，指的是语言文字所具有的记录功能，它如同社会历史文化面貌的一面镜子。语言本身具有一定稳定性和承继性，即使语言作品所记录的有些现象本身已经消亡，语言中的某些要素也仍然会长期遗留在语言当中，长期保存下来，如成语、惯用语、歇后语等。

文字方面，比如我国远古时期曾以贝壳作为货币，如"贵""贱""财""货"等与钱财有关的字皆从"贝"，这些造字法中隐藏着远古的时代信息。词汇方面，部分非基本词汇也带着明显的时代痕迹，比如"天子""太监""春闱"等，这些词所代表的人与事，已经随着时代变迁而消失了。社会时时刻刻都处于发展变化之中，许多词语也随之不停地显现与潜藏，给人带来时代感。

在每一个社会里，都有一套维持社会制度的秩序，它通过教育和宣传化育，使其成为一种信念，并逐步转化成习惯和习俗，约束人们的行为，形成社会规范。在这中间，语言起着重要的作用，语言规范也是社会行为规范的一种。任何社会都有其历史性以及阶级性，人们应当遵守必要的社会用语规范，因此这些规范都具有鲜明的时代性。语言的规范体现着社会群体的集体意识、价值观念，反映的是特殊社会时期的特殊生活习惯和语言的特殊要求，比如在称谓上面，对君主、长辈的称号，使用不当会引发相当严重的后果，为阶层所不容。

有直接的文字记载固然可以直接反映史实，然而相对于整个人类历史来说，没有记载的情况则更多，正如从"贝"字透露出的贝壳曾经充任货币的信息一样，语言文字的避讳也直接地透露出时代性。比如《醒世姻缘传》的成书年代，无疑是我们研究和利用小说的一个重要前提。虽然该书的作者问题向来是众说纷纭，始终没有定论，但我们可以从语言文字避讳透露的线索来考证。

一 从文字避讳看作品的时代性

下面以《醒世姻缘传》为例探讨其写作与成书的时代性。该书凡例称"懿行淑举，皆用本名，至于荡检败德之夫，名姓皆从捏造"。书中人物如晁大舍、施珍哥、薛素姐，形容丑陋，其为捏造无疑。其他乡贤名宦，姓名籍贯及发科年代，言之凿凿，似属可靠。而细按之，实亦不然。考察发现"正人君子"名字之不可靠，正与"荡检败德之夫"同。作者于凡例之言，也并未实践。但在许多不可靠的名字之中，却有一人，籍贯、仕履、科分，无一不合。推断《醒世姻缘传》虽是小说作品，但至早不得过崇祯年代，加之明末的避讳问题，基本框定小说时代的上限为"崇祯"时期。

(1) 又差了两尊慈悲菩萨变生了凡人，又来救度这些凶星恶曜：一位是守道副使李粹然，是河南怀庆府河内县人，丙辰进士；一个是……（《醒世姻缘传》第三十一回）

(2) 李政修，字粹然，万历丙辰进士。授介休令，丁内艰。起复，补淄川，节省马价八百金，悉充逋赋。调滋阳令，擢礼部郎中，迁济南道。视左辖篆，却岱宗香税三千金。迁嘉湖道。再迁济声道，未任乞休。顷之，起冀南道。岁往，多乞儿，修慈幼局收鞠之。国初，荐补天津道，升淮海道，卒于官。郡人谓政修殂后，无复以地方利弊抗官于监司守令者。祀乡贤。（《河内县志·先贤传》）

李粹然入清之后尚任天津道和淮海道。观其在各任施为，诚不愧为循吏。小说所称道者甚是，据《河内志》，粹然任济南道前，曾任淄川令，史料表明：

（3）李政修，字粹然，怀庆卫人，进士。天启元年任。三年，调滋阳。仕至本省副使。（《淄川志·秩官志》）

（4）李政修，河南河内人，天启三年由进士任。（康熙《滋阳志·知县》）

（5）即为王国川。云天启六年任。（光绪《滋阳志·知县》李政修下）

（6）李政修，河南怀庆人，进士。（道光《济南府志·秩官志》）

粹然去滋阳，非天启五年，而在天启六年，后又入都担任礼部郎中。所以他任济南道，当在崇祯时。粹然以按察司金事任济南道，正在崇祯时，何年任则未详。据《河内志》，粹然济南任后，曾任嘉湖道、冀南道。粹然任嘉湖道在崇祯七年甲戌，再迁济南道，未任乞休。顷之，起冀南遭（《河内志》）。而明遂亡。则粹然任济南，当在崇祯七年以前。其在冀南道，当在崇祯十年左右（《潞安府志·三节镇志》冀南兵巡道下云，崇祯时李政修）。岁褪办赈，殆是崇祯十三年任冀南道时事（是年冀南亦大饥，父子兄弟夫妇相食与山东同，见《潞安志》十五《灾祥志》）。以属之济南，亦非。孙楷第先生以翔实的考证确定了《醒世姻缘传》成书年代的上限"至早不得过崇祯"，此外还有许多学者试图从各种角度，如当时货币的购买力、称谓和法典等方面论证《醒世姻缘传》的成书年代。

从语言文字的角度来考证时代性，最易看出时代性的当属对皇帝的避讳，这历来也是古籍断代的一条重要依据。虽然避讳会给文献造成一定的混乱和阅读上的不便，但从另外一个方面也正好显示了它的时代性。我们来看几个《醒世姻缘传》中通过改字来避讳的例子。

避讳是中国封建社会特有的历史现象，所谓避讳是指在称呼君主和尊长时，须避免直接说出或写出其名。人们常用与之意义相同或相近的字来代替，因此出现了不少把人名地名或事物名称改头换面的情况。避讳的说明与用法可见于《淮南子·要略》《颜氏家训·风操》《蒲剑集·屈原考》等。《公羊传·闵公元年》说："春秋为尊者讳，为亲者讳，为贤者讳。"这是古代避讳的一条总论。《淮南子·要略》："故言道而不明终始，则不知所仿依；言终始而不明天地四时，则不知所避讳。"北齐颜之推《颜氏家训·风操》："凡避讳者，皆须得其同训以代换之：桓公名白，博有五皓之称；厉王名长，琴有修短之目。"唐张鷟《游仙窟》："下官起，诹请曰：'十娘有一思事，亦拟申论，犹自不敢即道，请五嫂处分。'五嫂曰：'但道不须避讳。'"宋庄季裕《鸡肋编》卷下："而唐冯宿父名子华，及出为华州刺史，乃以避讳不拜。"

古人总结了种种避讳之法，主要有三种，即改字法、缺笔法和空字法。所谓的改字法是用同义或同音字以代本字，以用同义字为最多。改字在秦汉时期已经使用，后代继续沿用。例如《史记·秦始皇本纪》记载，秦时，改"正月"称"端月"。这是因为秦始皇名政，与正月之"正"本是同音字，因而避讳。汉武帝名彻，汉朝为了避讳，将二十级爵的最高一级"彻侯"改称"通侯"。

《醒世姻缘传》中使用的是改用同音字的方法，把"检"改为"简"，避讳明崇祯皇帝朱由检。《国榷》崇祯四年辛酉记载："改巡检司印，以检为简，为犯御讳也为证。"《醒世姻缘传》中涉及将"检"改为"简"的地方有"简察""搜检"等，共29处，多以"简"代"检"，也并非所有的"检"字都改为"简"字，也有4处未改，列举如下：

（7）至于荡简败德之夫，名姓皆从捏造。（《醒世姻缘传·凡例》）

（8）次十六日起来，将那打来的野鸡兔子取出来简点了一番。（《醒世姻缘传》第二回）

（9）毋再萌拂袖青山，以致<u>文弹自简</u>。（《醒世姻缘传》第七回）

（10）<u>番尸简骨</u>，若有伤，我替他偿命；回将来索要不得，定是<u>用强搜简</u>；外面将计巴拉<u>浑身搜简</u>，那里有一些影响；果然有十二三个男女<u>作恶搜简</u>。（《醒世姻缘传》第十一回）

（11）若进来搜简的没有，还好抵赖；若被他<u>搜简</u>出去，你二人是不消说得。（《醒世姻缘传》第十五回）

（12）领了长工到房客家<u>挨门搜简</u>。（《醒世姻缘传》第十九回）

（13）大尹叫把这些妇人身上<u>仔细搜简</u>；全是这伙妇人领了汉子穿房入户的<u>搜简</u>。（《醒世姻缘传》第二十回）

（14）再若不悛，岁考开送<u>劣简</u>；若抗断不服，目下岁考的<u>行简</u>，一个也就是你。（《醒世姻缘传》第三十五回）

（15）典史领人进去，何消<u>仔细搜简</u>。（《醒世姻缘传》第四十八回）

（16）恐怕被素姐<u>简搜</u>得着。（《醒世姻缘传》第五十二回）

（17）必有奸细潜藏，与我<u>细加搜简</u>。（《醒世姻缘传》第六十二回）

（18）是用<u>特简</u>尔为峄山山主云云。（《醒世姻缘传》第九十回）

（19）本府首领经历、知事、照磨、简较……仓官、<u>巡简</u>。（《醒世姻缘传》第九十一回）

（20）却向他床上<u>搜简</u>铜钱。（《醒世姻缘传》第九十二回）

（21）押了狄希陈跪在阶下，王者叫<u>简</u>他的纪录；<u>简察</u>文簿；再叫判官备细<u>简察</u>；<u>简</u>得小珍珠即狄希陈前生所宠之妾小珍哥。（《醒世姻缘传》第一百回）

未改动的地方有：

（22）素姐说："大妗子，你也是那没要紧扯淡！谁家婆婆是不到媳妇儿屋里的？没的是我打杀他来？你告到官，叫件作行刷洗了，你<u>检验尸</u>不的么？"（《醒世姻缘传》第六十回）

（23）相大妗子道："我把你这贼佞嘴小私窠子……人家的婆婆

都像活跳的进去，当时直挺挺的抬出来么？我不叫人检你婆婆，我只叫人验验你汉子的伤！"（《醒世姻缘传》第六十回）

（24）狄希陈——从命，差了四个快手，持了票，雪片拿人，一面着落地方搭盖棚厂，着监生移尸听检。（《醒世姻缘传》第九十四回）

《醒世姻缘传》的避讳规律一是前二十回"检"全部改作了"简"字；二是二十回之后有时改时不改的现象，二十回之后的17字中有4字未改；三是4字不改的地方全是在写狄氏姻缘的章节中。前二十回中一概避"检"，说明这部分作品可能成书于明崇祯末或清顺治初。崇祯末年，山东灾荒、战乱频繁，可能难以找到创作长篇巨著的安定的环境。而入清以后，继续避讳先帝也是正常的。第二十回之后的时避时不避，避讳可能是因袭的前人，保持与前人的一致性；不避可能是这部分内容如胡适之言，完成于康熙年间，入清时间长了，不那么严格了，也可能是失察，因为近百万言的抄录，毫无错误几乎不可能。

《醒世姻缘传》中因避讳而改的字还不止如此，还有"校"改"较"，"由"改"繇"，"照"改"炤"等现象，分别避讳明熹宗（朱由校）、思宗（朱由检）及武宗（朱厚照）。然而改字也较为随便，有些地方改了，有些未改，这说明由明入清，避明讳可能不那么严格了。

上面这些因为避讳而改字的现象，透露出当时社会语言生活严格的一面，具有鲜明的时代性。《醒世姻缘传》后期避讳的随意性，表明了至少到了明末，明朝国势衰微，严格的约束有所放松，这些社会变迁反映出了特定时期语言文字生活上的特点。

除《醒世姻缘传》中的例证，避讳在其他明清小说中也是随处可见，如：

（25）金大坚便道："小弟每每见蔡太师书缄并他的文章都是这样图书。今次雕得无纤毫差错，如何有破绽？"吴学究道："你众位不知。如今江州蔡九知府是蔡太师儿子，如何父写书与儿子却使个讳字图书？因此差了……"（《水浒传》第三十九回）

（26）那道士头戴小帽，身穿青布直裰，谦逊数次，方才把椅儿

挪到旁边坐下，问道："老爹有甚<u>钧语</u>吩咐?"（《金瓶梅》第三十九回）

（27）小鸦儿也不消查考，晁大舍也不消掩藏，<u>唐氏也不用避讳</u>。（《醒世姻缘传》第十九回）

（28）丫鬟回说："南院子马棚里<u>走了水</u>了，不相干，已经救下去了。"（《红楼梦》第三十九回）

（29）原来这铁槛寺是宁荣二公当日修造的，现今还有香火地亩，以备京中<u>老了人口</u>，在此停灵。（《红楼梦》第十四回）

（30）雨村拍手笑道："是极。我这女学生名叫黛玉，<u>他读书凡'敏'字他皆念作'密'字，写字遇着'敏'字亦减一二笔</u>。我心中每每疑惑，今听你说，是为此无疑矣。怪道我这女学生言语举止另是一样，不与凡女子相同。"（《红楼梦》第二回）

（31）原来这小红本姓林，小名红玉，因<u>"玉"字犯了宝玉黛玉的名，便改唤他做"小红"</u>，原来是府中世仆，他父亲现在收管各处田房事务。（《红楼梦》第二十四回）

（32）一句未完，金桂的丫鬟名唤宝蟾的，忙指着香菱的脸说道："你可要死，<u>你怎么叫起姑娘的名字来</u>?"香菱猛省了，反不好意思，忙陪笑赔罪说："一时顺了嘴，奶奶别计较。"（《红楼梦》第八十回）

古代的避讳情况很多，如避帝王、讳长官、避圣贤、避长辈等，除前文提到的改字法外，缺笔法也是常用的一种避讳方法。例（25）是小说中直接明示的，父子关系需要避讳。例（26）有人认为，"钧"是"钩"的缺笔讳字，"钧语"是古代官场中下级对上司差命的敬称。"钧"字为敬辞，多对尊者用，如"钧旨""钧语""钧命"等。凡涉及皇帝御名，往往不得直书，须要采取代字、缺笔等别写形式以示敬畏。例（28）至例（32）中均为《红楼梦》中的用例，避讳的理由各不相同，例（28）"失火"了用"走水"替代，是出于古人对失火的禁忌，害怕失火故而不言失火，只说"走水"。例（29）的理由相同，忌讳"死"字，改说"老了"，这在现在依然是很常见的现象。例（30）是子女避父母的讳，例（31）（32）是丫鬟避主人的名讳。

二 从词汇潜显看作品的时代性

社会的变迁往往导致语言发生相应的变化，社会上的一些变化总能在语言中留下痕迹。政治经常与社会变迁挂钩，政治可以决定一种语言处于强势地位还是弱势地位，甚至是消亡。如随着香港的回归，英语从官方语言下降为辅助语言。除了语言的地位问题，词汇的时代性也是很明显的。从词语的潜与显最能反映出时代性来，词汇的潜显指的是某些词只在一定的时段使用，过后则潜伏起来，活跃度降低，不再时常出现在人们的语言中，如"文斗""武斗""红卫兵""三反五反"等。这些词汇体现了语言与社会的共变性，是社会变迁的镜子，具有鲜明的时代性。语言的三要素中，词汇是最活跃的因素，除了基本词汇外，很多词语的产生与发展总是与特定的历史联动，又随着时代的变迁而淡出。更多词汇则随着社会的发展不断地变化，其结果就是新词的产生、旧词的潜藏以及词义的替换。从最原始的甲骨文上记载的词汇到现今的网络词汇，都体现了其时代性。

考察词汇的时代性，需要选取体现出时代特色的关键词，正如曹大为在考察《醒世姻缘传》的成书年代时所言："除非从这近百万字的篇幅中哪怕找出一条为清代……特有的名物、事典、服饰、风俗，否则就无法动摇基本成书于明末的结论。"[1] 虽然关于《醒世姻缘传》的成书年代，长期以来也是众说纷纭，难以定论，但我们的研究不在于考究无法定论的东西，而在于通过考察一些有时代性的关键词，来管窥当时社会的语言生活。看几个能反映出时代特点的词：

（1）不料到了二月尽边。那也先的边报一日紧如一日……那王振……狠命撺掇正统爷御驾亲征，指望仗赖着天子洪福，杀退了<u>也先</u>……（《醒世姻缘传》第七回）

（2）圣驾到了土木地方……不肯叫<u>正统爷</u>急走，以致也先蜂拥一般围将上来，万箭齐发……半枝箭也不曾落在正统爷身上。（《醒

---

① 曹大为：《〈醒世姻缘传〉作于明末辨》，《北京师范大学学报》（哲学社会科学版）1988 年第 4 期。

世姻缘传》第八回)

(3) 那晁大官人……寻了同乡京官的<u>保结</u>，也不消原籍行查……(《醒世姻缘传》第六回)

(4) 薛如卞入籍不久，童生中要攻他<u>冒籍</u>，势甚汹汹。……这连春元的儿子连城璧……程乐宇这几个徒弟托他出保。(《醒世姻缘传》第三十七回)

例 (1)、例 (2) 写了"也先"俘虏明朝英宗皇帝前后的情况。"也先"这个词在明史中最先出现，常见于明清小说中。《明史》："初，也先有轻中国心，及犯京师，见中国兵强，城池固，始大沮。""也先"本来指的是"绰罗斯·也先"，蒙古人，简称也先，明朝中叶时蒙古瓦剌部的领袖。明正统十四年在土木堡之战中，也先打败明军，俘虏了明英宗并包围北京。"也先""土木"以及"正统"等专指词，如"文斗""武斗"等一样，具有较为鲜明的时代性。"也先"本是蒙古瓦剌部一个领袖，后来词义扩大与泛化，瓦剌将领、士兵都可以叫做"也先"，等同于蒙古侵略者。除了"也先"以外，其他的词如"正统爷""王振"等专指词汇，词义没有什么变化，但是一提到就立马让人想到明代的"土木之变"，成为一种历史记忆，有鲜明时代特点。

例 (3)、例 (4) 写了明清时期科考时的常见的作弊和对付作弊的现象，"保结""冒籍"等词汇也带有鲜明的时代性。所谓的保结指写给官府的担保他人身份、行为清白或符合某一商定的条款的文书。如《大明熹宗哲皇帝宝训卷之四·安属国》："天启三年十二月 (初八) 癸巳，礼部尚书林尧俞等言朝鲜废立之事……上曰：'李倧既系该国臣民，公同保结，伦叙相应又翼戴恭顺，输助兵饷，准封朝鲜国王。'"这是比较正式的官方保结文书。

明清时期科举考试中的保结文书，指的是官吏应选或童生科举应考时，证明其身份、情况的凭证，如担保应试童生身家清白，没有冒籍、匿丧等。整个明清时代，要求出具保结的现象十分常见，如：

(5) "有这等冤枉的事！不打紧，明日同合村人，具张连名<u>保结</u>，管你无事。"(《醒世恒言·灌园叟晚逢仙女》)

（6）这邓质夫的父亲是王玉辉同案进学，邓质夫进学又是王玉辉作保结，故此称是老伯。（《儒林外史》第四十八回）

（7）金东崖道："做官的人匿丧的事是行不得的，只可说是能员，要留部在任守制，这个不妨。但须是大人们保举，我们无从用力。若是发来部议，我自然效劳，是不消说了。"（《儒林外史》第七回）

（8）还是账房师爷有主意，一想："东家早交卸一天印把子，我们亦少赚一天钱。好在他匿丧与我们无干，我们乐得答应他，做个顺水人情，彼此有益。"（《官场现形记》第二十回）

所谓"冒籍"就是假冒籍贯，是科闱弊端之一种。清制，凡科举考试，各省参加考试的生员名额以及录取名额，均有限定，录取之规定亦有别。故士子参加考试，必归于本籍（亦可在本籍与寄籍中做一选择）投考，不得越籍赴试。从宋代起，各地有了固定的名额，使得教育发达地区的考生向边远地区流动，导致了"冒籍"现象的产生。明清两代，"冒籍"问题尤为严重，以至于诸如"匿丧""冒籍""保结"等词汇成了关键词，带有鲜明的科举时代特性，这些特征词汇较为真实地记录了明朝中后期的科举状况。

三 从语法现象看作品的时代性

语言内部各要素的发展变化不是均质的、匀速的，而是不平衡的。在语言各子系统中，词汇系统的发展变化最快，语音和语法的发展变化就要慢得多。当社会变革较为剧烈、发展的步伐较快时，社会思维就会较为活跃，语言发展变化的速度就会快一些；反之速度就会慢一些。就各地的不同方言而言，本身就是语言发展不平衡在时间和空间上的一种表现，它们的发展速度是不一样的。例如在汉语诸方言中，南方的一些方言发展变化的速度相对较慢，保留下来的古代汉语词汇和语法形式也相对较多。而北方的方言，特别是北方官话区的方言，发展变化的速度就相对快一些。

语言的发展变化是一个渐进的过程，语法作为语言系统中最稳定的子系统，其发展变化更是慢得多。例如现代汉语的时体助词"了"，是从古代汉语的动词"了"虚化而来。动词"了"大约出现在汉代，是"终了、了结"的意思。由于动词"了"常用在动词之后充当补语，地位不及一般的实义动词，于是逐渐虚化。大约到了唐宋之际，"了"才出现了与现代汉语大致相同的用法，成为时体助词，其演进过程大约经历了上千年的时间。

语法的发展变化，是通过语言新质要素的长期积累和旧质要素的逐渐衰亡来实现的。新的语言成分或者结构形式想要替换旧有的形式，往往要经历一个较长的时期，且常常出现新旧共现，呈现层叠并用的竞争势态，在一定程度上也反映出该时代的语言特点。

《醒世姻缘传》所处的时代约为近代汉语末期，近代汉语语法系统的主要特点是：时体助词系统进一步完善；"着""了"分工明确；开始貌、继续貌、短时貌先后产生；结构助词"的"普遍使用以及新的语气词系统形成。①

"着"和"了"的语法分工问题已经研究得比较透彻了，本处仅以《醒世姻缘传》中的分工情况为例，论证其语法所体现的时代性。我们以统计的方式来进行分析，看一些例子：

（1）次年四月大选，晁秀才也不用人情，也不烦央挽，竟把一个南直隶华亭县的签，单单与晁秀才掣着。（《醒世姻缘传》第一回）

（2）待那些富家的大姓，就如那明医蓄那丹砂灵药一般，留着救人的急症，养人的元气……（《醒世姻缘传》第二十四回）

（3）赶到淮安没赶上，往河神庙里许愿心咒咱，叫河神拿着。（《醒世姻缘传》第九十八回）

（4）渐渐到了十六七岁，出落得唇红齿白，目秀眉清。（《醒世姻缘传》第一回）

（5）小的们料他也定是不肯善与，也费了许些的事，才问他要得转来。（《醒世姻缘传》第九十七回）

（6）典史持了这本缘簿，顺了路，先到那乡宦的门前，一连走了几家，有竟回说不在，关了门不容典史进去的。（《醒世姻缘传》

① 向熹：《简明汉语史》，商务印书馆2010年版，第43页。

第三十一回）

（7）小鸦儿点了香来，<u>点着了</u>灯，在床上再三寻照，那有个蝎子影儿，只拿了两个虼蚤。（《醒世姻缘传》第十九回）

（8）还是禹明吾开口说道："咱昨日在围场上，你一跳八丈的，如何就这们不好的快？想是脱衣裳<u>冻着了</u>。"（《醒世姻缘传》第二回）

（9）杨古月自己掇转椅子，说道："是劳碌<u>着了些</u>，又带<u>些</u>外感。"（《醒世姻缘传》第三回）

据我们的统计，"着"字在《醒世姻缘传》中共使用了4301次，"了"字17473次，"着了"84次。由统计研究的结果来看"着"和"了"的分工已经是较为明确的，作为虚词，"着"表动作与时间的持续，"了"表完成。除去如"着衣""着人往城里报去"等存古的用法，例（1）到例（3）中的"着"都是持续体，语义上表示持续。

例（4）到例（5）中的"着"都是完成体，表示完成，用法与今天完全一致。但是例（6）中的前半部分"典史持了这本缘簿，顺了路，……"其中"持""顺"都是表持续意义的词，单论语义搭配，"持着缘簿，顺着路"更为合适。如果强调动作的完成，用"了"也未为不可。

我们也对作者使用"持"和"拿"的情况做了一个统计分析，结果为"持拿"使用次数为0次，"持着"4次，"持了"25次，"拿着"154次，"拿了"185次。作者使用"拿着"的频率是"持着"的38倍还多，原因为何？什么时候使用"持着"，什么时候用"拿着"？我们考察了一些《醒世姻缘传》中的例句，如：

（10）县官委了典史<u>持着</u>缘簿……（《醒世姻缘传》第三回）

（11）却说次日清晨，魏三<u>持着</u>状，跟进投文的去递在案上……（《醒世姻缘传》第四十六回）

（12）晁梁也还<u>持了</u>服到跟前看着入了殓……（《醒世姻缘传》第四十三回）

（13）差人<u>持了</u>一个通家生白钱帖到对门禹家去……（《醒世姻

缘传》第四回）

（14）<u>拿着</u>俺不当人，当贼待……（《醒世姻缘传》第三回）

（15）腰里扁着银子，<u>拿着</u>火种，领了老婆，起了三更，走到陈柳门上，房上放上火，领着婆子一溜烟走了。（《醒世姻缘传》第四十八回）

（16）丫头<u>拿了</u>四碟下酒的小菜……（《醒世姻缘传》第二回）

（17）你快<u>拿了</u>来，我添上钱还与老魏去，我还许你上门……（《醒世姻缘传》第四十九回）

数据和例子表明"持"和"拿"在《醒世姻缘传》中是同义互斥的，不能叠用。观察随机抽中的例子可以发现，凡用"持"的地方，都是比较官方或者正式的场合；而用"拿着""拿了"的场合都比较随意，常用于口语。结论表明《醒世姻缘传》的作者用词准确，创作态度是严谨的。这也从侧面证明，我们没有多少理由认为例（6）中的虚词"了"应该替换成"着"这个说法。

例（7）到例（9）"着""了"连用的情况有些复杂，需要分而论之。例（7）中的"点着了灯"，"着"是实词，"了"是虚词，"点着了"是"点燃了、点亮了"的意思，如"着火了"也是"火燃烧起来了"。例（8）中的"冻着了"是述补结构，其中的"着"是实义动词"着"虚化后的结果补语成分，"了"是虚词，表完成。例（9）中的"劳碌着了些"，是"遭受了一些劳累"。根据本文的统计，《醒世姻缘传》当中有84例"着了"连用，但与五代时期的"写着了书来单可及军前索战"连用并不一样，《醒世姻缘传》中的"着了"是实词加虚词，而"写着了"这样的用法则是"着""了"两个虚词连用，"着"陪衬音节，意义和语法作用为零，是羡余成分。

到了《红楼梦》以后，"着"和"了"有了明确的分工，"着"表动作的持续，"了"表动作的完成，分工的明确是汉语语法的一大发展。

（18）上面<u>叙着</u>堕落之乡、投胎之处，以及家庭琐事、闺阁闲情、诗词谜语，倒还全备。只是朝代年纪，失落无考。（《红楼梦》

第三回）

（19）士隐大叫一声，定睛看时，只见烈日炎炎，芭蕉冉冉，梦中之事便忘了一半。（《红楼梦》第一回）

总体来说，从《醒世姻缘传》的时代可以看出"着"和"了"的分工已经是明确的了，虽存在极少数没有区分开而存古的情况，但并不影响我们将它定为语法上的时代性特征。它反映了《醒世姻缘传》的时代，"着""了"语法分工处在一个整体基本完成，但又未彻底完成的状态，新旧两种形式共存，以新形式为主，旧形式退守到少数书面语中。到了《红楼梦》时代，"着"和"了"分工就基本上明确了。

第三节　明清小说语言的地域性

一　方言类词汇的地域性

《醒世姻缘传》作为一部被公认的世情写实主义的小说，徐志摩对它评价很高，说："全书没有一回不生动，没有一笔落'乏'，是一幅大气磅礴一气到底的《长江万里图》，我们如何能不在欣赏中拜倒！"① 徐志摩对《醒世姻缘传》的评价主要是从文学欣赏的视角，我们主要从《醒世姻缘传》中的方言词汇所反映出来的地域性进行解析。

吴佩林通过对《醒世姻缘传》与《红楼梦》中共有的典型山东方言词汇的对比，再次证明了《红楼梦》中大量吸收和使用了明清山东方言的事实。他举证了 25 个方言词汇：见方、营生、影响、卷子、左右、好生、有的、色色、兄弟、走动、精湿、烦、亏了、褒贬、行动、撂、行子、背晦、怪、敢自、洴、尽、凡百、老鸹、应承②。李焱从众多方言词典中，选取了 40 个词作为山东方言的特征词：招、冻冻、撮、蹾、葫弄、趄、恶膺、拇量、张、除、将、埝、恣……影、使、胀饱、着、舒、

---

① 徐志摩：《〈醒世姻缘传〉序》，王亚民编《徐志摩散文集》（第二卷），花山文艺出版社 1992 年版，第 245 页。

② 吴佩林：《〈红楼梦〉中的明清山东方言再举证——基于西周生〈醒世姻缘传〉的对比》，《〈醒世姻缘传〉研究》2014 年第 4 期。

逼、漫、扎古（扎挂、扎裹）①。当然，这些方言特征词，现代汉语中也有，不能完全拿来作为衡量山东方言的标尺。我们看几个有山东地域特色的方言词，以"营生、色色、支生、胀饱"为例：

（1）玄白相间的双鬟，……是一个罪人的妻室，因丈夫充徒去了，不能度日，雇做奶子营生。（《醒世姻缘传》第四十九回）

（2）（狄希陈）在家替素姐寻褥套、找搭连、缝裌肚、买缨头、装酱斗，色色完备……（《醒世姻缘传》第六十八回）

（3）侯婆子道："俺教里：凡有来入教的，先着上二十两银子，把这二十两银支生着利钱，修桥补路……"（《醒世姻缘传》第六十九回）

（4）只见珍哥的脸紫胀的说道："肚子胀饱，又使被子蒙了头……"（《醒世姻缘传》第四回）

例（1）中"营生"意思是"事情、职业、工作"，"营生"在《红楼梦》和《醒世姻缘传》中也多次出现；例（2）中"色色"有时写作"一色一色"，意思是"件件、样样、全部、一件一件"，在《醒世姻缘传》中共出现3例，修饰"完备、齐备"；例（3）中"支生"后接进行体标记"着"，"支生"为动词，在山东方言中，有多种用法：一是指植物鲜嫩、饱含水分，常用于形容蔬菜等；二是指翘起来、竖起来；三是指站着等候，一般指白白地等待，与"立棱"相近，许多时候可以互替；例（4）中"胀饱"，为山东方言，意思是"胃或腹部饱满发胀"。

再如《红楼梦》中的例子，《红楼梦》中的方言有的已经消失，有些保留了下来，沿用至今，《红楼梦》对于方言信手拈来，运用自如，用于刻画人物形象，有时候也透露故事背景。

（5）"你不认得他，他是我们这里有名的一个泼皮破落户儿，南省俗谓作'辣子'，你只叫他'凤辣子'就是了。"（《红楼梦》第

---

① 李焱：《山东方言特征词初探》，载李如龙主编《汉语方言特征词研究》，厦门大学出版社2001年版，第62—82页。

三回）

（6）宝玉听了，登时发作起痴狂病来，摘下那玉，就狠命摔去，骂道："什么罕物，连人之高低不择，还说'通灵'不'通灵'呢！我也不要这劳什子了！"（《红楼梦》第三回）

（7）原是这林黛玉秉绝代姿容，具希世俊美，不期这一哭，那附近柳枝花朵上的宿鸟栖鸦一闻此声，俱忒楞楞飞起远避，不忍再听。（《红楼梦》第二十六回）

例（5）中的"辣子"，是南京方言，"泼皮破落户儿"的意思。贾母是南京人，"凤辣子"方言词的使用，体现了凤姐的泼辣，又体现出贾母对凤姐的宠爱。"辣子"一词，在南京人通常指女性，带有调侃意味。例（6）中"劳什子"为满语词汇，至今在江浙一带的口语中还有所沿用，且多已不复原意。例（7）中的"忒"为象声词，"忒楞楞"拟声鸟扑棱翅膀的声音，后用于修饰形容词表程度，如"忒深""忒大"，北方地区使用较普遍。

除此之外，《红楼梦》中方言的使用很是庞杂，起到隐身自保的作用。《红楼梦》中有吴语方言如："侬""油皮""姨爹""菜蔬""促狭鬼""老子娘""马子""门子""作速""劳什子"等；苏杭方言如："响快""拿大""小伢儿""巧宗儿""堪堪""范花样""蹩摔""搅过"等。北京方言如："克食""编排""白填限""才刚""作死""嬷嬷""乜斜""撺掇"等。南京方言如："挺尸""气不忿""硬正""孤拐""灌黄汤""歪派"等。

二 地名类词汇的地域性

先以《醒世姻缘传》为例，《醒世姻缘传》前二十三回描写的主要地点有武城县和绣江县，对于地名词汇的考察，如"绣江""会仙山""白云湖""洪善书院""明水""莲花庵""龙王庙"等，有助于学者考据小说的作者和地域性等问题。

据"山东省省情资料库·章丘市情资料库"收录的《章丘县志》记载："章丘县旧县城，于隋开皇十六年，由高唐县城改称章丘城。明成化元年至清道光十四年，经7次修葺完固……民国初，城郭雄伟壮观……

至 1949 年，城墙尚存……1958 年 8 月，县治迁往明水。"还记载："绣惠镇，位于县境中部，绣江河西岸，明水西北 11.5 公里。……镇政府驻旧章丘城。"① 据此，明清时期乃至 20 世纪 30 年代的章丘县城实际上是今天的绣惠镇一带，与今天的章丘县（明水镇）相距"11.5 公里"。可见，绣江县不是章丘县。

《醒世姻缘传》多次描写到"会仙山"等词，这对于确定小说的作者、创造的年代，是很有帮助的。

（1）会仙山在邹平县城西南 7.5 公里处，高 590.8 米，……会仙山山势陡峻，北有石船谷，南有盘螯岭，绝顶深涧，兰面环绕，皆奇险莫攀，只有西坡几线羊肠小径可达山顶。石船谷口，双峰对峙，南石户顶、北石户顶均陡峭异常，为会仙山一大险胜。盘螯谷中，草木葱茏，洞水萦回，景最幽僻，古有庵院，人称"小桃园"。东面半山壁上，几股泉水溢出，夏秋滴水飞练，冬春冰溜倒悬。（曲延庆《会仙山》，《惠民地区风物综览》）

（2）这绣江县是济南府的外县，离府城一百一十里路，是山东有数的大地方，四境多有名山胜水。那最有名的，第一是那会仙山，原是古时节第九处洞天福地。（《醒世姻缘传》第二十三回）

《醒世姻缘传》中的"会仙山"，康熙年间的《淄川县志》认为属于"淄川境"；又把长白山归为"般阳二十四景"，长白山南麓的"会仙山"属于淄川县，是无疑的，可以作为"绣江县"就是淄川县的明证。

《醒世姻缘传》的后半部分，是以明水为背景的，写了"绣江、会仙山、白云湖"等，此外，还有一些人物活动的场所和地点，如：洪善书院（第三十一回）、仙乡（第十六回）、明水、莲花庵、龙王庙、三官庙（第五十六回）、玉皇庙（第七十三回）、关帝庙（第二十八回）等。根据学者考证，"洪善书院"，可能就是"黉山书院"，"黉山之阳，为邑八景之一"。相传郑康成曾在此讲学，故也称之为康成书院②。仙乡，根据

---

① 山东省省情资料库网络资料：http://sdsqw.cn。

② 冯梦令主编：《淄博文史资料第九辑》，中国文史出版社 2005 年版，第 501 页。

《淄川县志》，当为乾隆以前的淄川正东乡（仙人乡），仙人乡下辖48村，"仙乡"为蒲家庄的别名。历史上淄川的西北乡旧称明水乡，明水乡下辖48村，集在明水镇。淄川的明水西南有萌山、范阳河流经山下，萌山山下有一座水库，或许因为淄川的明水，与章丘的明水重名，后来改名为萌水，但旧县志一直称为明水。三官庙，《淄川县志》中也有记载：般阴三官庙，在南关外般河南岸。明翰林院检讨、邑人孙光辉《灵虹桥碑记》云："嘉靖丙戌，邑侯张公及耆年侯庆等……于桥南创三官庙一区，国初重修一次。"《淄川县志》对玉皇庙的记载：在县西五十里张家土鼓城东，规模宏敞，殿宇辉煌，旧有观音殿、关帝庙，国初添建玉皇阁，邑人唐太史梦赉有碑。后于阁西又建忠亲王祠。

《醒世姻缘传》中的这些地名类词汇，有助于学者们从语言词汇的角度考据论证其作者或写作地点等问题，只要研究《醒世姻缘传》，就不能不考虑地名类词汇所反映的地域性问题。

再看一些明清其他小说中的例子，一些类型的词汇如"西""洋""胡""番"，这些带有地名来源标记的词，隐含着事物从域外传播到国内的历史。从明代开始"西"字指西方欧美地区，词汇中也存在一些常见的"西系"前缀的例子，如西瓜、西红柿、西医、西药、西装、西服、西历、西元等。

（3）次日，众猴果去采仙桃，摘异果……但见那：金丸珠弹，红绽黄肥。……红囊黑子熟<u>西瓜</u>，四瓣黄皮大柿子……（《西游记》第一回）

（4）这么粗这么长粉脆的鲜藕，这么大的<u>西瓜</u>，这么长这么大的暹罗国进贡的灵柏香薰的暹罗猪、鱼。你说这四样礼物，可难得不难得？（《红楼梦》第二十六回）

（5）这日走到河西务地方，一个铜盆大的落日，只留得半个在地平线上，颜色恰似初开的淡红<u>西瓜</u>一般，回光反照，在几家野店的屋脊上，煞是好看。（《孽海花》第十九回）

"瓜"字在我国古已有之，"瓜"字为象形字，"瓜"的小篆字形，两边像瓜蔓，中间果实，是藤上结瓜的象形。从"瓜"的字，多与瓜果有关。西瓜的得名，一直有一点争议。有传说西瓜原名稀瓜，水多肉稀的瓜，是神农尝百草时发现的，但是找不到什么证据。另外的说法是西汉时由西域传入中国，在西汉时只有皇室以及王公贵族才有资格享用西瓜。南朝陶弘景《本草经集注》描述西瓜"永嘉有寒瓜甚大，可藏至春"。可见明之前，西瓜也叫做寒瓜。明代徐光启《农政全书》中有"西瓜，种出西域，故之名"。按：西瓜原产于非洲的东北部，2000多年前埃及人就开始种植西瓜，后来进入印度等地，再由西域经丝绸之路传入中国。又明代李时珍在《本草纲目》："按：胡峤于回纥得瓜种，名曰西瓜。则西瓜自五代时始入中国，今南北皆有。"说明西瓜在中国已有悠久的历史。李时珍认为，陶弘景提到的寒瓜就是西瓜。由例（3）到例（5）三个例子证明，西瓜在明清时期仍然是比较珍贵的，在《西游记》和《红楼梦》中仍然都是珍贵的瓜果，在《孽海花》中也是比较好的意象物。

西红柿命名也与西瓜类似，大约在明朝万历年间，也就是16世纪末17世纪初传入中国。西红柿原产于南美洲，后来逐渐传入中欧地区，再传入我国。明代《植物制品》一书，记载了西方传教士带来柿子。明代《群芳谱》当中称之为"西红柿"，《烟雨楼笔记》称之为"洋柿子"，《植物名史图考》称之为"小金瓜"，直到在清代，人们还一般将之作为观赏植物，不曾食用。有趣的是，在明清的白话小说中，看不到"西红柿"的身影，说明"西红柿"还没有普及，没进入大众视线，1826年的《皇朝经世文编》中才有明确记载，到了清末才见到"西红柿牛尾汤"。

（6）古之人嗜食鲜果果仁肉与蔬菜，其后起者也，橙橘、苹果、肥果、葡萄、香蕉以及西红柿之属，凡果之熟而甘者……（清贺长龄《皇朝经世文编》，1826）

（7）傍晚率惠至大观楼赴景枫之约，西红柿牛尾汤佳绝。余又独赴梦陶丈之约。（清恽毓鼎《澄斋日记》，1913）

（8）西红柿，蔬类植物也，茎高数尺，稍蔓延，叶为羽状复叶，深裂，生毛甚密，花淡黄，实扁圆，径二三寸，熟则色红，可食。（清徐珂《清稗类钞》）

关于"西医、西药"，在明代的作品中没有发现用例，最早的用例为清代，到了晚清时期，随着西方列强扣关，"西医、西药"也开始在民间传播开来。不过从例（9）至例（11）不同的作品看来，民间情绪对"西医、西药"似乎充满了疑虑和不信任之感。

（9）蘩如摇着头道："我记得从前曾小侯信奉西医，后来生了伤寒症，发热时候，西医叫预备五六个冰桶围绕他，还搁一块冰在胸口，要赶退他的热。谁知热可退了，气却断了。"（《孽海花》第二十四回）

（10）次日，又到天主堂去拜访了那个神甫，名叫克扯斯。原来这个神甫，既通西医，又通化学。（《老残游记》第十九回）

（11）等在医学堂毕业出来，不知在哪里混了两年，跑到这里来，要开个药房。恰好这荀莺楼是最信用西药的，两人见面之下，便谈起这件事。（《二十年目睹之怪现状》第五十五回）

"洋"字出现的时间也比较晚，与"西医、西药"一样，"洋"字透露了清代后期欧美列强闯入的社会情况，"洋"泛指外国或者外国人，如"洋火、洋行、洋油、洋烟、洋枪、洋炮、洋人"等。下例句中的各种"洋"字头，体现了时代性与外来性，例（16）（17）还直接表明了当时的人对"洋货"的抗拒情绪，对"洋枪、洋炮"的恐惧心理，也可以看出当时的社会民众的心理。

（12）船上买办又仗着洋人势力，硬来翻箱倒箧的搜了一遍，此时还不知有失落东西没有。（《二十年目睹之怪现状》第四回）

（13）我顺手推开窗扇乘凉，恰好一阵风来，把灯吹灭了，我便暗中摸索洋火。（《二十年目睹之怪现状》第六十八回）

（14）要办机器，就要找到洋行。这些洋行里的康白度，那一个不吃花酒？……你请他，是要劳他费心，替他在洋人跟前讲价钱，约日子。（《官场现形记》第七回）

（15）楼梯口上，挂了一盏洋铁洋油灯，黑暗异常。入到房里，只见安设着一张板床，高高的挂了一顶洋布帐子。（《二十年目睹之

怪现状》第三十二回)

(16) 且说童子良生平却有一个脾气，最犯恶的是<u>洋人</u>：无论什么东西，吃的、用的，凡带着一个"洋"字，他决计不肯亲近。所以他浑身上下，穿的都是乡下人自织的粗布，<u>洋布</u>、<u>洋呢</u>之类是找不出一点的。但是到了五十多岁上，因为生病抽上了<u>鸦片烟</u>，再戒不脱，一天在朝房里，有位王爷同他说笑话道："子良，你不是犯恶<u>洋货</u>吗？你为什么抽<u>洋烟</u>呢？"(《官场现形记》第四十六回)

(17) 却不料到第五天夜里，萧长贵正在自己兵船上睡觉，忽听得外面一派人声，接着又有<u>洋枪</u>、<u>洋炮</u>声音，拿他从睡梦中惊醒，<u>直把他吓得索索的抖</u>……(《官场现形记》第四十六回)

从上述例证中可以发现，"西"和"洋"作为词根，体现的时代性主要是清末。"胡"和"番"的时代性则更早一点。"胡"字在东汉以后，开始指胡地，即北方边地以及西域的少数民族，后来主要指西北民族的事物。胡麻、胡饼、胡豆、胡菜、胡萝卜等。

(18) 张道士……每日家大盘撕了狗肉，提了烧酒，拾了<u>胡饼</u>，吃得酒醉饭饱。(《醒世姻缘传》第二十八回)

(19) <u>胡麻</u>手种葛鸦儿，红豆重生认故枝。(《孽海花》第八回)

(20) 觉来悟定<u>胡麻</u>熟，十二峰前月未西。(《警世通言》第二十八卷)

(21) <u>豌豆</u>，种出<u>西胡</u>。其苗柔弱宛宛，故得<u>豌</u>名。百谷中最先登者，嫩时青色，老则斑麻。故有<u>胡豆</u>、戎菽、青斑、麻累诸名。(《本草纲目》)

(22)【释名】寒菜(胡居士方)、<u>胡菜</u>(同上)、苔菜(《埤雅》)、苔芥(《沛志》)、油菜(《纲目》)。时珍曰：此菜易起苔，须采其苔食，则分枝必多，故名芸苔，而淮人谓之苔芥，即今油菜，为其子可榨油也。羌陇氐胡，其地苦寒，冬月多种此菜，能历霜雪，种自胡来，故服虔。《通俗文》谓之胡菜，而胡洽居士《百病方》谓之寒菜，皆取此义也。(《唐本草》第二十六卷"菜部")

(23) 他那里是着我叫，明白是羞我。我不叫，他又打我。不免

将就的叫一声。青菜、白菜、赤根菜、胡萝卜、芫荽、葱儿阿！（《堂东老劝破家子弟》元剧曲）

例（18）（19）表明在明清时代还有"胡饼""胡麻"的叫法，"胡饼"就是现在所说的芝麻烧饼，"胡麻"就是现在的"芝麻"。例（21）中的"胡豆"就是"豌豆"，例（22）中的"胡菜"也叫"寒菜""苔菜""苔芥"等，即今天的"油菜"。例（23）中的为元代的例子，表明"胡萝卜"在元代就已经出现了。"胡"字作为词根，表明了其参与构词的词语的来源地，体现了它们的地域性。

"番"字在唐朝的时候一般指藏族，后来泛化，在地域上指称所有的外国人和物。到了明代的时候有"番僧"，清代有"番户"，明清时期还有"番人、番女、番薯、番菜"等词汇。"番"字所带的地域性在明清是很明显的，"番僧，番户，番人"出现在各种实录和小说当中，例（29）中直接表明了"番人"的外貌特征"碧眼黄须"，相当于元代的色目人。除了"番人"外，"番女"也出现在清代的小说当中。《本草纲目拾遗》为清代作品，对"番薯"进行了详细的介绍。例（34）为清代作品，"番菜"成为请客的菜品。

（24）命伯赵世新陪宴喇嘛番僧。（《明实录神宗实录·别史》）

（25）赏赐番僧、则用纻丝禅衣、纻丝，赏古麻氊哈唎、蓝绫贴里绢衣。（《大明会典·政书》）

（26）当时有一番僧，法名浑寿罗，到此武林郡云游，玩其山景，道："灵鹫山前小峰一座，忽然不见，原来飞到此处。"（《警世通言》第二十八卷）

（27）后底湖庄三十番户、一百十五丁口。古民庄二百三十番户、一千零十四丁口。旧南港庄一百五十一番户、六百九十三丁口。（《嘉义管内采访册·地理》）

（28）宋军中朱武上云梯看了下来，回报卢先锋道："番人布的阵，乃是'五虎靠山阵'不足为奇。"（《水浒传》第八十四回）

（29）原是幽州人氏，为他碧眼黄须，貌若番人，以此人称为"紫髯伯"。梁山泊亦有用他处。（《水浒传》第六十九回）

（30）孟获大喜，即引宗党并所聚<u>番人</u>，连夜上马；就令蛮兵引路。（《水浒传》第九十回）

（31）卖猫人说道："那<u>西番人</u>进完了贡，等不得卖这猫，我与了他二百五十两银子顿下，打发那番人回去了。"（《醒世姻缘传》第二十三回）

（32）等到吴、林两人渡过太甲溪，忽不见了郑姑姑，<u>番女们</u>都四处奔驰的寻觅她们的贤师。（《孽海花》第三十三回）

（33）今俗通呼为<u>番薯</u>，或作番茹，有红皮、白皮二色，红皮者，心黄而味甜；白皮者，心白而味淡。南方各省俱植之，沿海及岛中居民以此代谷。其入药之功用亦广，而诸家本草皆未载，李濒湖特补列纲目中。（《本草纲目拾遗》卷八"诸蔬部"）

（34）明天请章豹臣在金林春吃<u>番菜</u>。今儿兄弟出门出的晚，齐巧他的知单送了来，诸位都是陪客，单是没有畲小翁。（《官场现形记》第二十九回）

三 饮食类词汇的地域性

一方水土养一方人。一般说来，可以根据一个人口音、词汇（尤其是方言词），判定一个人属于哪个方言区，属于这个方言区的哪个次方言，乃至土语等。此外，还可以根据饮食习惯，来判定一个人大致属于哪个方言区。《醒世姻缘传》的饮食描写可谓相当丰富，种种饮食词汇也相当能反映出小说的地域性，透过这些词汇可以窥探当时的社会风貌。例如：

（1）婆子安顿了李成名进去，随即收拾了<u>四碟上菜</u>，<u>一碗豆角干</u>，<u>一碗暴腌肉</u>，<u>一大壶热酒</u>，……丫头将酒菜放在桌上……又端出<u>一碟八个饼</u>，<u>两碗水饭</u>来。（《醒世姻缘传》第四回）

（2）原来<u>一大碗豆豉肉酱烂的小豆腐</u>、<u>一碗腊肉</u>、<u>一碗粉皮合菜</u>、<u>一碟甜酱瓜</u>、<u>一碟蒜苔</u>、<u>一大箸薄饼</u>、<u>一大碟生菜</u>、<u>一碟甜酱</u>、<u>一大罐绿豆小米水饭</u>。（《醒世姻缘传》第二十三回）

（3）家家都有腊肉、腌鸡、咸鱼、腌鸭蛋、螃蟹、虾米；那栗子、核桃、枣儿、柿饼、桃干、软枣之类，这都是各人山峪里生的。茄子、南瓜、葫芦、冬瓜、豆角、椿芽、蕨菜、黄花，大菌子晒了干，放着过冬。……吃得早酒的，吃杯暖酒在肚。那溪中甜水做的绿豆小米粘粥，黄暖暖的拿到面前，一阵喷鼻的香，雪白的连浆小豆腐，饱饱的吃了。（《醒世姻缘传》第二十四回）

例（1）中，描写到了饮食，有吃的菜"四碟上菜，一碗豆角干，一碗暴腌肉"，另外还有主食"一碟八个饼，两碗水饭来"。就菜而言，暴腌肉的制作①：微盐擦揉，三日内即用。以上三味（酱肉、糟肉、暴腌肉），皆冬月菜也，春夏不宜。水饭，则是浸过水的米饭或粥。与《红楼梦》《金瓶梅》相比，《醒世姻缘传》中的饮食描写更多地体现了下层色彩，"上菜""豆角干""暴腌肉""饼""水饭"等词，侧重于描写山东偏僻县的城镇普通人家日常生活，这便形成了全书饮食文化描写的下层特色。例（2）中描写的菜肴词汇相对多些："豆腐""腊肉""粉皮""甜酱瓜""蒜苔""薄饼""生菜""甜酱""绿豆""小米水饭"。明清时期，老百姓的饮食生活还是相当简单的。明代陆容在《菽园杂记》中有相关描写：吴中民家计一岁食米若干石，至冬月春白以蓄之，名"冬春米"。尝疑开春农务将兴，不暇为此，及冬预为之。闻之老农云"不特为此"。春气动，则米芽浮起，米粒亦不坚，此时春米多碎而为粞（碎米），折耗颇多。冬月米坚，折耗少，故及冬春之。卷三曰：江西民俗勤俭. 每事各有节制之法，然亦各有一名。如喫饭，先一碗不许喫菜，第二碗才以菜助之，名曰"斋打底"。这应该是中国普通老百姓生活的真实情况，显现出百姓自给自足的饮食节俭状况②。例（3）中，列举了众多食材："腊肉""腌鸡""咸鱼""腌鸭蛋""螃蟹""虾米"；干果："栗子""核桃""枣儿""柿饼""桃干""软枣"；各色蔬菜："茄子""南瓜""葫芦""冬瓜""豆角""椿芽""蕨菜""黄花""大菌子"；各种小吃主食："绿豆""小米粘粥""连浆小豆腐"。

饮食是人类生存发展的最基本的物质活动，更高程度地说，它可以

---

① （清）袁枚著，王刚编著：《随园食单》，江苏凤凰文艺出版社 2015 年版，第 112 页。

② 邵万宽：《中国面点文化》，东南大学出版社 2014 年版，第 130 页。

反映一个民族的思维观念，中国人讲究"民以食为天"。再以《红楼梦》为例，其中所描写的饮食文化，可以看出满族先人在东北地区形成的特殊饮食文化。满族人养成了食肉衣皮的生活习惯，这些贡品反映了满人的饮食文化，也可以想象出他们在北方山林狩猎时和在江上打鱼时的艰辛。

（4）贾蓉也忙笑道："别看文法，只取个吉利儿罢。"一面忙展开单子看时，只见上面写着：大鹿三十只，獐子五十只，狍子五十只，暹猪二十个，汤猪二十个，龙猪二十个，野猪二十个，家腊猪二十个，野羊二十个，青羊二十个，家汤羊二十个，家风羊二十个，鲟鳇鱼二百个，各色杂鱼二百斤，活鸡、鸭、鹅各二百只，风鸡、鸭、鹅二百只，野鸡野猫各二百对，熊掌二十对，鹿筋二十斤，海参五十斤，鹿舌五十条，牛舌五十条，蛏干二十斤，榛、松、桃、杏瓤各二口袋，大对虾五十对，干虾二百斤，银霜炭上等选用一千斤，中等二千斤，柴炭三万斤，御田胭脂米二担，碧糯五十斛，白糯五十斛，粉秔五十斛，杂色粱谷五十斛，下用常米一千担，各色干菜一车，外卖粱谷牲口各项折银二千五百两。外门下孝敬哥儿玩意儿：活鹿两对，白兔四对，黑兔四对，活锦鸡两对，西洋鸭两对。（《红楼梦》第五十三回）

《红楼梦》中满族的特色食物有"奶子""饽饽"和"克什"。"奶子"是乳制品，"饽饽"是面制品，"克什"也叫"恩惠"，清代皇上将自己所剩的食物赐给下面的官员，表达的是恩惠之意。《红楼梦》中贾老太对宝玉的赏赐也叫"克什"，体现的是贾祖母对孙子的疼爱。

（5）那凤姐知道今日的客不少，寅正便起来梳洗。及收拾完备，更衣盥手，喝了几口奶子，漱口已毕，正是卯正二刻了。（《红楼梦》第十四回）

（6）平儿忙笑道："奶奶请回来，这里有饽饽，且点补些儿，回来再吃饭。"（《红楼梦》第五十三回）

（7）宝玉听了，便命换衣裳。才要去时，忽又有贾妃赐出糖蒸

酥酪来。宝玉想上次袭人喜吃此物，便命留与袭人了，自己回过贾母，过去看戏。（《红楼梦》第十九回）

　　（8）忽见莺儿端了一盘瓜果进来，说："太太叫人送来给二爷吃的，这是老太太的克什。"（《红楼梦》第一百一十八回）

明清各种小说的作者们不厌其烦地列举这些饮食类词汇，较为真实而具体地反映了时代与地域的特征，研究社会语言学、文化语言学不可避免地要涉及此种类型的词汇，这些词汇为我们了解明清不同时期不同地域的饮食文化打开了窗口。

四　服饰类词汇的地域性

同饮食一样，服饰同样是人类社会最重要的物质文化之一。服饰指的是"服装及首饰"，泛指人体的各种装饰，《醒世姻缘传》中所出现的服饰类词汇有"冠巾""发髻""衣裤""鞋履"及"刺绣"等。明代的服饰等级，早在朱元璋时期就有明文规定，其中也涉及了许多服饰类词汇。

　　（1）古昔帝王之治天下，必定礼制以辨贵贱、明等威，是以汉高初兴，即有衣锦绣绮縠、操兵、乘马之禁。历代皆然。近世风俗相承，流于僭侈，闾里之民，服食、居处与公卿无异，而奴仆贱隶往往肆侈于乡曲，贵贱无等，僭礼败度，此元之失政也。中书其以房舍、服色等第，明立禁条，颁布中外，俾各有所守。（《明太祖实录》卷五五）

　　（2）诏复衣冠如唐制，初元世祖起自朔漠以有天下，悉以胡俗变易中国之制，士咸辫发椎髻，深檐胡俗，衣服则为裤褶、窄袖及辫线腰褶，妇女衣窄袖、短衣，下服裙裳，无复中国衣冠之旧……上久厌之，至是悉命复衣冠如唐制。（《明太祖实录》卷三十）

例（1）表明，朱元璋深谙明代"辨贵贱、明等威"，"文武结合"，以武力来平定祸乱，以文治致太平等原则，是一种有效的治世规律，了解传统的文治对于巩固政权和稳固社会秩序的重要性。明代的服饰制度，就是朱元璋"定名志、辨名分、安上下"的治国理念之一。例（2）是洪武元年（1368）二月，朱元璋的诏书，内容表明"内中华而外夷狄"的民族政策①，在服饰制度上采取了"严夷夏之防"：胡服胡语胡姓一切禁止，这是大背景。我们再看小说中对于女性、男性服饰的描写：

> （3）与珍哥新做了一件<u>大红飞鱼窄袖衫，一件石青坐蟒挂肩</u>；三十六两银子买了<u>一把貂皮，做了一个昭君卧兔</u>；七钱银做了<u>一双羊皮里天青劈丝可脚的革翕鞋</u>；定制了一根金黄绒辫鞓带；带了一把不长不短的<u>鍑银顺刀</u>；选了一匹青色骟马，使人预先调习。又拣选了六个肥胖家人媳妇，四个雄壮丫头，十余个庄家佃户老婆，<u>每人都是一顶狐皮卧兔，天蓝布夹坐马，油绿布夹挂肩，闷青布皮里革翕鞋，鞓带腰刀，左盛右插</u>。（《醒世姻缘传》第一回）

例（3）涉及众多的服饰词汇：大红飞鱼窄袖衫、石青坐蟒挂肩、昭君卧兔貂皮、羊皮里天青劈丝可脚的革翕鞋、金黄绒辫鞓带、鍑银顺刀、狐皮卧兔、天蓝布夹坐马、油绿布夹挂肩、闷青布皮里革翕鞋、鞓带腰刀。这珍哥不过是个"做戏子的妓女"，被晁大舍花了八百两银子娶回家。这珍哥"甚是活动，所以晁大舍万分宠爱"，因此在衣食住行上，竭尽全力满足。我们仅以服饰中的"昭君卧兔"来看：昭君套，也叫包帽、用于额部保暖的无顶皮帽罩。明张岱《陶庵梦忆·牛头山打猎》："……姬服大红锦狐嵌箭衣、昭君套。"清平步青《霞外捃屑》卷十《齐眉、包帽、昭君套》："按：以貂皮暖额，即昭君套抹额。"樊彬《燕都杂咏》注："冬月闺中以貂皮覆额，名'昭君套'。"② 仅仅为了做一个昭君套，就花了三十六两银子买貂皮，还不算做工费，由此可见晁大舍的奢侈。虽然，明朝的《大明令》对服饰、屋舍的等级早已作出了严格的规定，对于庶民来说，不得僭越使用金绣，但是允许使用纻丝、绫罗、白素纱，可以拥有一件金质首饰，一对金耳环，余下的只用

---

① 张中政主编：《朱元璋与中国文化的复兴——明朝皇权专制的意识形态基础》，《明史论文集》，黄山书社1994年版，第379—389页。

② 季学源：《红楼梦服饰研究》，群言出版社2004年版，第67页。

银翠。帽子不得用金、玉、琥珀和珊瑚装饰，鞋靴不得制造花样，不得使用金线装饰。对于官服来说，规定更加严格，如一、二品官员不得穿着金丝绣的五爪龙纹官服，三、四品官员不得穿着金搭子服饰等。但是，在明朝中后期，奢侈之风日渐盛行，直隶监察御史陈鉴向皇帝建言中指出：今风俗浇浮，京师为甚，京师奢侈之风主要表现有："其一军民之家事佛过盛……其二营办丧事……其三服食靡丽，侈用伤财；其四倡优为蠹，淫无极；其五赌博破产八九。"① 五条之中，晁大舍占了其中的第三、第四两条。

一切具体的服饰都带有地域性特征，胡服、胡姓、胡语必定与汉服、汉姓、汉语有所区别。一切个体都是一定时地上的个体，带有时代性和地域性。《醒世姻缘传》中的有关服饰类的词汇丰富而详备，如颜色类的词汇有："大红""石青""天青""金黄""天蓝""油绿""闷青"等，反映了当时的染色技术。材质类的词汇有："纻丝""绫罗""白素纱""金""玉""琥珀""珊瑚""五爪龙纹""金搭子"等，反映了当时当地的衣物与饰材情况，十分符合鲁迅的"描写则颇仔细矣"之评语。

中国的服饰文化，也是源远流长。旧石器时代，我国的山顶洞人已用兽皮缝制简单的衣服，用于御寒。后来在"御寒"的基础上，慢慢发展出了美化的功能，美化反映了人们的生活习俗、审美情趣以及文化心态等方面的变化，外形和审美共同构筑了服饰文化精神文化内涵。再看《红楼梦》中的服饰。《红楼梦》中的服饰文化也如饮食文化一样丰富，成为小说中必不可少的文化内涵。书中不同年纪、身份、阶层、性别、身处及不同场合的人，所穿着的各种服饰，种类繁多，各具不同审美情趣以及文化心态。

（4）话说宝玉举目见北静王世荣头上戴着净白簪缨银翅王帽，穿着江牙海水五爪龙白蟒袍，系着碧玉红鞓带，面如美玉，目似明星，真好秀丽人物。宝玉忙抢上来参见，世荣从轿内伸手挽住。见宝玉戴着束发银冠，勒着双龙出海抹额，穿着白蟒箭袖，围着攒珠

---

① 《明英宗实录》卷一百六十九，正统十三年八月己卯，"中央研究院"历史语言研究所校印本 1962 年版。

银带，面若春花，目如点漆。北静王笑道："名不虚传，果然如
'宝'似'玉'。"（《红楼梦》第十五回）

北静王爷的服饰以白色为主调：头上戴着净洁白簪缨银翅王帽，白
色的蟒袍，这是符合葬礼的场合需要。穿着"江牙海水五爪坐龙白蟒
袍"，龙袍、蟒袍绣的线条称"水脚"，像波涛翻滚的水浪，称为"江牙
海水"。蟒袍，因袍上绣蟒而得名，"五爪坐龙"为侧面之龙，王帽蟒袍
是宫廷贵族的打扮，也可能是避讳，黄色的龙袍是皇族宫廷服饰，写成
"白色的蟒袍"也可能是为避免招惹不必要的麻烦。碧玉红鞓带是系在腰
部的饰品，其一品为玉，二品为花犀，三品为金银花，四品为素金。碧
玉红鞓带也代表了北静王爷的尊贵身份。贾宝玉的衣冠华服，帽子工艺
复杂、衣着用料考究、佩饰价值不菲，凸显出宝玉身份地位的非同寻常，
从头到脚、从内到外、从衣到饰都显示着富家公子的高级奢华感。

第四节　明清小说语言的社会性

语言与社会有着密不可分的关系，人类社会在漫长的发展历程中产
生了语言，语言也极大地促进了社会的进步与发展。社会为语言的发展
提供了动力，社会发展、分化、统一和相互接触，也会相应地引起语言
的变化。而语言反过来又能促进沟通与交流，间接促进了社会的发展，
它们之间是一种互相推动的关系。社会性是语言的本质属性，社会的变
化发展必然会在语言的词汇里留下印记，语言也因此记录了社会的时代
性，对社会起着见证作用。

一　从民俗词汇看作品的社会性

《醒世姻缘传》对明末清初的社会黑暗、官场腐败和世风浅薄浇漓做
了冷眼旁观又入木三分的描写，是一部看似荒诞不经、实则冷峻的古代
世情小说。虽用了一个神魔的框架，但几乎所有的故事都有现实的依据，
讽世骂俗，深刻而实录，成为反映现实社会的佼佼者。

所谓的风俗，是一个国家、民族、地区甚至小到一个自然村落，由
其所在的民众所创造、享有和传承的一种物质或者精神文化现象。风俗

是一种群体现象,在特定的时代、地域和人群中发展演变,服务民众生活。语言学与民俗学本是两个完全不同的学科,但二者仍然有着千丝万缕的联系,主要反映在如下几个方面。

首先,语言单位可以直接源自民俗或陈述民俗,也即"语源","语源"多为一个词、一个短语或一句话直接道出一宗"俗源"。如"打平伙"起源于群众会餐,与餐的人均摊费用或自带食物,一起做饭一起吃;"打牙祭"源起平素多食蔬食的人,隔若干时日食肉一次,以改善饮食。两者都来自民间的古旧食俗,语俗完全相印。此外,还有陈述民俗的语源,如陈述过年过节习俗的"腊月八把猪杀",婚姻风俗中为庆祝暂时抛弃规矩的"闹房三日无大小",丧葬习俗"孝子不抬丧"等。

其次,语言单位涉及民俗,包括"旁涉"和"带涉"民俗,旁涉和带涉多是用相关类比或者比喻的手法来指涉民俗。旁涉民俗指风俗在言外,被用作喻体,如"出殡忘了抬棺材,好大意",旁涉民间"出殡"风俗,喻做事的人"粗心,是一种夸大的夸张";"乳名都是父母起的,坏名都是自己惹的",旁涉"起乳名"的风俗,强调名声都是自毁的,是一种旁涉的类比。语言单位带涉民俗是另一种"旁涉",如"宁为房上鸟,不作屋中妾",带涉"纳妾"旧时俗;"隔着锅台上炕"中的"炕",带涉搭炕取暖之俗。这些涉俗的方言俗语,统称为"民俗语汇"。

最后,语言单位反射民俗。某些语言单位,就其自身讲,并不涉及具体的民俗事象,但却折射、反射民俗。如"入乡随俗""入境问禁"等,不直陈具体民俗,却是民俗观的总原则。再如许多谚语如农谚、生产谚等,虽不直陈,却仍可管窥某时某地的世俗。

《醒世姻缘传》作为一部现实主义作品,存在大量的民俗描写,为我们了解 17 世纪的社会搭建了一座桥梁。《醒世姻缘传》中涉及的社会风俗较为广泛,大致可以分为三类:一是礼仪,如婚嫁、诞育、寿诞、丧葬等;二是信仰,如佛道、狐鬼等;三是节令,如岁时节令、庙会集市等。《醒世姻缘传》对这些风俗的记载,对后世的研究者研究当时的社会文化语言学很有帮助。我们先看诞育和婚嫁的风俗描写,例如:

(1) 他那东昌的风俗,生子之家,把那鸡蛋用红曲连壳煮了,赶了面,亲朋家都要分送。看孩子洗三的亲眷们,也有银子的,也有铜钱的，厚薄不等，都着在盆里，叫是"添盆"。临了都是老娘婆收得去的。那日晁夫人自己安在盆内的二两一个锞子，三钱一只金耳挖，枣栗葱蒜；临后又是五两谢礼，两匹丝绸，一连首帕，四条手巾。那日徐老娘带添盆的银钱约有十五六两。（《醒世姻缘传》第二十一回）

　　例（1）记载了当时东昌地区的诞育民俗，孩子诞生后，要煮红鸡蛋、手工擀喜面送给亲朋，第三日看孩子洗澡时亲眷们要往澡盆里丢银钱或铜钱，盆中收礼所得归产婆（即老娘婆），"洗三""添盆"等直接陈述了当时山东地方的诞育民俗。这些民间礼俗从唐开始就有记载，如韩偓的《金銮密记》："天复二年，大驾在歧，皇女生三日，赐洗儿果子、金银钱、银叶坐子、金银铤子。"宋代孟元老《东京梦华录·育子》："婴儿洗三之日，煎香汤于盆中，下果子彩钱葱蒜等，用数丈彩绕之，名曰'围盆'。以钗子在水盆中搅拌，称之为'搅盆'。观者各撒钱于水中，谓之'添盆'……盆中枣子直立者，妇人争取食之，以为生男之征。""枣子直立者"谐音"早立子"，在民间成为"生男之征"以至"妇人争取食之"。《醒世姻缘传》中晁夫人除了放钱外，还放了"枣栗葱蒜"，"枣子、栗子"谐音"早立子"；"葱"谐"聪"，寓"聪明"；"蒜"与"算"相谐音，寓"计算"，祝孩子将来善于持家。

　　这些以语言词汇谐音的方式，暗示了人们对美好生活的祈求，是一种语言崇拜现象。

　　（2）只见那宾相手里拿了个盒底，里面盛了五谷、栗子、枣儿、荔枝、圆眼，口里念道："……夫妇登床，宾相撒帐。将手连果子带五谷，抓了满满的一把，往东一撒，说道……撒帐东，新人齐捧合欢钟。才子佳人乘酒力，大家今夜好降龙……撒帐南，从今翠被不生寒……撒帐中，管教新妇脚朝空……撒帐西，窈窕淑女出香闺……撒帐北，名花自是开金谷……撒帐上，新人莫得妆模样……撒帐下，新人整顿鲛绡帕……"（《醒世姻缘传》第四十四回）

例（2）描写了新人过门和铺床的婚姻风俗。在娘家吃完酒后，选吉时新娘上车，随新郎一起回家。到新郎家过门，踩红地毯，在香案前婆婆用筷子挑开盖头。女家预先铺设布置好婚床，宾相撒五谷、栗子、枣儿等在床四周和上下。《醒世姻缘传》详细具体地描写了这些习俗，说明男女双方家庭对于婚姻的重视。通过宾相"撒帐"撒下"枣、栗子、五谷、荔枝和圆眼"等物品，带涉"早立子"，我们可以看到语言所寄寓的当时人们的愿望，反映了语言中所带涉的民俗。

自古以来，人们比较注重老人和孩子的生日，对成年人则不太讲究。老人把生日叫寿辰，寿分上寿、中寿和下寿。上寿百岁、中寿八十、下寿六十。寿辰要设寿堂，挂寿联寿图，摆宴庆贺。寿宴所用食物中不可缺少的是面条和寿桃。《新唐书·后妃传》："陛下独不念阿忠脱紫半臂易斗面，为生日汤饼邪？"《红楼梦》中："老太太明年八十一岁，是个暗九，许下一场九昼夜的功德，发心要写三千六百五十零一部《金刚经》。"古人认为"九"寓意极大之数，差不多等于圆满，而圆满则亏，故需避"九"。

> （3）那日正是十月初一，<u>晁夫人的寿辰。县官具了彩亭门扁，县官率了佐贰典史</u>，……与晁夫人挂了一面绿地金字"菩萨后身"门扁……这武城县各里的里老收头，排年什季……都与晁夫人做<u>寿生道场</u>，……却说晁夫人一百零四岁的寿辰，兴旺人家，那个不来趋奉。又恭逢这般盛典，不要说有<u>整齐酒席款待</u>，就是空来看看，也是平生罕见的奇逢。于是<u>沾亲带故</u>，平日<u>受过赈济</u>，平<u>粜过米粮</u>，<u>城里城外的士民百姓</u>，十分中到来九分九厘。原起有备下的<u>酒席</u>，只因来得人客太多，不能周备，只得把肴菜合成一处，每人一器，两个馒头，一大杯茶，聊且走散，另卜了日子<u>治酒请谢</u>。（《醒世姻缘传》第九十回）

例（3）描写了晁夫人一百零四岁寿辰。晁夫人德高望重，不仅惊动了民间，还惊动了官方，乃至成化皇帝。对于德高望重的老人，官方祝贺是常有的。小说中除了县官，还有佐贰典史，穿着吉祥喜庆的服饰，送上"孝义纯儒"的门匾，以示庆祝；县各里的里老、收头请僧尼道士做道场；寿星家则摆寿宴款待，爱热闹的百姓都来参与。"县官、佐贰、典史、里老、收头，排年、什季、士民、百姓、僧尼、道士、彩亭、门扁、吉服、款待、盛典、奇逢"等词直接陈述了当时的老人过大寿，从官方到民间咸来庆贺的风俗。

"生、老、病、死"是人间大事。古代丧葬习俗在仪式上一般有"初死，告丧与奔丧，入殓，铭旌，做佛事，出殡"等过程，《民俗志》记载了山东地区民间丧葬礼俗，步骤与《醒世姻缘传》中大同小异。根据死亡的原因分为童年早夭、客死他乡、凶发死亡、水中死亡等。

《醒世姻缘传》中有的丧礼记载全面，且描写细致：有因凶而死于非命的，如计氏上吊而死、晁源被杀、麻从吾被鬼害死等；有寿终正寝的，如《醒世姻缘传》中的首善晁夫人；有晁老爷的富贵家族大葬；有晁无晏的贫民小葬。计氏的葬礼是一场描写细致的悲剧，晁夫人的葬礼则是寿终正寝的正剧，晁思孝的葬礼最后成为闹剧。晁源为其父晁思孝办的葬礼有诸多僭越之处，而众人即使不满也是无可奈何，体现了当时传统礼法渐渐失去其约束力。计氏的葬礼描写如下：

（4）计氏起来，又使冷水洗了面，紧紧的梳了个头，戴了不多几件簪环戒指，缠得脚手紧紧的；下面穿了新做的银红锦裤，两腰白绣绫裙，着肉穿了一件月白绫机主腰，一件天蓝小袄，一件银红绢袄，一件月白缎衫，外面方穿了那件新做的天蓝段大袖衫，将上下一切衣裳鞋脚用针线密密层层的缝着。口里含了一块金子，一块银子，拿了一条桃红鸾带，悄悄的开出门来，走到晁大舍中门底下，在门枕上悬梁自缢。消不得两钟热茶时候：半天闻得步虚声，隔墙送过秋千影。（《醒世姻缘传》第九回）

依当时民俗，死者需要穿上棉寿衣，佩戴首饰。例（4）对计氏之初死做了描述，衣服颜色与质地等细节描写，以及吞金含银等风俗等给人以强烈的现场感。因为时间是伏天，怕时间上来不及做棉寿衣，所以计氏衣物首饰全部自备妥当。自杀后，娘家人前来出气。在娘家人要求下要停放在最好的房间，以示体面。随后盛棺入殓，女方来人验看，计氏族中还有不下二百多人，都来验看计氏入殓，挂上白帐，供上香案。之后，女方家族则开始泄愤，殴打相关人员，砸坏房屋以及日常器物。"寿衣、吞金、盛棺、入殓、停放、争位、祭奠、出气、打砸"等词汇详细地陈述了计氏丧礼与娘家人出气的民俗过程。娘家出气后，男方一般还要留女方家族成员吃饭，再请人说和，最后送他们回去。因女方是自杀，所以女方家族放弃了经官处理。

除上述词汇外，《醒世姻缘传》中直陈的丧礼民俗词汇还有：寿衣、敛衣、席箔、薄棺、土坑、厚棺、出殡、正寝、开吊、阴阳官、墓志、点主、祀土、上祭、下葬、复三、小敛、入殓、成服、灵床、坐化、吊丧、报丧、开吊、守灵、丧榜、烧七、孝子、回礼等。古代社会的忠孝和宗法观极强，因此必然极为重视丧葬之礼，"礼"与"俗"是上下位的关系，重礼则必然重丧葬。《醒世姻缘传》对某些丧葬过程做了全面细致的描述，直接陈述了民俗，后世研究丧葬文化的学者，从这些词汇中可以看到明代时期山东地区人们的习俗。

二 从信仰词汇看作品的社会性

民间信仰是一个庞杂的系统。所谓信仰是人们因为科学文化水平的限制，对自然或社会现象所产生的一种不正确的认知，它是一种民间自发产生的对神灵崇拜的思想和行为习俗。信仰具有狭隘性和直接的功利性、强烈的神秘性、封锁性和保守性、明显的多样性、较强的渗透性和包容性等特点。民间信仰崇拜基本对象的各种鬼神，具有超自然的各种力量，主宰和支配天地之间各种人与动物、自然体，如火神、水神、山神、石神、土地神、动物神、天神、玉帝、观音、城隍、峄山圣母等。祖先崇拜是联想形成的虚幻事物，进而发展成为幻想物的观念，相信祖灵能保佑或危害子孙的信念及其行为。我们看一些《醒世姻缘传》中陈述鬼神信仰的例子：

（1）一来也是秉赋了那浇漓的薄气，二来又离了忠厚的祖宗……以致虚空过往神祇，年月日时当直功曹，……奏闻了玉帝，……把土神擎还了天位；谷神复位了天仓；雨师也不按了日期下雨……风伯也没有甚么轻飔清籁……（《醒世姻缘传》第九回）

例（1）记录了民俗信仰当中的超自然神的词汇有：神祇、功曹、灶君、玉帝、谷神、土神、雨师、风伯等。除了例中的这些词外，《醒世姻缘传》里面的各种鬼神比较多，除了推动情节的发展，在一定的程度上反映了那个时代民俗对鬼神的信仰。《醒世姻缘传》中民间信仰的词大致可以分为：

第一，与神灵有关的词语：如佛祖、神祇、功曹、天曹、灶君、玉帝、谷神、土神、风伯、雨师、雷神、电神、龙王、水伯、河伯、普光大圣、水官大帝、许真君、崞山圣母、泰山圣母等。

第二，与鬼有关的词语：善灵、恶灵、邪鬼、野鬼、厉鬼、托梦、显圣、怨灵、冤魂、酆都、鬼门关、淹死鬼、妖精鬼怪、拘邪捉鬼、鬼打脖、屈鬼、判官、鬼卒、饿鬼、罗刹、钟馗、魔君、魔神、魔鬼、魔风、魔雨、魔日月、魔星辰、魔雷、魔露、魔雪、魔霜、魔雹、魔外郎、魔书办、魔皂隶、魔快手、鬼道、鬼门关、饿鬼、阎王、小鬼等。

第三，与精怪有关的词语：狐姬、狐精、苍鹰、豺虎、狐狸猿猴、老猴精、老蛟等。

《醒世姻缘传》当中记录的种种神佛狐鬼词汇，实际上在民间存在着广泛的民众基础。《醒世姻缘传》中有大量对信仰习俗的陈述，既有各种道家法事，又有教义观念意识，还有各路神仙。在基本信仰上，民间不断地泛灵化，添加新神，而到了明清时期，佛家、道家、动物妖精、灵魂的体系基本已成形。即使随着生产力的发展，佛道迷信日渐式微，但作为民间信仰仍然存在，并且时刻影响人们的生活。例如：

（2）但这班异类，后来都报应得分毫不爽，不得不微微点缀。那些普面的妖魔鬼怪，酿得那毒气直触天门，熏饿得玉皇大帝也几乎坐不稳九霄凌虚宝殿！倒下天旨，到了勘校院普光大圣，详确议罚。（《醒世姻缘传》第二十八回）

（3）谁知这人生在世，原来不止于一饮一啄都有前定；就是烧一根柴，使一碗水，也都有一定的分数；连这清水都有神祇司管，算定你这个人，量你的福分厚薄，每日该用水几斗，或用水几升，用够就罢了，若还洒泼过了定住的额数，都是要折禄减算，罪过也非同小可。可见这人生在那有水的去处，把水看得是容易不值钱的

东西，这那孟夫子也说是："昏暮叩人之门户求水火，无弗与者，至足矣。"(《醒世姻缘传》第二十八回)

(4) 二人说论，那雷电越发紧将上来。只听得天塌的一声响，<u>狄宾梁合狄希陈震得昏去，苏醒转来，只见院子里被雷击死了一个人，上下无衣，浑身扭黑，须发俱焦，身上一行朱字，上书"欺主凌人，暴殄天物"</u>。仔细辨认，知是尤聪<u>被雷击死</u>。进到厨房里面，只见狄周也烧得扭黑卧在地上，还在那里掇气，身上也有四个朱字："<u>助恶庇凶</u>"。(《醒世姻缘传》第五十四回)

例(2)中的"报应、妖魔鬼怪、玉皇大帝、凌霄宝殿、勘校院、普光大圣"等词汇都是直接描写了民间神佛信仰。玉皇大帝在民间信仰中是至高无上的神，是三界的皇帝，总管三界十方，掌握着三界的生杀大权。作者在记录传说的时候不忘夸张，说妖魔鬼怪熏得玉皇大帝几乎坐不稳九霄凌虚宝殿；例(3)中"人生在世，一饮一啄，莫非前定"，语出《庄子·养生主》："泽雉十步一啄，百步一饮，不蕲畜乎樊中。"后来被演变成了命数之说，变成了民俗信仰，作者还搬出孟夫子的话试图证明其正确性。烧一根柴，使一碗水，都有一定的分数、额数，与福分厚薄，折禄减算联系上了。这些命数的信仰带有明显的神秘主义；例(4)反映了民俗信仰的狭隘性和直接的功利性，雷神用电将厨子尤聪劈死，仅仅是浪费粮食的就被劈死，但作恶更多的人却活得更长。"欺主凌人，暴殄天物""助恶庇凶"等词反映了民间的等级观和教人爱惜食物的观念，劝世功利之心十分明显。再如：

(5) <u>只见一个七八十岁的白须老儿……</u>说道："源儿，我是你的公公。你听我说话：……雍山洞内那个狐姬，他修炼了一千多年……你前日送客，劈面打你的也是他，昨日那个鸱鹰使翼拍打李成名脸的也是他。……明日切不可出门……将庄上那本朱砂印的梵字《金刚经》取在身边……"临行，却将珍哥头上拍了一下……(《醒世姻缘传》第三回)

(6) 原来素姐从小只怕鸱鹰，……猛然一个鸱鹰飞过，便就双睛暴痛，满体骨苏，就要大病几日。薛如下密密的寻了一只极大的

苍鹰，悄悄拿到狄家……（《醒世姻缘传》第六十三回）

（7）却说晁源披了头发……从外面嚎啕大哭地跑将进来，扯住晁夫人道："狐精领了小鸦儿杀得我好苦！"晁夫人一声大哭……却是一梦。（《醒世姻缘传》第二十回）

例（5）与灵魂信仰中的人鬼有关，白须老儿托梦反映的民俗是，善鬼可以保佑后人的生活，死后没有后人的就会成恶鬼。《醒世姻缘传》中的托梦附体较多，如晁大舍的祖父托梦，计氏死后托梦，也有计氏祖父、晁源、丁利国夫妇等死后托梦或附体。晁源的祖父和计氏的祖父均是善鬼，计氏、晁源、丁利国夫妇因非正常死亡而成为恶鬼；例（6）陈述了民俗信仰中的动物崇拜，狐狸崇拜的现象早在汉代就已经出现，明清大盛，《聊斋志异》就是集大成之作。狐狸本是瑞兽，后来慢慢定型成为好淫善媚，恩怨分明，报复毒辣，变化无常的狡猾作恶之物。民俗认为狐狸有八畏，如畏鹰犬、畏渡河等，由千年狐狸精转世的薛素姐看见鹞鹰就双目暴痛，满体骨酥。第八十六回中和吕祥同行追赶狄希陈时，看见黄河就未免觉得十分害怕；例（7）中晁源死后变成了凶鬼，托梦告诉晁夫人被狐狸精所杀。《醒世姻缘传》中阎王判官是诸鬼的最高统治者，对各种鬼魂的描写贴近生活，几乎万事万物都可以成鬼成魔，有泛灵论的趋向。所谓泛灵论就是认为世界上的一切事物，无论是人、动物、植物、无生命物体，都是有灵魂的。自然界的动物、植物及其他事物也都和人一样，也存在着灵魂。《醒世姻缘传》中的风、雨、雷、电、日、月、星、辰都可成神，衙门中的人都可被魔附身，狐狸、猿猴、牛头、马面都可以成精。这些神魔妖鬼词汇，能够帮助人们了解当时社会的民间民俗信仰。

到了以《红楼梦》为代表的清代，各种民间民俗信仰也充满了中国传统宗教色彩，包括各种"宗教神佛，神道巫术、爱情信物"等。《红楼梦》中，人们在日常话语中最常提及有"如来佛""观世音"等宗教词汇。在例（10）的《寄生草》中更是宗教意味浓重，引出后面的宝玉、黛玉、宝钗等人的参禅。这些的佛教用语，朴实平易，用白话翻译佛经，不刻意讲究平仄、押韵和对仗，追求明白晓畅，但往往意蕴深远。"寄生草"为宝玉将来出家做了伏笔，这些宗教习俗丰富了《红楼梦》的文化内涵。如：

（8）宝钗笑道："我笑如来佛比人还忙：又要讲经说法，又要普度众生，这如今宝玉，凤姐姐病了，又烧香还愿，赐福消灾，今才好些，又管林姑娘的姻缘了……"（《红楼梦》第二十五回）

（9）若是别人家，那些诰命夫人小姐也保不住一辈子的荣华。到了苦难来了，可就救不得了。只有个观世音菩萨大慈大悲，遇见人家有苦难的就慈心发动，设法儿救济。为什么如今都说大慈大悲救苦救难的观世音菩萨呢……（《红楼梦》第一百一十五回）

（10）漫揾英雄泪，相离处士家。谢慈悲剃度在莲台下。没缘法转眼分离乍。赤条条来去无牵挂。那里讨烟蓑雨笠卷单行？一任俺芒鞋破钵随缘化！（《红楼梦》第二十二回）

神道是指神降下祸福，巫术是指巫婆、神汉指对人施加的方术。古代的人迷信"万物有灵"，对无法解释的梦境、生死等自然现象，形成了"万物有灵"的观念。这些神道巫术，灵魂信仰，在《红楼梦》中多有体现，下文例（11）（12）当中就带有巫术色彩。例（11）中，赵姨娘因嫉恨宝玉，买通马道婆，让马道婆把纸人用针钉住，使宝玉被鬼所缠，这是民间鬼魂信仰的"厌胜"行为。例（12）中，夏金桂又买通马道婆，弄出个五根针钉在纸鬼心窝、肋肢、骨缝等处，反过来诬陷香菱。这些行为都属于"厌胜巫术"，解决之法可以是请僧尼、道士"超度亡灵，作法事，送祟、跳大神"等，以解决小人巫祝所产生的病灾。这些民俗行为都带有民间的神道巫术色彩。

（11）马道婆看看白花花的一堆银子，又有欠契，并不顾青红皂白，满口里应着，伸手先去抓了银子掖起来，然后收了欠契。又向裤腰里掏了半晌，掏出十个纸铰的青面白发的鬼来，并两个纸人，递与赵姨娘，又悄悄地教他道："把他两个的年庚八字写在这两个纸人身上，一并五个鬼都掖在他们各人的床上就完了。我只在家里作法，自有效验。千万小心，不要害怕！"（《红楼梦》第二十五回）

（12）半月光景，忽又装起病来，只说心疼难忍，四肢不能转动。请医疗治不效，众人都说是香菱气的。闹了两日，忽又从金桂的枕头内抖出纸人来，上面写着金桂的年庚八字，有五根针钉在心窝并四肢骨节等处。（《红楼梦》第八十回）

再看《红楼梦》的服饰习俗，一些诸如"香囊、手帕"之物，常常会被当作爱情信物、定情之物，用来传情达意，其中隐含着民族习俗。在明清时期，民间往往在香囊、手巾、绣花鞋上绣上并蒂莲、双飞燕、鸳鸯等图案，作为男女的爱情信物，表达比翼双飞、心有所属之意。

（13）少时袭人倒了茶来，见身边佩物一件无存，因笑道："带的东西又是那起没脸的东西们解了去了。"林黛玉听说，走来瞧瞧，果然一件无存，因向宝玉道："我给的那个荷包也给他们了？你明儿再想我的东西，可不能够了！"说毕，赌气回房，将前日宝玉所烦他作的那个香袋儿——才做了一半——赌气拿过来就铰。宝玉见他生气，便知不妥，忙赶过来，早剪破了。宝玉已见过这香囊，虽尚未完，却十分精巧，费了许多工夫。（《红楼梦》第十八回）

（14）这里林黛玉体贴出手帕子的意思来，不觉神魂驰荡：宝玉这番苦心，能领会我这番苦意，又令我可喜，我这番苦意，不知将来如何，又令我可悲，忽然好好的送两块旧帕子来，若不是领我深意，单看了这帕子，又令我可笑，再想令人私相传递与我，又可惧，我自己每每好哭，想来也无味，又令我可愧。如此左思右想，一时五内沸然炙起。黛玉由不得余意绵缠，令掌灯，也想不起嫌疑避讳等事，便向案上研墨蘸笔，便向那两块旧帕子上走笔写道：（其一）眼空蓄泪泪空垂，暗洒闲抛更向谁？尺幅鲛绡劳惠赠，为君那得不伤悲！（其二）抛珠滚玉只偷潸，镇日无心镇日闲。枕上袖边难拂拭，任他点点与斑斑。（其三）彩线难收面上珠，湘江旧迹已模糊。窗前亦有千竿竹，不识香痕渍也无？（《红楼梦》第二十五回）

例（13）中宝玉在大观园施展才华后，一时得意，小厮们趁机要赏，把宝玉的身上的佩物抢光。黛玉以为她送给宝玉的定情香囊被抢了，一生气剪了正为宝玉做的香囊。香囊代表了黛玉对宝玉的爱情，是二人爱情的信物。例（14）中宝玉挨打后，让晴雯送给黛玉两条半新不旧的手帕，以示记挂，而黛玉会意，"也想不起嫌疑避讳等事"，在上面写了三首诗，手帕牵起了一线姻缘。

三 从节气词汇看作品的社会性

节日习俗一般是在民间逐渐形成并世代相传的生活文化习俗，带有社会普遍传承性。其创造和传承是靠集体的行为来完成的，因而又具有约定俗成性和一定的稳定性，同时又随着时代和社会发展变化而处于不断变化中，内容和形式不断地更新。

明清时期的节日习俗已开始慢慢摆脱宗教与迷信，节日形式多样，活动内容丰富多彩，向礼仪与娱乐活动方向发展，如庙会就不仅仅只是为了拜佛，更有商贸、唱戏、增进交流等多种功能。《醒世姻缘传》中节日有"大年初一、正月十五元宵、五月初五端午、八月十五中秋、九九重阳、冬至、除夕"等。

> （1）因年节近了，在家打点浇蜡烛、炸果子、杀猪、央人写对联、买门神纸马、请香、送年礼、看着人榨酒、打扫家庙、树天灯杆、彩画桃符……（《醒世姻缘传》第二回）
> （2）就是大老爷家奶奶，也还有个节令，除了正月元旦，十五元宵，二月十九观音菩萨圣诞，三月三王母蟠桃会，四月八浴佛，十八碧霞元君生日，七月十五中元，十月十五下元，十一月冬至，腊八日施粥：这几日才是放人烧香的日子。（《醒世姻缘传》第七十八回）

例（1）记载了明清时期山东春节的民俗，"浇蜡烛、炸果子、杀猪、写对联、买门神纸马、请香、送年礼、榨酒、扫家庙、树天灯杆、彩画桃符、爆竹更新"等词汇几乎记录了所有的过年事项。例（2）中的"元旦、元宵、观音菩萨圣诞、王母蟠桃会、浴佛、碧霞元君生日、中元、下元、冬至、腊八"等词也记载了现实和传说的节日。

除节日外，《醒世姻缘传》还有对节气时令的记载："立了春，出了九，便一日暖如一日，草芽树叶渐渐发青……男子收拾耕田，妇人浴蚕做茧。渐次的春社花朝，清明寒食，亡论各家俱有株把紫荆海棠，蔷薇丁香，牡丹芍药，节次开来……寒食清明旋过了，稻畦抢种藏鸦麦……挨次种完了棉花蜀秫、黍稷谷粱，种了秧，已是四月半后天气；又忙劫劫打草苦、拧绳索，收拾割麦。妇人也收拾簇蚕。割完了麦，水地里要急忙种稻，旱地里又要急忙种豆。才交过七月来，签蜀秫，割黍稷，拾棉花，割谷钐谷，秋耕地，种麦子，割黄黑豆，打一切粮食，垛秸秆，捽稻子，接续了昼夜，也还忙个不了，所以这个三秋最是农家忙苦的时月。……到了十月半以后，这便是农家受用为仙的时节，大囤家收运的粮食，大瓮家做下的酒，大栏养的猪，大群的羊，成几十几百养的鹅鸭，……大囷子晒了干，放着过冬。拣那不成材料的树木，伐来烧成木炭，大堆的放在个空屋里面"。"立春、出九、春社、花朝、清明寒食、四月半后、七月来、三秋、十月半"等词汇不仅详细记载了当时的农业时令，而且背后更是蕴含着深刻的农业文化。

除节日、时令一般带有明显的民俗特征外，庙会也别具特色。庙会最初作用是公共祭神，是古代民间社会的重要活动，到了明清时期，庙会已集拜神、商贸、娱乐等功能于一体，成为民众的重要节日活动。不同阶层、性别、职业以及不同民族的人都可以参加，成为少有的全民性活动，这使得庙会成为时代的观察窗口。《醒世姻缘传》中对"泰山香社"和"玉皇宫庙会"都做了记载："那三月三日玉皇庙会，真是人山人海，拥挤不透的时节，可也是男女混杂，不分良贱……游手好闲的光棍，与那些无拘无束的婆娘，结队出没……男子撩斗妇女……把妇人受了辱的，也尽多这'打了牙往自己肚里咽'的事。玉皇庙门前一座通仙桥，这烧香的人没有不从这桥上经过的。""三月三日、人山人海、男女混杂、不分良贱、光棍、婆娘、通仙桥、烧香"等词，透露了当时庙会的时间地点、人群、阶层、性别以及娱乐和祈祷功能等。

语言和民俗关系紧密，但两者却非简单同步，尽管它们都表现为历史的范畴，语言却比民俗稳定得多，一般也比民俗历时更长。民俗总是处于不断变化状态之中，导致内容和形式上不断地更新。就空间来讲，尽管二者都广为传播，但覆盖面却不尽重合，难免出现时空的错位。这些内容就是文化语言学研究的内容，如新娘子"坐轿"早已过时，而"大姑娘坐花轿——头一回"，却仍滞留在语言中，使得这些习语有"风俗化石"之誉。再如打喷嚏为"有人在背后骂我或者念叨我"一俗，迄今仍传于世，先秦就有"愿言则嚏"的记录。类似的说法还有"乌鸦当头过，无灾必有祸""左眼跳财，右眼跳灾"等，都是语言陈述民俗的结果。任何一个语言社会，无不恪循着自己的传统，维系着长期以来的习惯。语言和民俗作为"社会习惯"，两者在历史的河流中相辅而行。《醒世姻缘传》的记载直陈或带涉了许多 17 世纪山东地区的民俗，为我们通过语言来了解当时的社会打开了一扇窗口。

《红楼梦》作为一部清代的百科全书，对研究该时期的社会节日民俗有不可忽视的价值。满人是政治的统治者，但是，汉人在文化上更有优势，满人在生活习俗、节日饮食、生活起居、社交礼仪上更多地受汉人文化影响。在节日民俗上，满族更多的过的是汉族的节日，汉族的节日文化内涵更丰厚。汉族春节有帖门神、画桃符、贴春联的习俗，《红楼梦》中描写的春节的习俗已经与汉族大致无异。

（3）已到了腊月二十九日了，各色齐备，两府中都换了门神，联对，挂牌，新油了桃符，焕然一新。宁国府从大门，仪门，大厅，暖阁，内厅，内三门，内仪门并内塞门，直到正堂，一路正门大开，两边阶下一色朱红大高照，点的两条金龙一般。次日，由贾母有诰封者，皆按品级着朝服，先坐八人大轿，带领着众人进宫朝贺，行礼领宴毕回来，便到宁国府暖阁下轿。诸子弟有未随入朝者，皆在宁府门前排班伺候，然后引入宗祠。（《红楼梦》第五十三回）

除了最盛大的春节以外，《红楼梦》还对正月十五的元宵节，芒种，中秋节的赏桂、赏月，重阳吃蟹、赏菊，不惜笔墨地加以描述，使得一个个传统的节日民俗都得到了生动具体的展现。

（4）至次日乃是四月二十六日，原来这日未时交芒种节。尚古风俗：凡交芒种节的这日，都要设摆各色礼物，祭饯花神，言芒种一过，便是夏日了，众花皆卸，花神退位，须要饯行。然闺中更兴这件风俗，所以大观园中之人都早起来了。那些女孩子们，或用花瓣柳枝编成轿马的，或用绫锦纱罗叠成干旄旌幢的，都用彩线系了。

每一棵树上，每一枝花上，都系了这些物事。满园里绣带飘飘，花枝招展，更兼这些人打扮得桃羞杏让，燕妒莺惭，一时也道不尽。（《红楼梦》第二十七回）

（5）只见园中香烟缭绕，花彩缤纷，处处灯光相映，时时细乐声喧，说不尽这太平气象，富贵风流。……只见清流一带，势如游龙，两边石栏上，皆系水晶玻璃各色风灯，点的如银花雪浪，上面柳杏诸树虽无花叶，然皆用通草绸绫纸绢依势作成，粘于枝上的，每一株悬灯数盏，更兼池中荷荇凫鹭之属，亦皆系螺蚌羽毛之类作就的。诸灯上下争辉，真系玻璃世界，珠宝乾坤。（《红楼梦》第十八回）

（6）当下园之正门俱已大开，吊着羊角大灯。嘉荫堂前月台上，焚着斗香，秉着风烛，陈献着瓜饼及各色果品。邢夫人等一干女客皆在里面久候。真是月明灯彩，人气香烟，晶艳氤氲，不可形状。地下铺着拜毯锦褥。贾母盥手上香拜毕，于是大家皆拜过。（《红楼梦》第七十五回）

（7）贾母又命将厨毡铺于阶上，命将月饼西瓜果品等类都叫搬下去，令丫头媳妇们也都团团围坐赏月。贾母因见月至中天，比先越发精彩可爱，因说："如此好月，不可不闻笛。"因命人将十番上女孩子传来。贾母道："音乐多了，反失雅致，只用吹笛的远远的吹起来就够了。"（《红楼梦》第七十五回）

（8）大家又评了一回，复又要了热蟹来，就在大圆桌子上吃了一回。宝玉笑道："今日持螯赏桂，亦不可无诗。我已吟成，谁还敢作呢？"说着，便忙洗了手提笔写出……（《红楼梦》第三十八回）

《红楼梦》中，芒种时的风俗是"祭饯花神，芒种一过，便是夏日，众花皆卸，花神退位，须要饯行"。描写元宵节有四次，如例（5）元宵花灯的描写："香烟缭绕，花彩缤纷，灯光相映，细乐声喧，各色风灯，点的如银花雪浪，柳杏诸树，上下争辉"，一派繁华富贵景象。中秋节需要祭月，如例（6）、例（7）贾母带着家人，洗手上香，众人皆拜，祭月后，月饼西瓜果品，丫头媳妇们也都团团围坐吃月饼赏月，闻笛赏乐。重阳节吃蟹、赏花、品茗、饮酒、观景、写诗，如例（8）。

四　从俗语晋语看作品的社会性

俗语包括惯用语和歇后语，谚语包括农谚、气象谚和生活谚等，晋语亦可细分为多个小类。《醒世姻缘传》有大量俗语、晋语，因为贴近生活，带有浓厚的方言气息，较好地表现当时社会的语言应用面貌。先看俗语的使用情况：

（1）那唐氏起初也躲躲藏藏……脱不得要自己掏火，自己打水……推豆腐，怎在那一间房里藏躲得住？（《醒世姻缘传》第十九回）

（2）晁住媳妇卷着袖……忙劫劫口里骂道："你折了腿么？自己不进来……"（《醒世姻缘传》第十九回）

（3）你们在俺两个身上，情管你们打上风官司，叫这狗骨头吃场好亏！"要人钱财，与人消灾"哩；要了人这们些钱，还替人家挑事！我们刚才到这里，他还要诈我们哩。（《醒世姻缘传》第八十一回）

例（1）中"掏火"，意思是"取火照明"，普通话中则无此词，是一种方言俗语，非当地方言则难明其义，为从灶中掏出燃烧的柴火以照明，故以"掏火"为名。岳国钧主编的《元明清文学方言俗语辞典》收录有该词①；例（2）中"忙劫劫"也是明清时期的俗语，意思是"忙忙碌碌的样子"，在明清时期，有时用作"忙怯怯"，有时用作"忙劫"；例（3）中"要人钱财，与人消灾"为明清时期谚语，意思是"得了别人的钱财，就得替别人排忧解难"，马清文编写的《古典小说谚语实用词典》收录有这个词语②。类似的方言俗语还有很多，诸如"天大的官司倒将来，使那磨大的银子雹将去""八个金刚抬不动个'礼'字""胡子雒了一头灰""银样蜡枪头""清酒红人面，白财动人心""打杀人偿命，气杀人不偿命"等。

---

① 岳国钧主编：《元明清文学方言俗语辞典》，贵州人民出版社 1998 年版，第 1291 页。
② 马清文编：《古典小说谚语实用词典》，长征出版社 1998 年版，第 236 页。

再来看明清小说中的詈语，所谓詈语也俗称骂人话。詈语能透露出社会性情和心理，中国詈语渗透着中国社会和文化的独特观念。中国社会的一系列詈语，最常见的是"性攻击"，即使是鲁迅所说的国骂，其实也是隐晦的"性攻击"，它构成了中国社会骂人话的一个重要组成部分。对于骂人者来说，可以宣泄愤怒的情绪，取得一种心理上的满足感。除此以外，还有长幼、宗教和人畜物方面的詈语。

（4）（珍哥）骂道："<u>放你家那臭私窠子淫妇歪拉骨接万人的大开门驴子狗臭屁</u>！什么'珍姨'、'假姨'！你待叫，就叫声'奶奶'，你不待叫，<u>夹着你狗屁嘴夺远子去</u>！"（《醒世姻缘传》第十一回）

（5）相大妗子骂道："<u>不吃人饭的畜生</u>！……我不叫你上了<u>木驴</u>，戴上长板，我也不算！叫小陈哥来脱了衣裳我看！我把你这狠奴才……"（《醒世姻缘传》第六十回）

例（4）是珍哥骂李成名娘子的话，里面使用了很多当时常用的詈语"私窠子""淫妇""接万人""狗臭屁"等，几乎可以达到作者西周生所说的"把那李成名娘子骂的立刻化成了脓血"的效果；例（5）中使用的詈语"不吃人饭""贼野婆娘""上木驴，戴长板""狠奴才"等，也都是常见的骂人的俗话，都带有很强的攻击性。刘艳玲（2011）曾对《醒世姻缘传》詈词使用状况进行过考察，包括詈词使用的频率与特点、詈词使用者的身份、骂詈双方关系的广泛性、詈词使用的场合①。根据该文统计，《醒世姻缘传》中出现的詈词达 367 个之多，这些詈词至少在不同的场合被使用了 2342 次。全书中使用过骂詈语的人数，多达 181 人，涉及宫廷中的太监、中央和地方的各级各类官员、幕宾、胥吏、衙役、秀才、地主、农夫、商人、妻妾、仆婢、娼妓、医生、流氓、僧道等，几乎涵盖了当时社会生活中的所有人群，有着广泛的社会基础。薛素姐、珍哥、童寄姐、计氏等 4 人，使用詈语的频率最高，这跟人物的性格密切相关，如淫荡娇纵的珍哥，凶悍狠毒的薛素姐、童寄姐，泼辣烈性的

---

① 刘艳玲：《〈醒世姻缘传〉詈词使用状况的考察》，《常熟理工学院学报》2011 年第1 期。

计氏，在小说中都大量使用晋语。晋语的广泛使用虽然也可能与作者的骂世姿态有一定的关系，不过也或多或少是社会语言面貌的一种反映。以《醒世姻缘传》的写实主义精神，各种具体的晋语词汇也不可能都是作者凭空捏造，必然有一些是当时社会的真实词汇。

《红楼梦》中的晋语，与"性"有关的词汇有 57 个①，骂"性器官""性行为混乱"等，如：鸡巴、奤、日、爬灰、偷汉子、粉头、骚达子、淫妇、野男人等。

（6）这一个年少的纨绔道："这样说，原可恼的，怨不得舅太爷生气。我且问你两个：舅太爷虽然输了，输的不过是银子钱，并没有输丢了鸡巴，怎就不理他了？"说着，众人大笑起来，连邢德全也喷了一地饭。尤氏在外面悄悄的啐了一口，骂道："你听听，这一起子没廉耻的小挨刀的，才丢了脑袋骨子，就胡沁嚼毛了。再奤攘下黄汤去，还不知沁出些什么来呢。"（《红楼梦》第七十五回）

（7）焦大越发连贾珍都说出来，乱嚷乱叫说："我要往祠堂里哭太爷去。那里承望到如今生下这些畜牲来！每日家偷狗戏鸡，爬灰的爬灰，养小叔子的养小叔子，我什么不知道？"（《红楼梦》第七回）

（8）急的贾琏弯着腰恨道："死促狭小淫妇！一定浪上人的火来，他又跑了。"（《红楼梦》第二十一回）

（9）凤姐便一扬手，照脸一下，把那小孩子打了一个筋斗，骂道："野牛奤的，胡朝那里跑！"（《红楼梦》第七回）

《红楼梦》中的晋语比《醒世姻缘传》中的要少很多，与"性"有关的词汇，文化内涵主要表现为两大方面：一是人兽之别，是非人伦，这些文化观念折射出传统文化对人伦道德的强调和重视；二是对女性歧视，传统的封建小农经济，男主外女主内，决定了女性在婚姻中的从属地位，男尊女卑的等级观念，三从四德的妇德观念、贞洁观念等已深刻

---

① 欧阳伟华：《〈红楼梦〉晋语及其文化内涵》，《辽宁行政学院学报》2013 年第 1 期。

地毒化了妇女的思想。跟性有关的詈语除了体现女性地位低下之外，也体现了对庶民百姓的蔑视。

第五节　本章小结

微观的社会语言学主要研究语言的三种变体：地域变体、社会变体和功能变体，即地域方言、社会方言和语域语体。在这种理论指导下，本章主要讨论了《醒世姻缘传》的语言的时代性、地域性和社会性。语言所具有的记录功能，使它能够如同历史文化的一面镜子，对过去的社会文化现象起到反照的作用，这是我们从语言看文化的理论基石。

我们从语言文字、词汇和语法的角度考察了一些小说语言的时代性。首先，我们考察了一些因避讳而改字的现象，这些词汇透露出当时社会语言生活的严格的一面，成为破译小说时代性密码的手段之一，反映出特定时期语言文字应用上的特点。再者，我们从社会语言学理论中的潜显理论出发，分析了一些潜藏词汇所反映的时代性。这些潜藏的词汇也带着明显的时代痕迹，给人以强烈的时代感。第三小节中，我们从语法上考察了"着"和"了"的分工完成情况。我们认为，大量的统计数据表明，虽存在极少数存古的情况，在《醒世姻缘传》的时代，"着""了"语法分工已经处于整体完成状态。新旧两种形式共存，以新形式为主，旧形式退守到少数书面语中。到了《红楼梦》的时代，"着""了"语法分工已经完成。

其次，我们考察了一些小说中的词汇所反映的地域特征。我们从方言词汇、地名词汇、饮食词汇以及服饰类词汇四个方面进行了考察。一般而论，方言词汇和地名类词汇最具有地域特征，饮食类词汇次之，服饰类词汇最次之。方言类词汇的地域性自不必多说，一些地名类词汇，因其地域性，而一直成为后世学者考据的依据，饮食类词汇也较为真实地反映了地域特征，研究社会语言学和文化语言学不可避免地要涉及此种类型的词汇。

最后，我们讨论了一些明清小说所体现的社会性。语言与社会有着密不可分的关系，社会为语言提供了发展的动力，语言反过来又促进了社会的发展并在语言的词汇里留下印记，对社会与历史起着见证作用。本章为综论性质，在社会语言学的理论的视域下，从语言看文化，以语言反照文化，在一定程度上可以帮助人们了解当时社会的种种文化现象。

第 三 章

明清语言应用的阶层变异

研究语言与社会的"共变"关系是社会语言学主要课题之一，社会语言学把那些引起语言变化的社会因素都视作"社会变量"。如阶级因素，常会使人们感觉到"人分三六九等，话有五花八门"，阶级现象和语言现象对举论证，正是一种语言随着社会阶层而发生变异的结果。①

语言具有非阶级性和全民性，作为人类社会最重要的交际工具，它存在于全体社会成员的使用中。语言是全体社会成员交流的特定符号系统，既不是某个集团或个人创造的，也不属于某集团和个人专有，而是各社会成员通用共有的交流工具，具有全民性。它平等地为社会各阶层服务，不是阶级的产物，也不为社会中的任何一个阶层所独有。即使在阶级社会中，语言也是全体社会成员共同创造的，而非为某一阶层所独造，因此语言不具有阶级性。社会的形成、发展有赖于全体社会成员之间的沟通、交流和联系，而非某一阶层内的交流和联系就能够达成。倘若各个阶级都有各阶级的语言，就会造成各阶级间因语言障碍不能进行交流，那么它们也就不可能组成一个统一的社会。②

但是我们说语言没有阶级性，并不是说阶级对语言没有影响，相反，阶级对语言产生了深刻的影响。一个社会中说同一种语言的人，可能在语言的使用上会表现出一定的差异来，这种差异有时甚至会影响到交际。社会各阶级都会尽量把本阶级的思想意识、习惯爱好、傲慢偏见等，在共同语所能允许的范围内加入为全体社会成员服务的语言中，总

---

① 戴庆夏主编：《社会语言概论》，商务印书馆 2012 年版，第 41 页。

② 朱跃：《语言与社会》，北京大学出版社 2015 年版，第 44 页。

是竭力在共同语中掺进自己特有的语言元素，使得语言表现出一定的阶级色彩。

语言学中把因社会阶级的不同而导致的语言变体称为"社会方言"或"阶级方言"，阶级语言变体作为社会共同语言的一个变体，它不像"地域变体"那样明晰，只是一个相对的概念，不会与社会共同语形成质的偏离，它总是在社会共同语的允许范围内变化。可以说，语言没有阶级性，不存在"阶级语言"，但语言应用有阶级差异。

第一节　明清社会与阶级分层

一　《醒世姻缘传》中的阶层性与创作背景

《醒世姻缘传》虽声称写的明朝中期正统至成化年间的事，但实际描写的内容却是明末清初的社会。明朝末年，宦官专权，朝政腐败，社会风气江河日下，世道浇漓。在特定社会历史条件下，经世致用的思想成为时代主流，挽救国家民族命运成为特定的时代背景。

东岭学道人作的《凡例》明确阐明了作者的创作态度：

> 懿美扬阐，不敢稍遗，唯有劣迹描绘，多为挂漏，以为赏重而罚轻……大凡稗官野史之书，有裨风化者，方可刊播将来，以昭鉴戒。此书传自武林，取正白下，多善善恶恶之谈……原书本名"恶姻缘"，盖谓人前世既已造业，所世必有果报；既生恶心，便成恶境，生生世世，业报相因，无非从一念中流出。若无解释，将何底止，其实可悲可悯。能于一念之恶禁之于其初，便是圣贤作用，英雄手段，此正要人豁然醒悟。若以此供笑谈，资狂僻，罪过愈深，其恶直至于披毛戴角，不醒故也。余愿世人从此开悟，遂使恶念不生，众善奉行，故其为书有裨风化将何穷乎！因书凡例之后，劝将来君子开卷便醒，乃名之曰《醒世姻缘传》。

可见，在作者看来，夫妻关系与社会人生紧密相连，他想把这种事件当作一个社会问题看，寻出一个意义来。除了夫妻关系等伦理纲常问题外，《醒世姻缘传》还从诸多方面揭示了当时的种种弊端，如社会阶级对立严重，矛盾丛生。作者严重轻视普通劳动者的观念无疑会影响人物形象的创造与语言描写，也应该成为我们考虑的一个因素。

二　明清小说中的社会阶级分层

阶级阶层与语言运用存在着密切的关系，人们对阶层的认知并不一致，在我国习惯于以生产资料占有情况来划分阶级，又以社会经济地位和生产活动方式而划分出不同的阶层。如我国以脑力劳动为主的知识分子群体就是工人阶级内部的一个阶层，即知识分子阶层。"阶级"是一个政治经济学术语，与"阶层"是上下位的概念。相对来说，阶层是一个比阶级小的概念，阶层语言更接近社会语言学中的语言社团概念，因此，我们在本书中统一使用阶层这一下位概念。

首先我们需要厘清"阶级语言"和"阶层语言"这两个概念。就语言学来说，学者们普遍认为，语言是没有阶级性的。从语音、词汇及语法等语言本体的角度来看，语言的确是没有阶级性的。但社会语言学从语言社团的角度研究语言，其参照的标准与本体语言学并不完全相同，如西方社会语言学的"阶级"，就参照了经济、教育和职业等标准。西方社会语言学界也广泛地采用马克斯·韦伯的社会分层方法，依据就是人们的政治、经济和社会地位综合结合法。因而可以说，阶级语言的参照标准是多方面的，是一个相对的概念，只要符合一种标准就可以视作一个语言社团，难以做绝对性的划分。阶层的概念相对小得多，在没有必要再命名的情况下，我们大部分时候只使用"阶层"语言这一术语。

以《醒世姻缘传》为例，我们把《醒世姻缘传》中的社会阶级分层简单地分为上、中、下三个层级，以三层来划分一个社会则无疑过于粗疏。因此我们把每个层级又包括上、下两个阶层，这六个所谓的阶层大致可以分为：上级阶层——"上上"等于皇帝，"上下"相当于中央高级官员；中级阶层——"中上"包括地方高级官员，"中下"相当于地方普通官员和地主阶层；下级阶层——"下上"相当于农民，"下下"相当于奴仆等。不同阶层的人在语言使用上会带有不同的阶层特点。

《醒世姻缘传》中记录了各种不同的官员阶层，包括皇帝、高级官员到中下层官员，如成化爷、正统爷、天顺爷等；清官有邢皋门、徐文山、杨无山、李粹然等；贪官污吏有王振、锦衣卫、东厂总管太监陈公公，晁思孝等。《醒世姻缘传》中描写皇帝的形象都是正面的,作者在描写各位皇帝时的语言非常正面,如第十二回歌颂明代正统皇帝的:"太平时,国运盛。天地清,时令正。风雨调,氛祲净。文官廉,武将劲。吏不贪,民少病。……却说那正统爷原是个有道的圣人,旰食宵衣,励精图治……外而况且有了于忠肃这样巡抚,里面那三杨阁老,都是贤相……"第二十七回歌颂天顺皇帝的:"……只从我太祖爷到天顺爷末年……在上的有那末礼尚义的君子,在下又有那奉公守法的小人……"第九十回歌颂成化皇帝的:"想成化爷是那样的英明皇帝,知道天下有这等的好人……"作者可能是对明朝统治者有所怀念,阶级立场倾向也是很明显的,歌颂统治阶级,所用写作的语言也比较正统,没有丝毫詈语。

就语言应用来说,统治阶层的官员多为读过书的文人,言语交际多用文言来标榜社会身份与地位。如《醒世姻缘传》中第三十九回宗师与县官的对话,宗师说:"把他呈子与他据实问上来,如虚,问他反坐。"县官说:"他的呈子再没个不虚的!但师呈弟子,把师来问了招回,却又分义上不便,老大人只是不准他罢了。"宗师说:"见教的有礼,科考时开了他行劣,留这败群做甚!"县官说:"近来也甚脱形,也不过是游魂了。"县官辞了出去,又掩门待举人教官的茶,宗师又问:"一个汪为露,是学里秀才么?"教官应说:"是。"宗师问:"他的行止何如?"教官说:"教官到任两年,只除了春秋两丁,他自己到学中强要胙肉。到学中一年两次,也只向书办门斗手中强要,也从不曾来见教官一面。只昨日点名发落的时候,方才认得是他。"宗师问道:"是那浓鬓长须的么?"教官说:"没有鬓发,也没有胡须,想是生杨梅疮脱落久了。"宗师问说:"这样人怎么不送他行劣?"教官说:"因他一向也还考起,所以也还怜他的才。"宗师说:"他昨日考在那里?"教官说:"昨日考在二等。"宗师说:"这样无赖的人,倒不可怜他的才。万一徼幸去了,贻害世道不小!这是杀两头蛇一般。出去叫他改过,还可姑容。"教官道:"这人想是冥顽不灵,也不晓得宗师的美意。"这是一段上下级官员的对话,语义语法多仿文言,简省拟古,如"如虚,问他反坐""罢了""甚脱形""游魂""怜才""姑容"等,言语交际运用,文言气息浓厚,符合官员身份,无论如何也不是不识字的普通劳动者的语言。

中下层劳动者在《醒世姻缘传》中有商人、贫苦知识分子、做短工的人、百样匠人等，许多是按传统观念塑造出来的。商人有侯小槐、张茂实、宋明吾、魏三等，多是些流氓无赖。贫苦知识分子里正面的有周景扬等。反面形象更多，除主人公狄希陈外，还有汪为露、麻从吾、严列星等。汪为露道德败坏，程乐宇也常受到学生戏弄出了不少洋相，做短工的人多是些道德品质败坏的人，如晁思才（寓思财）、晁无晏（寓无厌）、晁无逸（寓无义）、卖儿女的人叫郎德新（狼的心），其妻暴氏（豹氏），甘当奴仆的直接叫调羹。作者对下层阶级的反抗明显是不同情甚至厌恶的，如描写的贫民是好吃懒做的："这些贫人，年成不好的时节……与人家做活……情愿只吃两顿蹄饭。如今年成略好得一好，……一日八九十文要钱，先与你讲论饭食，晌午要吃淇淇……清早后晌俱要吃绿豆水饭……他把生活故意不替你做完，……说：'日色落了，你难道还好叫做不成？'"百样匠人如银匠童七因得罪了东厂总管太监陈公公，最后家破人亡。对普通劳动者的不卖力行为，作者都做了毫无遮掩的批评并安排了悲惨的结局。不过作者在描写下层劳动者的语言应用方面，基本也是比较符合下层劳动者的形象，方言俗语多，语言粗俗多鄙，不避讳脏字。

　　读书人的阶层比较复杂，可以位列公卿，一人之下，万人之上，也可以穷困潦倒、饥寒交迫。阶层比较高的，就有所谓的"打官腔"的说法，官员拿捏说话的腔调，以显示自己的身份和地位。阶层低的似孔乙己，虽然落魄了，但总要保持自己的长衫，说话之乎者也，以显示自己的身份，与短衣帮拉开一定的距离。这些封建社会的读书人，其言语交际一般规律是正式场合比较文雅，语法结构简省、谦虚得体；非正式场合则口语化，时有詈语，语言应用水平高于下层劳动者。

三　明清小说中的职官体系

　　《醒世姻缘传》的阶层性还反映在"职官"体系划分上，作为一种层级性最分明的系统，研究官场语言则必然研究到职官体系。明清涉及的官职种类繁多，由此形成的职官词汇基本上能够反映当时的职官制度。

　　《醒世姻缘传》为明末的小说作品，研究所谓的"职官"，指的是官员的职位。它所涵盖的范围十分宽广，包括以皇帝为中心，从中央至地方各级官员的官职名、后宫妃嫔的封号、边远散官的职称等。明清时期的职官制度在承袭前代官制的基础上有了新的发展变化，体现了那个特定的历史时期政治、经济的发展水平，有着鲜明的时代特征。到了清朝官阶有了所谓的"九品十八级"，每一品里正级又比从级高一级。根据官员职位大小与指称对象的不同，我们把职官词汇分为皇室职官称谓、中央职官称谓和地方各级官员职官。

（一）皇室职官体系

皇帝作为封建时代的统治者，拥有绝对的权威，王公贵族们作为皇帝的亲属，自然也拥有许多特权。与皇室有关的词汇主要是以皇帝为中心，涉及嫔妃、父母及子嗣，例如：圣上、天子、皇帝、君、君王、帝王、皇上、圣王、圣主、圣驾、上皇、先皇、亲王、东宫、太子、皇亲国戚、郡主、王妃、皇后、太后、娘娘、贵妃等。例如：

（1）薛如卞道："那书上记的极多。只有一个唐肃宗的皇后，叫是张良娣，曾有鹞鹰飞进他宫去。叫钦天监占验是何吉凶，那钦天监奏道：'这是先皇合皇太后因娘娘欺凌皇上，不孝祖宗，所以带领急脚鹰神，来取娘娘的魂魄。'张娘娘着实悔过，追思从前的过恶，在宫中佛阁前观音大士脚下忏悔罪愆，再也不敢欺凌夫主，许诵一万卷《药师佛经》，当晚得了一梦，说这欺凌丈夫和这不孝的大罪终不可赦，姑念改悔自新，彻回急脚鹰神，姑迟十年，再差内臣李显忠行刑显戮。就只这张娘娘还活了十年。别再没有活的之理。"（《醒世姻缘传》第六十三回）

（2）这皇帝生得尧眉舜目，禹背汤肩，才俊过人，口工诗韵，善写墨君竹，能挥薛稷书，通三教之书，晓九流之典。朝欢暮乐，依稀似剑阁孟商王；爱色贪花，仿佛如金陵陈后主。（《金瓶梅》第七十一回）

（3）他说："我们河南不比山东，山东自从丁宫保（太子少保）把河工揽在自己身上，倒被河督卸一半干系；我们河南却是责成河督，与大人并不相干。"（《官场现形记》第三十二回）

例（1）中编造了一个前朝旧事，不过与"皇帝"相关的体系实则并没有变化，是在借古指今。"皇帝"是帝国的君主，一般情况下都是事实的最高统治者。该称号始于秦始皇，后世汉族统治者一直沿用。"皇后""娘娘"等词汇，两汉时期就存在，如《汉书·高帝纪下》有："尊王后曰皇后，太子曰皇太子，追尊先媪曰昭灵夫人。"元马致远《汉宫秋》第一折："兀那弹琵琶的是那位娘娘，圣驾到来，急忙迎接者。"清洪升《长生殿·复召》："娘娘说道：自恨愚昧，上忤圣心，罪应万死。"《红楼梦》第八十三回："前日这里贵妃娘娘有些欠安，昨日奉过旨意，宣召亲丁四人，进里头探问。"例（3）中"太子"又称为王储、皇储或储君，指已确定继承帝位或王位的帝王的儿子。周时，天子及诸侯的嫡长子，称"太子"，或称为"世子"，秦朝因之，汉时则改称皇太子。金元时，皇帝之庶子亦有称太子的。明以后，皇帝之嫡子称为"皇太子"，而亲王之嫡子则统称为"世子"。自秦朝开始，只有皇位的继承者，才能称太子或皇太子，而诸侯王或藩王的正式继承人只能称"世子"。封建社会的太子，其地位仅次于皇帝，并拥有类似于朝廷的东宫。

（二）中央职官体系

不同的朝代官制有不同的特点，职官的设置也就不同。明清时代是我国封建专制主义中央集权发展的高峰，政府机构一般由中央和地方政府机构组成，中央和地方各有不同的官职体系，这些差别从职官词汇中可以反映出来。《醒世姻缘传》里中央各级职官词汇有：兵部、吏部、礼部、刑部、工部、户部、尚书、翰林、大学士、钦天监、中书、侍郎、阁老、少卿、都御史、郎中、中书舍人、太师、光禄、光禄署丞、太子太师、太子太傅、少师、宫保、主事、冢宰、司礼监、寺副等，《醒世姻缘传》中具体用例如下：

（4）其次是部属，事倒也易做。但如今皇上英明……除了吏部、礼部，别的兵刑四部，那一部是好做的？头一兵部，也先寻常犯边，屡次来撞口子……其次刑部，如今大狱烦兴，……是不消提起的了。其余户工两部，近来的差也多极难……（《醒世姻缘传》第五回）

（5）但京中比不得咱这乡里，至尊坐着一位皇帝，以次阁老尚书侯伯御史坐着几千几万，容不害人撒野，但犯着些儿的，重是剐罪，轻是砍头。咱姐姐这个行持，再没有不弄下的。（《醒世姻缘传》第七十七回）

（6）到了正统爷手里，做到司礼监秉笔太监……阁老递他门下晚生帖子；六部九卿见了都行跪礼；他出去巡边，那总制巡抚都披执了道旁迎送；住歇去处，巡抚、总督都换了亵衣，混在厨房内监灶。（《醒世姻缘传》第五回）

（7）况如今又开了新例，中书许加太仆少卿，你爽利再加撺给他几两银子，加了卿衔，金带黄伞，骑马开棍，这比经历何如？你要十分舍不得钱……加纳个甚么光禄署丞、鸿胪序班，也还强是首领。（《醒世姻缘传》第八十三回）

（8）后来老太爷会试多次，始终没有会上，在家里教教馆，遂以举人而终。等到副钦差服满应试，年纪不过二十岁。头场首艺，全亏套了这位老年伯的墨卷调头，居然也中乡魁。次年连捷中进士，钦点主事，签分吏部；吏部人少，容易补缺。后又考取御史，传补到班。过了几年，升给事中，由给事中内转九卿。从中进士至今，不上二三十年，就做到副宪，也算得是一帆风顺了。（《官场现形记》第十九回）

例（4）中"部属"指的是六部，特指明清时期中央行政机构中直接对皇帝负责的吏部、礼部、户部、兵部、工部及刑部。"六部"的设置，从隋唐开始，其职务在秦汉时本为九卿所分掌。魏晋南北朝以后，尚书分曹治事，曹逐渐变为部，隋唐时确定六部为尚书省的组成部分。到了明代废除中书省，六部直接对皇帝负责，成为主管全国行政事务的最高机构。例（5）中的"阁老"最早是对唐代中书舍人中年资长久者的称呼，明清时期则称内阁大学士为阁老，该称谓是当时人们对入阁官员的一种通俗而尊敬的称呼。"御史"是中国古代具有监察性质的官职，自秦朝确立开始一直延续到清朝，如《史记·滑稽列传》："执法在傍，御史在后。"例（6）中的"司礼监"是明代宦官官署名，而秉笔太监是其中十二监之一，专门负责掌管奏章文书。明中叶以后，司礼监逐渐成为最重要的中枢权力机构之一。"六部九卿"是我国古代中央的行政机构，负责协助皇帝处理国家政务。"六部"有司马、司徒、司空、司寇、宗伯、大行人，隋唐以后逐渐发展为吏、礼、刑、兵、户、工六部。"九卿"是指奉常、廷尉、卫尉、宗正、典客、少府、太仆、郎中令和治粟内史这九个部门的长官，从设立之初开始就不断发展演变，一直延续到了清朝。例（7）中"中书"是明清时期执掌撰拟、记载、缮写等工作的内阁官员职务。"太仆少卿"执掌车辂、厩牧之令、总乘黄、典厩、典牧、车府四署及诸监牧。"鸿胪"主掌接待宾客、朝祭礼仪之事。例（8）中很容易看出清代各种官职的升迁之路：中乡魁，次年连捷中进士，钦点主事，吏部补缺，又考取御史，传补到班，过了几年，升给事中，由给事中内转九卿。描绘出了一幅很直白的清末官职的升迁路线图。

（三）地方各级官职词汇

明清时期不仅中央政府机构有一套完整的体系，地方各级官员之间也层次分明，各司其职。《醒世姻缘传》中也有很多这样的词汇，如：布政、将军、典史、府县、同知、学道、兵道、知府、知州、知县、知事、总漕、漕院、按察使、司法、都督、总督、方洲、参政、参将、理刑、理刑厅、厅官、三厅、军厅、通判、给事、司道、推官、提学、提学道、县官、县丞、驿丞、主簿、巡按、巡抚、执事、巡捕、巡检、都指挥、锦衣、校尉、先锋、中军、军门、把总、镇抚、元帅、指挥等。到了清末的《官场现形记》，就有总督、巡抚、学政、布政使、按察使、道员，依次对应的称呼为：制台、抚台、学台、藩台、臬台、道台。武官中的提督、总兵、副将，对应的称呼为提台、镇台、协台。例如：

（9）勉强忍了气，行过了香，作别回了本厅，坐堂金押，投文领文已完，待了成都县的知县的茶，送了出去，然后本府首领经历、知事、照磨、简较、县丞、主簿、典史、驿丞、仓官、巡简，成都卫千百户镇抚、僧纲、道纪、医学、阴阳，也集了四五十员文武官员，都来参见。（《醒世姻缘传》第九十一回）

（10）一个刑厅做了主张，堂上知府也就随声附和。不时批下状词，又有周相公用心料理……吴推官做了主，再三又与知府讲情，申了文书……（《醒世姻缘传》第九十四回）

（11）郭总兵克期扬兵，遣了五万人马的传牌，四路并进。抚院亲自教场送行，送了蟒段四表里，金花二树，金台盏一副，贶仪一百两。又三司都在远处送行，各有贶礼。（《醒世姻缘传》第九十九回）

（12）丁利国听了这话，气得目瞪口呆，想道："明日是初五日，他一定到总漕军门去作揖；我走去，当街见了他，看他怎的。"过了一晚，清早起来梳洗了，雇了一只船，坐到城外，进了城，恰好府官出来，都上军门作揖。头一顶轿是太守，第二顶轿是同知，第三是麻从吾合推官的两顶轿左右并行。(《醒世姻缘传》第二十七回)

(13) 他老先生到了天津，又去禀见直隶制台。这位制台是在旗，很讲究玩耍的。因为他是别省的官，而且又有世谊，便不同他客气。等他见过出去之后，当天就叫差官拿片子到他栈房里去谢步，并且约他次日吃饭。(《官场现形记》第五十三回)

(14) 宋子仁皱着眉头，说道："不要说别的，单是两江制台、苏州抚台托查的事件就有七八桩在身上。还有上海道托我出来调处的事情……"(《官场现形记》第三十三回)

(15) 正在画得高兴时候，巡捕上来回："藩司有公事禀见。"贾制台道："停一刻儿。"接着又是学台来拜。(《官场现形记》第四十二回)

(16) 当下藩台先探问："到底督宪在里面会的什么客，这半天不出来？"(《官场现形记》第四十二回)

(17) 只因他平日为人很有点号令不常，起居无节，……无论是藩台，是臬台，马上就传见，等到人家来了，他或是画画，或是写字，竟可以十天不出来，把这人忘记在九霄云外。(《官场现形记》第四十二回)

例(9)中出现了许多职官称谓，如"经历"一职在明朝多个官职中都有设置，为一人担任，其品阶依所属官职的不同而有所变化。"照磨"是"照刷磨勘"的简称，为中国古代的一种官职，专门负责掌管卷宗、钱谷。"知事"是对地方行政长官的称谓。宋代时分命京官出守列郡，称为权知某府、某州或某县事，知事之名由此而起。明清时期则称县级地方行政长官为"知县"，管理全县的行政，有的还兼管军事。知县的助手有县丞、主簿等，县丞协助知县管理县政，主簿管理全县的户籍、粮税等。"典史"一职元代开始设置，一直延续到明清时期，通常设于州县，是知县下面掌管缉捕、监狱的属官。"道纪"指道纪司的官员，明代冯梦龙《双雄记·赏荷造谋》："道是阴阳各色官，又不曾随着僧纲道纪，可在府里点个卯。"《清史稿·食货志一》："寺观僧道，令僧纲、道纪按季册报。"例（10）中"刑厅"是掌管刑事的官吏，如清代李渔《比目鱼·攀辕》："亏得地方有幸，到了一位刑厅，年纪不过二十多岁，竟像多年的老吏一般。""推官"一职唐朝开始确立，执掌推勾狱讼之事，至明朝则为各府的佐贰官，掌理刑名、赞计典。"通判"为中国古代官职之一，宋代开始设立，明朝期间为各府的副职，主要辅助知府政务，分掌粮盐都捕。例（11）中"总兵"是武官官名，明代派兵打仗会另设总兵官、副总兵官来统领军务，后来总兵官镇守一方，逐渐发展为常驻武官。清代沿袭了这一制度，在各省下设置提督，提督下又分设总兵官和副总兵官。"三司"是在皇帝之下设置若干高级官吏掌管行政、军事和监察，都指挥司掌军事，按察使司掌刑狱，布政使司掌钱谷。例（12）中"总漕"是明清时期总管漕运的官，《明史·职官志二》："成化八年分设巡抚、总漕各一员。"清代梁章钜《称谓录·漕务官》："《皇朝通考》：'漕运之司趱运统于总漕。'""太守"本是中国战国至秦朝时期郡守的尊称，汉景帝时更名为太守，为郡一级的最高行政长官。隋初州刺史替代郡守，太守仅用作知府或刺史的别称，不是正式官名。明清时期，"太守"则称为知府的尊称。例（13）中的"制台"，清称总督为制军，尊称为制宪、别称为制台，"台"与"宪"一样，是对高级官长的称呼。例（14）至例（17）中的抚台、学台、藩台、臬台，分别是巡抚、学政、布政使、按察使。"台"之为尊称，盖因崇尚官职，"台"上所坐之人，即对应相应的官职。正如"陛下"一词，"台上"与"陛下"，皆为尊位所致。

第二节　社会阶级分层与语言变异

　　阶级对语言的影响是多方面的，不同的阶级通常会使用一些具有本阶级色彩的词汇和主体风格。在语言的使用上，不同阶级总是会不停地把融入了本阶级感情、意识的词汇渗透到言语活动中。这种随社会阶层不同而发生变异的语言变体，就是社会方言，目前社会方言研究方面，我国还相对薄弱。

　　社会语言学通过对语言"变体"的描写和分析来说明语言的社会变

异状况，所谓的"变体"也就是语码，即"语言代码"，指实际应用中的具体语言形式。语码的内涵很广泛，可以指任何一种用来交际的语言系统或它的变体形式。在广义的"语码"中，一个人在正式场合与非正式场合所用的不同语言表达方式，就是不同的语码；一句话里夹杂、交替地使用不同语言或方言的词语，也是不同的语码。语码多具有隐蔽性，它不像某些阶级政治性惯用语那样直观，某些阶级的比较常用，另一些阶级的人则用得较少。比如称呼语"你"和"您"，可以出现在各阶层的人群中。但不同阶层的人在不同场合使用的频度不同，且有某种规律可循。再如现代体力劳动者多被称为"大爷、大娘"，脑力劳动者多被称为"伯父、伯母"；家教较好的孩子礼貌用语一般比较多，家教一般的孩子礼貌用语相对较少。在古代，读书人同时懂得文言与白话，但是非读书人多不懂文言，不同阶层的人群显然有不同的语体风格。

我国古代比较常见的许多含有等级观念的词语，如先秦时期人们不论尊卑高贱，自称时都可以用"朕"，而秦以后这个词则成为皇帝的专用词，沿用了两千年，因为专用就包含了一种皇权意识。再如清朝初期，满族的大臣对皇帝自称"奴才"，而汉族大臣则自称为"臣"，这种现象属于同种阶级内部不同社团身份的"语言标记"。这些都是通常所说的阶级惯用语，带有阶级意识和感情色彩、常出现于某些阶层当中。

一　阶层差异与词汇的选择

凯特·福克斯指出："如果不讨论阶级，人们就无法探讨英式谈话密码，而一个人一旦说话，他必定会在第一时间内暴露出他的社会阶层地位。……不管他们承认还是不承认，都会落入某种社会全球阶级卫星定位系统之中，一旦他或她开口说话，这个系统便能立即告诉我们该人在阶级地图中所处的位置。"① 这是因为共同的或相似的社会经历、社会价值观、生活方式、身份认同感使得大致相同的人士在语言上会表现出一定共同特征，这些共同特征成了一种阶层社会中语言身份标识。

与阶层有关的语言变体涉及语言本体的各个方面。语言本体上，语

---

① ［英］凯特·福克斯：《英国人的言行潜规则》，姚芸竹译，生活·读书·新知三联书店2010年版，第76页。

音方面，比如中国近现代女性群体中出现的两次语音变体，一是"五四"前后的女国音，二是 20 世纪初的女性嗲音。女国音在发音过程中将 [tɕ]、[tɕʰ]、[ɕ] 等舌面音异化为类似于 [ts]、[tsʰ]、[s] 等舌尖前音，发音时嘴形形小闭合，送气减弱，音质偏细。嗲音与女国音类似，是对女国音的进一步异化，除了将 [tɕ]、[tɕʰ]、[ɕ] 异化为 [ts]、[tsʰ]、[s] 以外，唇形发音将舌位无移动的韵母发成移动的，如把"对"[tuei] 发成 [tuai]。由于语音有时过境迁的隐蔽性，不像文字记载那样直观，无法进行听音调查，因此我们只讨论《醒世姻缘传》的时代阶层性反映在词汇和语法上的特点，而不讨论语音的阶层性。

（1）宗金二人方晓得侯小槐坟上设祭，原是为此，说道："便是我们在那里，师母自己情愿嫁人，我们也不好上前留得他。……只是先生在日：凡百不留跬步地，尽教没趣在儿孙。只此送师泉下去，便是吾侪已报恩。"（《醒世姻缘传》第四十一回）

（2）吴推官道："据此看起来，世上但是男子，没有不惧内的人。阳消阴长世道，君子怕小人，活人怕死鬼，丈夫怎得不怕老婆？……看将起来，除了一位老先生，断了二十多年的弦，再除一个不带家眷的，其余各官也不下四五十位，也是六七省的人才，可见风土不一，言语不同，惟有这惧内的道理，到处无异，怎么太尊与他三个如此撇清？吾谁欺？欺天乎？"（《醒世姻缘传》第九十一回）

（3）众人说着："俺那里晓得。怪道人说鄙嫂子知今道古！"计氏说道："你还说叫我管教他！我还是常时的我，他还是常时的他哩么？投到娶这私窠子以前，已是与了我两三遭下马威，我已是递了降书降表了。我还敢管他哩！"（《醒世姻缘传》第二回）

词语的选择和使用能够显示出某些阶级差别。以上三例是人称代词方面的用例，除去公文与仿古写作等，《醒世姻缘传》中使用"吾"作为第一人称自称的次数仅有两次，正如"一旦他或她开口说话，这个系统便能立即告诉我们该人在阶级地图中所处的位置"。例（1）是宗金二人学舌教书先生，例（2）是吴推官引用古代语法，两例表现了教书先生和吴推官的泥古和迂腐强辩，都非常能凸显人物阶层特点。例（3）众人用"俺"，计氏用"我"，有时计氏在上下文中也用"俺"，造成"我""俺"混用现象。众人和计氏都是社会中下层人物，自称时不可能使用"吾"等不合身份特点的称呼。

统计表明，《醒世姻缘传》中使用"俺"的次数有 789 次，使用"我"的次数有 6746 次。这表明，在《醒世姻缘传》的时代，除引用古书外，"吾"作为人称代词已经完全不再使用了；"俺"一般为社会底层民众使用，带有方言色彩，也能暗示出说话人的社会地位不高；"我"处于强势地位，并有向社会各阶层扩散趋势。

古代的专用词汇，如皇帝的专称"孤""朕""寡人"等已经在《醒世姻缘传》中找不到了，使用次数为零。原因之一：《醒世姻缘传》没有正面直接描写几个皇帝的话语，二是小说是口语化的白话小说，虽然提到几个皇帝，都用爷代称，如成化爷、正统爷、天顺爷及万岁爷等。《醒世姻缘传》中，凡是社会阶级地位高的多用"爷"称呼，多达 1233 次，是小说中阶级地位含义十分明显的一个词，用于敬称。除了皇帝被称为爷以外，凡是相对有地位的如父亲、主子、官员全部都可以称"爷"，称法也各不相同，可以直接称"爷"，也可以叫"大爷"和"老爷"，还可加上姓叫"晁爷"，官员可以叫"司官老爷"。凡地位低的对地位相较高的，都可以以此称，有泛化趋势。虚化的上天也可以叫"天爷""天老爷"或者"老天爷"。例如：晁秀才听了这篇说话，一一依从。第二年，进了北场。揭了晓，不得中，寻思道："老师望我中举，举既不得中，若不趁他在京，急急考就了官，万一待他去了，没了靠山，考一个州县佐贰，读书一场，叫人老爷，磕头参见，这也就苦死人了！"（第一回）；高四嫂说道："大官人这等顶撞晁奶奶，晁爷就不嗔么？"计氏说道："晁爷还裂着嘴笑哩！还说：'该！该！我说休去。只当叫人说出这话来才罢了！'……"（第二回）；养娘说道："你前日人说不信，这却是小珍哥同大爷打围去了。"（第二回）；梁生道："京中当道的老爷们，小人们服事的中意也极多，就是吏部里司官老爷，小人们也多有相识的。这都尽可做事。若老爷还嫌不稳，再有一个稳如铁炮的去处，愈更直捷……"（第五回）；杨春方才与狄员外叩头作谢，说道："如今世上的人，谁是你老人家这心！人只说是天爷偏心，那年发水留下的，都是几家方便主子"（第三十四回）。

表示谦敬的词汇系统一般都有很明显的阶层性，只在有一定文化的阶层使用，社会底层人物使用得少，阶层文化差异之大甚至达到了无法交流的地步。我们先谈上层社会的表谦敬语言的特点，根据时代不同，古代的读书人或者官员，可能会自称"臣""微臣""下官""小人""晚生""在下""仆""愚""不佞""不敏""不肖""不才""鄙人""小可""后生"等。

词汇选择方面，由于社会阶层差异，语言变异十分突出，上层社会的人多会使用一些文绉绉的词，常常表现在谦敬辞的使用上，谦敬辞是一定社会阶层的人们日常交际和书信往来中必不可少的表谦虚和敬意的言辞。下面结合《醒世姻缘传》来研究其语言所反映的社会阶层现象。

例如表示地位相对低下的"臣"字，在《醒世姻缘传》中主要用于政府官员系统，依次出现的有"君臣、忠臣、君恩臣节、禁闼近臣、大小群臣、主臣、文武朝臣、奸臣、王府勋臣、阉臣、功臣、大臣、内臣、称臣纳贡、光禄重臣、武将文臣、心已不臣"等，只需从"忠臣、阉臣、奸臣"等词汇即可管窥一斑，看出当时存在阶层派系党争。

再如家族词，如家父、家兄等，一般用于称自己家族中比自己的辈分高或年纪大的亲人。晁大舍说："……那个和尚新近被强盗抓了，是家父开了他出来，他甚感我们的恩……"（第十五回）；尚书道："是族中一位家兄，来换几斗谷种。"（第二十三回）；宗举人道："我忽然想起那一年徼幸的时节，……家父又正害身上不好，顾不的，只得舍了家父往河南逃避……"（第四十一回）；狄希陈道："在下原籍……家父姓狄，名宗羽，号宾梁。"（第八十一回）；《醒世姻缘传》中称"家父""家兄"的只有晁公子、曾经的尚书、宗举人及狄希陈几人，他们都是有一定文化的读书人。

类似的例子还有"舍"字，用于面谈时背指比自家的亲人，如"舍弟"；"小"字，谦称自己或与自己有关的人或事物，如"小弟、小儿、小女、小人、小生"等，《醒世姻缘传》中均有用例，且各自符合说话人身份，都是读书人或一些有身份之人。

这些常用词汇也往往暗示了人物的阶层性，比如"饭"和"膳"。《周礼》郑注：膳之言善也。今时美物曰珍膳。《前汉·宣帝纪》：其令大官，损膳省宰。注：膳，具食也，食之善者也。又牲肉也。可以看出，"饭"和"膳"的区别在于，"饭"指的是平常人吃的粗食，相当于粗茶淡饭，"膳"则是"精馔美食"。

（4）王振进了早膳，升了堂，文武众官依次序上过寿，接连着赴了席……次日起来，仍看人收拾了摆设的物件。只见王振也进了早膳，穿着便衣，走到前厅来闲看。（《醒世姻缘传》第五回）

（5）晁大舍道："说窄是哄你珍姨的话，衙内宽绰多着哩。只怕东书房咱这些人去还住不了的房子。若吃饭嫌不方便，咱另做着吃。咱的人少。"（《醒世姻缘传》第七回）

（6）老计道："听你这话，你莫非寻思短见？……"又再三劝解了一通，去了。又用那轿做柴烧，吃了午饭。（《醒世姻缘传》第九回）

《醒世姻缘传》中吃饭曰"膳"的地方出现于王振吃饭的场景中，王振是当时明英宗皇帝下第一人，权倾朝野，影响延至整个明朝。"膳"的"精馔美食"义反映了王振的社会地位，可见作者对词汇的把握十分准确，创作态度严谨认真。而其他阶层的人，有钱人或者底层人物，不可能总是"精馔美食"，所以一般都使用"饭"，次数有770次。作者将"膳"和"饭"并列，显示了不同人群在作者心里的社会阶级地位的差别。

二　阶层差异与语法语用的变异

共同的或相似的社会经历、社会价值观、生活方式、身份认同感等，会使得阶层大致相同的人士在语言上表现出一定的共性，成为某种程度上的语言阶层身份标志。凯特·福克斯研究了英国上层社会口语交际中语法特点，发现他们在交际中不仅词汇更接近正式文体词汇，句法上也符合规定语法的规则，更接近书面语的形式。除了一些助动词或情态动词采用了缩略形式外，在话语交际中，他们使用了更多的主从复合句、定语从句、被动语态句式形式等，这些语言使用上的特点与下层社会变体形成鲜明的对比。①

　　英国社会学家伯恩斯坦认为，不同社会结构层次的人能够生成不同结构形式的语言代码，能够比较明显地显示出阶层差别。语言代码又可分为局限代码和复杂代码：局限代码结构简单，大量使用人称代词和附加问句、句法选择比较易于"预测"。复杂代码结构比较完整和复杂，较多使用从句和连接词等复杂句法形式，很好地表现了说话者的个性特点和语言修养。伯恩斯坦选择了两组青少年进行实验：一组来自伦敦下层工人阶级家庭，另一组则来自中产阶级家庭，让孩子们描述一本无字连环画的内容。其结论是资产阶级的儿童掌握以上两种代码，工人阶级家庭的儿童只掌握局限代码。由于学校教育以及社会高等职业领域中普遍采用复杂语码，所以来自下层工人阶级家庭的少年要想获得更好的生活，就必须尽力掌握复杂语码。虽然伯恩斯坦的结论把获得更好的生活与掌握复杂语码联系起来还存在一定的争议，但整体来说上层阶级的句法结构比下层社会更完善更规范是无须争议的。

　　一般来说，不同社会层次的人生成不同结构形式的语言代码。上层人物词汇量更多，言语交际掺杂着较多的文言词汇，生成的句法结构比较复杂，能使用多重复句和连接词等复杂句法形式；下层人物词汇量少，句法结构简单，使用的局限代码结构简单，句法选择比较易于预测，掌握的是局限代码。如《红楼梦》中黛玉、宝钗及贾宝玉作为上层人物，其语言更接近书面语体。如第八回中，黛玉笑道："早知他来，我就不来了。"宝钗道："我更不解这意。"宝钗的"我更不解这意"，十分符合大家小姐说话文绉绉的形象，很好地表现出了说话者的个性特点和语言修养。

　　语法上，不同的社会阶层，在语言使用过程中会呈现出一定的差异性。一般来说，越是正式场合，越是读书之人，语言句法结构越是复杂，越接近书面语。读书少的人句法结构语法越简单，越直白口语化。例如：

---

① ［英］凯特·福克斯：《英国人的言行潜规则》，姚芸竹译，生活·读书·新知三联书店2010年版。

（1）大尹……道：审得晁源自幼娶计氏为妻，中道又复买娼妇珍哥为妾，虽<u>蛾眉起妒</u>，入官自是<u>生嫌</u>，但晁源不善调停，遂致妾存妻死。小梅红等坐视主母之死而不救，郭姑子等入人家室以兴波，计都、计巴拉不能<u>以家教箴其子妹，致其自裁</u>；高氏不安妇人之分，营谋作证，以上人犯，按法俱应问罪。<u>因念年荒时诎，姑量罚惩，尽免究拟，叠卷存案。</u>（《醒世姻缘传》第十回）

（2）晁大舍只是磕头，说："你既为神，<u>只合这凡人们一般见识做甚？你请退了神</u>，我与你念十日经，还使二百两银子买椁打灰隔甃坟，退已他老爷的地。我要再敢欺一点心儿，你就附着我。"……晁大舍道："我合你夫妻一场，也有好来，你休合我一般见识。你还暗中保护着我，我好与你烧香拨火的。"（《醒世姻缘传》第十一回）

例（1）的大尹（注：明代，知县的别称），能够官至县令，受过良好的教育，参加科举，获取功名，即"学而优则仕"。这一段只有三个句子，将该段落分为了三层。第一层有 6 个小句，分别叙述了晁源娶妻、纳妾、妻妾起妒、妻妾生嫌、晁源不善调停、妾存妻死，这些小句通过各种句法手段关联起来。首先，是使用关联词语，如"又、虽、但、遂"，其中，"又"为顺承型关联词语，"虽、但"为转折型关联词语，"遂"为因果型关联词语。其次，同指。这段话中"计氏、珍哥、妻、妾、蛾眉"等，用来指晁源的一妻一妾。最后，省略。第二小句承前省略主语"晁源"。第二层，有 8 个小句，采用 4 个分立句的方式，将"小梅红等，郭姑子等，计都，计巴拉，高氏"四拨人的罪状，条分缕析进行陈述，分别使用连动句"坐视主母之死而不救""入人家室以兴波"；因果复句"不能以家教箴其子妹，致其自裁"；并列复句"不安妇人之分，营谋作证"。语言结构复杂，表意清晰，层次分明，有条有理，显示出大尹具有较高的文化素养，语言使用复杂性较高。最后一层，使用队长工整的四个小句：年荒时诎，姑量罚惩，尽免究拟，叠卷存案。

例（2）有两层话语，第一层有三个句子，第一句，反问句"你既为

神，只合这凡人们一般见识做甚？"表达的意思也很简单。第二句，包含
4 个小句，"你请退了神"，然后是做出的许诺：我与你念十日经，还使
二百两银子买樗打灰隔鏊坟，退己他老爷的地。最后是做出的保证：我
要再敢欺一点心儿，你就附着我。第二层话语，有两个句子，共 5 个小
句：我合你夫妻一场，也有好来，你休合我一般见识，你还暗中保护着
我，我好与你烧香拨火的。晁大舍读书不用功，用小说中的话来说，是
"十日内倒有九日不读书""那'上大人丘乙己'还自己写得出来。后来
知识渐开，越发把这本《千字文》丢在九霄云外，专一与同班不务实的
小朋友游湖吃酒，套雀钓鱼，打围捉兔"。这样一个不怎么读书的人，他
的文采自然也好不到哪里去，所以在他的话语中，均为直白的口语词汇，
稍微带点文采的是"买樗打灰隔鏊坟"。

　　我们再以小说中复句的使用作为考察对象，不同阶层人群，在使用
句法上的差异。例如：

　　（3）他的意思说道，既是肯拾金子的人，实是无所不为、蝇营
狗苟的了；既是无所不为、蝇营狗苟，这五荒六月，断然就有纱牵、
纱裤、纱服、纱裙、纱鞋、纱袜的穿了，何消还着了羊皮打柴受苦
哩？（《醒世姻缘传》第三十四回）
　　（4）他见这两个师兄都是色中饿鬼，他笑他说道："既是断不得
色欲，便就不该做了和尚；既要吃佛家的饭食，便该守佛家的戒律，
何可干这二尾子营生？"（《醒世姻缘传》第九十三回）

　　例（3）中，连用"既是……实是……"和"既是……断然……"，
中间用分号，形成并列关系，而这两个句子内部又分别为假设关系。这
是羊裘翁的话，这个人生活在社会的底层，也没有受过什么教育，但是
心地善良，用小说中的话来说，是"须眉的男子，烈气的丈夫"。例（4）
同样是连用"既是……便就……"和"既要……便该……"，形成并列关
系，两个句子内部分别表示假设关系。古松"略通文墨，写一笔姜立纲
楷字，他还带些赵意"，而且是个出家的和尚，他的话语，带有明显的佛
教色彩，劝人为善。再如：

（5）冰轮一谷碌爬起，穿了衣裳，登上裤子，佛前琉璃灯上点着了火。在厨房门口经过。老白问道："你又点灯做甚？……难道你师傅是我妹子，好来做这个事不成？"（《醒世姻缘传》第六十五回）

（6）指着狄希陈道："这就是小婿。不幸把个丫头死了。<u>一个人的病痛，这是保得住的么？</u> <u>害病死了，就说是人打杀？</u>人家拿着一大捧银子买将个丫头来，必定是图好，<u>难道是买了图打杀来？</u> <u>谁合他有甚么前世的冤仇不成？</u>就是丫头有甚么不中使，也只是转卖倒曹，也没个打杀的理。"（《醒世姻缘传》第八十一回）

例（5）中有反问句"难道你师傅是我妹子，好来做这个事不成？"说话人是个尼姑老白，年纪大，为人直白，所以使用的反问句毫不留情；例（6）是童奶奶说的话，连用 4 个反问句，有强烈的包庇之情，极力为女婿狄希陈辩护。再看"把个"句式的使用：

（7）梁生说道："老爷倒不可这等算计……万一有人将县缺谋生去，只好<u>把个远府不好的同知</u>，<u>或是刁恶的歪州</u>，将老爷推升了去，岂不误了大事？……"（《醒世姻缘传》第五回）

（8）谁知前边反成一块，后边计氏还像做梦的一般。老计父子告诉了此事，<u>把个计氏气得发昏致命</u>，口闭牙关，几乎死去。待了半晌，方才开口说道："我实养着和尚来！……"（《醒世姻缘传》第八回）

（9）这相旺争嘴学舌，相主事紧仔算计，待要打他……恼了，<u>把个小司花打的鼻青眼肿</u>，嚷到相主事跟前，追论前事，二罪并举，三十个板子，把腿打的劈拉着待了好几日。（《醒世姻缘传》第七十八回）

例（7）中的"把个"带的宾语为"远府不好的同知，或是刁恶的歪州"，这里的宾语为无定名词，"个"前可以看成省略数词"一"，表示对无定名词的处置。梁生、晁知县，都是受过良好教育的人，为上层社会人士，他们商议要把"华亭县县令"这个位置谋划到手，使用了

“把个”句式。例（8）“把个”后接宾语“计氏”，这里“把个”的作用在于引进前面已经提到的话题，“计氏”是前文就出现的话题。“把个”后面的成分可以是施事，且以专有主题词出现，整个句式用以表述施事所受的消极影响，是一个具有一定主观性的构式。构式义主要表达说话人对事件的意外和不满等[①]。例（9）中，“把个”的宾语为“小司花”，这里表达的是对事件结果的意外，也属于消极事件。该事件会对后续人物产生一定的影响，如例（9）中的后续句：“嚷到相主事跟前，追论前事，二罪并举，三十个板子，把腿打的劈拉着待了好几日”。

语用上，不同的社会阶层，在语言使用过程中，语用策略上会呈现一定差异。例如：

（10）媒婆到了那里，说得周龙皋家富贵无比，满柜的金银，整箱的罗段，僮仆林立，婢女成行，进门就做主母。“周龙皋又甚是好性，前边那位娘子丑的像八怪似的，周大叔看着眼里拔不出来，要得你这们个人儿，只好手心里擎着还怕吊出来哩。”程氏问说：“不知有多大年纪？”媒婆道：“过年才交二十八，属狗儿的。”……媒婆道：“明日人家娶亲，必定是个好日子。就是明日不好么？”孙氏和程大姐俱应允了。媒婆回周龙皋的一面之词，不必细说。（《醒世姻缘传》第七十二回）

（11）宗师看毕，说道：“这弟子谢师的礼，也要称人家的力量；若他十分来不得，也就罢了。你这为争谢礼厚薄，至于动呈，这也不是雅道。”汪为露道：“生员倒也不为谢礼。那谢礼有无，倒也不放在生员心上；只为他从生员读书十年，教他进了学，连拜也不拜生员一拜。偶然路上撞见，果然说了他两句，父子上前一齐下手，把生员两鬓挦得精光，一部长须拔得半根也不剩。市朝之挞，人所难甘，况子弟挞师？望宗师扶持名教！”

宗师问说：“你那鬓发胡须都是他拔去的么？”回说：“都被他拔净了。”宗师问：“是几时拔的？”回说：“是这本月十四日拔了。”

① 张旺熹主编：《汉语语法的认知与功能探索》，世界图书出版公司北京公司2007年版，第97页。

宗师说："我记得省城发落的时候，你这鬓发胡须已是没有的了，怎是十四日拔的？"他说："一定宗师错记了，不是生员。若是长长的两道水鬓，一部煐黑的长须，那个便是生员。"宗师说："我记得你这个模样。那时我心里想道：'这人须鬓俱无，一定是生了杨梅疮的。'我也还待查问，又转念罢了。你这个模样，我也还宛然在目。起去。我批到县里去查。"他禀说："望宗师批到学里去罢。县官因生员不善逢迎，极不喜生员的。他人是富豪，平日都与官府结识得极好。"宗师说道："一个提调官，这等胡说，可恶！快扶出去！"诸生旁边看了，恨不得吐些唾沫淹死了这个败群畜类。（《醒世姻缘传》第七十二回）

例（10）是一个媒婆和孙氏的对话。为了做媒成功，媒婆极尽吹嘘之能事，先夸大周龙皋家的富贵："富贵无比，满柜的金银，整箱的罗段，僮仆林立，婢女成行"；然后，又将周龙皋的年龄恶意压小："过年才交二十八，属狗儿的。这十一月初三是他的生日，每年家，咱这县街里爷们都来与他贺寿，好不为人哩"；之后，歪曲事实，吹嘘周龙皋没有拖累："有孩子都大了。大哥今年十七，小的两个都十来岁了，都不淘气。"被识破后，她又赶紧圆谎："你看我错说了。这大哥哥可是他大爷生的，没娘没老子，在他叔手里从小养活，赶着周大叔就叫爹叫娘的，这年根子底下也就娶亲哩"。

对于媒婆，胡适有评价："'媒婆一张嘴，活的说得死'，你想这样的人的说话是可以信得的么？这种人那婚姻大事，岂可付托于他，岂可靠得住？然而我们中国那些为人父为人母的人，看那媒婆说一句，他便听一句，也不管这媒婆是人是鬼，可信不可信，你想做父母的人，如何可以把儿女的终身大事，付托这种小人。"[①] 面对孙氏的盘问，媒婆非常机智，随时调整会话策略。媒婆吹嘘周龙皋家的富贵，但孙氏并不愿意女儿嫁到富贵人家。媒婆赶紧贬低周家："狗！人家大脱不了也是个外郎，甚么乡宦家么？有规矩！"虽然媒婆违反了真实准则，但严格遵守合作准

---

① 胡适著，克川选编：《不受人惑——胡适谈人生问题》，当代中国出版社2013年版，第154页。

则，保证交际顺利进行。媒婆隐瞒了周龙皋的真实年龄，说他只有28（实际45岁），但被孙氏识破："呵！这十七的大儿，敢是他十一岁上得的呀！"媒婆赶紧机智应对："道其实是周龙皋大哥之子，因为无父母在他叔手里长大，就称其为爹。"最后，在媒婆巧舌如簧的攻势下，这场矛盾重重的婚姻，居然谈成了。媒婆道："明日人家娶亲，必定是个好日子。就是明日不好么？"孙氏和程大姐俱应允了。媒婆回周龙皋的一面之词，不必细说。

例（11）则是宗师和汪为露的一场对话，两个人身份地位悬殊。明代时，十三省各有提学道，掌一省学政，称为宗师。科考，各省提学道分赴所属州、府考试学童，录取者即成生员（秀才），生员仍需参加岁试及科试，乡试前的考试为科考。科考成绩在三等以下者，不能参加乡试。在这场会话中，汪为露对狄希陈父子极尽污蔑之能事，只因父子没有给他送谢仪。为此，他使用了如下会话策略：第一，先给事件定性，为自己争取主动。他同众人接了宗师到察院，作揖之后，给宗师递上事先写好的呈子，主题是"为逆徒倍师殴辱事"，理由有：其一，狄希陈从小是自己教的，并且成绩很好（自幼从生读书。生尽心教诲，业底于成，考取第七，拨送府学）；其二，狄希陈父子居然毫不感谢（不思报本，倚父狄宗禹家富不仁，分文不谢）；其三，不谢不算，还殴打侮辱老师（父子不念师徒名分，拔鬓捋须，乡约救证）。第二，尽可能始终维持话轮替换和邻接应对。在这场会话中，宗师问了7个问题，汪为露回答了7次，基本遵循一问一答的模式，维持话轮替换和邻接应对的原则。第三，在同一个话题结束之前尽可能避免分岔序列。这场对话，围绕的话题，首先是争谢礼厚薄，其次是鬓发胡须被捋，基本上是一个话题说完，再转入另一个话题，避免分岔序列。当然，还有其他策略，如用提问的方式诱发下一个发言人；被打断时，发言人提高声音或加快语速来制止他人打断；同时说话时，主动退出话题等，以维持正常的话轮[①]。后面三个策略也是常用的会话策略，但是在本段会话中没有出现。

---

① 游汝杰、邹嘉彦：《社会语言学教程》，复旦大学出版社2009年版，第91页。

第三节　社会阶层与语言变异的非同步性

一　非同步性概说

不同阶级的成员在语言使用上存在一定的差异，可能造成不同阶级之间存在一定的交际障碍。这些语言差异有时候有一定的规律性，即某个社会集团或阶层在一定的语境中使用某些语项时，呈现出相当整齐的模式。但阶层与标准语言形式并不是时时刻刻都呈现出整齐的完全的同步性，因为语言变体与社会地位之间虽可能存在一定的关联，但是这种关联并不是必然的。社会阶层变体之所以不是一种独立的、确定的实体，是因为没有哪种言语形式是完全具有排他性的，即一种言语形式只被某个阶级或阶层所拥有，而不被其他阶级或阶层所使用。社会经济地位高的阶层并不是人人都时时使用标准形式的带有上层特色的语言，社会地位低的阶层也不是人人都使用非标准形式，语言使用者的阶层地位和语言表现形式之间不存在绝对的对应关系。这就是所谓语言与阶层的不同步性理论。变异规律也只是反映言语共同体中的概然率，就单个说话人而言，使用标准形式或非标准形式也不是始终如一的。

社会语言变异模式的基本内容包括社会变异和语体变异两个方面，社会变异指语言使用的变化随使用者的社会属性而变化，语体变异指语体随语境而变化。拉波夫认为，对同一件事物存在不同的说法，说话人使用某一种说法而不用另一种说法，跟说话人的社会背景和说话时的语境有关。

二　《醒世姻缘传》中的非同步性

我们以考察文白词汇和人物语言场景应用，来论证阶层与语言变异的不同步性。如前文所述表敬称的词汇系统，大部分就存在着文白两用的情况。一般说来，上层阶级人士倾向于使用文言词汇，下层阶级人士倾向于白话词汇，但语言应用是动态变异的。如同样一个文人在一个场合用敬称"家父"，带有上层社会语用特点，但也有可能换个语境就使用"老爹""父亲""老爸"。我们以《醒世姻缘传》中的称谓为例，对此进行考察。为了集中问题的讨论，我们主要以小说中一个人物对应两个或两个以上的名号，进行分析（见表 3－1）。

表 3—1　　　　　　《醒世姻缘传》中部分人物及其名号

人物	名号	人物	名号
艾回子	艾前川、艾回回、艾满辣	曹铭	曹钻天
晁源	源、源儿	晁思才	晁老七
晁无晏	晁二、晁溥	晁梆梆	晁淳
晁中相	小珤哥	晁梁	小和尚、梁儿
晁鸢	小宦童	陈少潭	陈治道
程乐宇	程英才	春莺	喜姐
狄宗羽	狄宾梁	狄希陈	狄友苏、狄小陈、小陈子、陈儿、陈哥、希哥
狄希青	小翅膀	狄振先	小京哥
狄开先	小成哥、成哥	傅善化	劝斋
公亮	公蛮寰	荷叶	马缨
胡旦	胡君宠、胡无翳、无翳	计疤拉	计奇策
计书香	小闰哥、闰哥	连城璧	连赵完
梁生	梁安期、梁片云、片云	刘振白	刘芳名、钻天
南瓜	孔桧	邵次湖	邵强仁
沈善乐	沈裁	童二陈	童定宇
汪为露	汪澄宇	魏三	魏镜、魏明泉、镜
伍小川	伍圣道	夏少坡	夏骚子
相宇廷	相觐皇	相栋宇	相朝
相旺	小随童	小青梅	青梅、海会
邢寰	邢皋门	薛如卞	春哥
薛如兼	冬哥、小冬哥	薛素姐	素姐、小薛妮子
杨古月	小楞登子	禹明吾	禹承先
张瑞风	张寿山	张大	张其猷
张二	张其美	珍哥	小珍哥、小珍子、小珍
珍珠	珍珍	周希震	周景杨、四知
周龙皋	周赛驴	宗昭	宗光伯

我们以人物名号较多的艾回子、狄希陈、珍哥、梁生四人为例，探讨小说中，一人多名现象。

（1）有人说府城西门外有个艾回子，是极好有名的外科。狄员外封了三两白金，差人牵了骡子，径上济南接他。艾回子推着一把拉着一把的骑着骡子来了……（《醒世姻缘传》第六十六回）

（2）裂着瓢那大嘴怪哭："艾哥，你好生救我！我恩有重报！"叫我说："别说我艾前川手段不济，只怕就是吕洞宾也要皱眉。我救不得你了，你快着叫人替你预备后事罢！"（《醒世姻缘传》第六十六回）

（3）学生砍着胳膊，不知怎么把疮就发了。请了府里的艾回回来治，他说回家去配药，临去上了些细药面子，贴上一贴膏药……（《醒世姻缘传》第六十七回）

（4）这外科十个倒有十一个是低人，这艾满辣是那低人之中更是最低无比的东西，你就合他打结交？他自来治人，必定使那毒药把疮治的坏了。（《醒世姻缘传》第六十七回）

例（1）"艾回子"中的"回子"一般对回族人俗称。明清时期，对维吾尔、哈萨克、布鲁特等族以及对撒马尔罕、布哈拉尔、安集延、温都斯坦诸部亦称之为"回子""回民""回众"。这个地方称为"艾回子"，是因为主语"有人"，带有道听途说的性质，加上对外族的轻视。例（2）有"艾哥"和"艾前川"两个称呼，前一个是病人对医生的称呼，希望医生赶紧救命，并许诺"你好生救我！我恩有重报"；后一个是医生的自称，称呼自己的真实姓名。例（3）称医生为"艾回回"，回族医术与医药，也随着医官的派出而通行于民间，从阿拉伯及中亚来到中国的回族医生，得到元朝政府的礼遇和任用，他们四处行医，活跃在中国各地，为老百姓医治好了许多疑难病、重病。因此，当时有"回回遍天下"之谓。陶宗仪《南村辍耕录》言，京城"有一小儿头痛不可忍。有回回医官，用刀划开额上，取一小蟹，坚硬如石，尚能活动，倾焉方死，痛也遄止"①。例（4）将医生称为"艾满辣"，这是陈少潭对艾前川的贬称，因为该医生在治病的过程中，先用毒药将人的疮治坏，然后乘机多要钱。

由此可见，同样一个人，不同使用者，在对其进行称呼时，总会站在自己的立场，对所称呼的对象进行评估。因此，这不单单是一个称呼的问题，而是跟称呼者的身份、地位、教育程度高低、经济收入水平等因素密切相关。

再看狄希陈，小说中有如下不同的称谓：

（5）后来，两家越发通家得紧，里边堂客也都时常往来。狄希陈也常跟了狄员外到薛教授铺中顽耍，也往他后边去。只是那薛家素姐听见狄希陈来到，便关门闭户的躲藏不迭。他的母亲说："你又还不曾留发，都是小孩子们，正好在一起顽耍，为甚么用这样躲避？"（《醒世姻缘传》第二十五回）

（6）薛如卞道："依我说，姐姐，你去不的……人说这狄友苏的婆子，倒也罢了；只怕说这是薛如卞合薛如兼的姐姐，他爹做了场老教官，两个兄弟捺着面，戴着顶头巾，积泊的个姐姐这们等！"（《醒世姻缘传》第六十八回）

（7）狄员外看着人收拾回家，又羞又恼，只是叹气；又见狄希陈把只胳膊肿得大粗，知是素姐咬的，皇天爷娘的大哭，……还敢把汉子咬得这们等的！小陈子，你要不休了他去，我情知死了，离了他的眼罢！（《醒世姻缘传》第七十三回）

例（5）是小说作者站在叙述者的立场，交代故事的主人公狄希陈和素姐，用的姓氏加名字的方式，不带感情色彩，该部分均用狄希陈来称谓。例（6）是薛如卞将狄希陈称为"狄友苏"，这是他的号，后文中有交代："我想狄友苏也奇得紧，何所取义，把个名字起做狄希陈！却希的是那个陈？这明白要希陈季常陈恺了！陈季常有甚么好处，却要希他？

①　王根明：《中国回族文化与阿拉伯文化比较研究》，宁夏人民出版社 2015 年版，第 325 页。

这分明是要希他怕老婆！且是取个号，又叫是甚么友苏，是要与苏东坡做友么？我就是苏东坡，打柳氏不良恶妇！你敢出到我跟前么！"例（7）狄希陈的父亲狄员外，称呼他为"小陈子"，饱含着亲密和爱护，因为狄员外看到儿子狄希陈被儿媳素姐咬伤了胳膊："又见狄希陈把只胳膊肿得大粗，知是素姐咬的，皇天爷娘的大哭。"此外，还有陈儿、陈哥、希哥等称呼，都是跟狄希陈关系密切、友好的人使用的。

但对于多数成人来说，特定语音系统是难以模仿的，比如普通话具有更高的社会地位，但是具有高社会地位的人可能语音上也不标准；语法系统的差异虽然存在，但区别也不显著，无非是简单句和复杂复句的差异。而词汇则最易模仿，下层人物往往会有意地模仿，模仿的概率与说话人的年纪、文化基础呈正相关，同时也与交际场景密切相关。其不同步性的根本原因是语言外部的问题，如年龄、性别及交际场景等因素。语言交际场景有广义和狭义语境之分，还有宏观语境和微观语境之别。广义语境指与言语交际相关的整个外在的社会环境和自然情景，狭义语境就是指上下文语境，包括上下文中的字、词、句、段落等；宏观语境不包括言语上下文和话语情景，微观语境则包括言语上下文和话语情景。

我们以晁思孝为例，晁思孝是官员的反面形象，却官运亨通，社会地位虽不能说高高在上，但也不低。作为文人出身为官的人，其语言运用在不同的场景下体现出了不同的风格，体现出阶级地位与语言的不同步性：

（8）晁知县笑问道："你且说这个<u>门路</u>却是何人？"梁生道："是司礼监王公那里来，极是稳当。"晁知县惊问道："我有多大<u>汤水</u>，且多大官儿，到得那王公跟前？烦得动他照管？"……晁知县道："那远处咱是去不得的，一来俺<u>北方人</u>离不得家。第二<u>我</u>也有年纪了，这太仓、高邮、南通州<u>倒好</u>，又<u>就近</u>；但地方<u>忒大</u>，近来有了年纪，那精神也照管不来。……"（《醒世姻缘传》第五回）

（9）晁老道："连日把个锢病<u>发了</u>，大有性命<u>可虑</u>。决意告致仕，回去罢。已唤该房做文书呈稿，文内还得禀帖写出那一段不得已的情来。皋老脱一个稿。事不宜迟，姑待明日发罢。"邢皋门微笑了一笑，道："'<u>如仮去，君谁与守</u>'？我仔细看那天文，倒只是圣驾不宜轻出，其余国中大事，倒是一些没帐的。况岁星正在通州分野，通州是安如磐石的一般。告那致仕则甚？临难卸肩，不惟行不得，把品都被人看低了。老先生，你放心去做。你只来打听我，若我慌张的时节，老先生抽头不尽。"（《醒世姻缘传》第七回）

（10）次日早，差了晁凤持了一封书，又拿了一百两银子，急往京中。那书写道："暮年一子，又在天涯，极欲汝朝夕承欢，以娱两人晚景。京城何事？年近岁除，尚复留恋？闻汝来时，带有侧室，何不早使我知？侨寓于外，以致汝有两顾之苦。今遣人迎汝并汝侧室，速来任所同住，我不汝咎也。恐有杂费，寄去银一百两，验收。晁凤先着回报。父字与源儿。"（《醒世姻缘传》第七回）

例（8）是与戏子梁生私下商议买官事宜，因有求于人，语言丝毫没有官腔气息，例如："门路、汤水、咱、俺、倒好、就近、忒大"等，完全的口语化词汇，旨在拉近心理距离；例（9）是晁思孝与官场中人邢皋门对话，体现了文白夹杂的特点，"把个锢病发了"具有口语特色，而"可虑、决意、呈稿、姑待"等词带有官腔语体特色。邢皋门话语不仅引经据典："如伋去，君谁与守"，带有读书人特点，而且充满正气，体现了官场正面形象的特点，如"临难卸肩，不惟行不得，把品都被人看低了"；例（10）是父亲与儿子的书信，时近年关，希望儿子回家过年，勿在外面玩耍，使用书信体，完全的文言风格，简练省略，言辞恳切，情深意厚。

第四节　本章小结

本章我们就明确了语言与阶级的关系问题，阶级是语言应用要考虑的一个变量，研究语言与阶级的"共变"关系是社会语言学主要课题之一。语言不具有阶级性，但是这并不是说阶级对语言的使用没有影响，相反阶级对语言各种方便都产生了潜在而深刻的影响。

在第一节我们讨论的社会阶级分层对于语言运用的影响，重点讨论了《醒世姻缘传》的社会阶级分层和职官体系，把《醒世姻缘传》中的社会阶级分层分为上、中、下三个阶级，再把每个层级又分为上、下两个阶层。一般说来，统治阶级的语言，文言气息浓厚，语义语法多仿文言，符合官员身份。下层劳动者的语言应用，方言俗语多，语言粗俗多鄙，不避讳脏字。读书人阶层在正式场合比较文雅，说话得体；非正式场合则较口语化，言语应用水平高于一般下层劳动者。

第二节中我们讨论了社会阶层与词汇、语法的变异。一般说来，共同的或相似的社会经历、社会价值观、生活方式、身份认同感等，会使得阶层大致相同的社会人士在语言上表现出一定的共性，并在一定程度上成了一种阶层的标志。词汇选择方面，由于社会阶层差异，语言变异十分突出，上层社会的人多会使用一些文绉绉的词，常常也使用一些谦敬辞。语法方面，不同社会层次的人生成不同结构形式的语码。上层人物生成的句法结构比较复杂，能使用多重复句和连接词等复杂句法形式；下层人物句法结构简单，使用的局限代码，易于预测，掌握的是局限代码。

第三节中讨论了阶层与语言不同步性。阶层与标准语言形式并不完全同步，语言与阶层可能会存在一定的关联，但是这种关联并不是必然的，跟说话人的社会背景和说话时的语境有关，其次还与很多其他因素相关，如社交场景、年龄和性别等。

本章从社会语言学出发，研究了语言与社会阶级的"共变"关系。总的说来，语言并没有阶级性，但是不同的阶级阶层在语言的使用上，会有明确的差别。需要注意的是，"阶级方言"作为社会共同语言的一个变体，它不像"地域变体"那样范围明晰，只是一个相对的概念，它不会与共同语形成质的偏离，总是在共同语的允许范围内变化。

第 四 章

明清语言应用的性别变异

第一节　语言的性别变异

语言应用的社会变异主要涉及语言与性别、年龄、阶层以及种族变异等。前文中我们已经讨论了语言的社会性和阶层性，本章我们主要讨论语言与性别的变异。语言中蕴含着深刻而又复杂的两性意识，语言的变异往往与性别有关。人类有性别之分，语言运用也就不可避免地带有性别特征，这些性别印记不仅是在语言上的映射，也是社会历史文化对两性语言的规范与限制。

20 世纪 60 年代，语言学界才开始系统地研究语言与性别的问题。欧美等很多国家于 20 世纪 70 年代初掀起了妇女解放运动，女性希望和男性一样在各个领域拥有相同的地位。这股女性主义思潮也影响到了语言学界，很多语言学家逐步将语言研究与性别联系起来。1973 年，莱考夫（Robin Lakoff）在她的论文《语言与女性的位置》（*Language and Woman's Place*）中，提出了"女性语体"（Female Style）这一说法。1975 年，该论文出版成书，该书的出版成为社会语言学研究的一个转折点。莱考夫指出女性说话所用的语体要比男性的语体委婉、犹豫、含混。莱考夫的研究奠定了之后所有的关于语言与性别变异研究的基调，即探求和证实两性在语言方面的差异。①

语言所反映的性别差异是多方面的，在语言本体上，语音、词汇、句法以及语用方面均有一定区别。语音方面，男性的声带比较宽、厚、

---

① Lakoff Robin, *Language and Woman's Place*, New York：Hark Harper Row, 1975.

长，女性的声带窄、薄、短，因此女子讲话会给人以声音高和尖的感觉；女子更善于运用语调和韵律，说话时多用升调，高低起伏，富于表现力。相比之下，男子话语的语调类型则较少，调型变化较单调。词汇方面，女性用于表达感情的词汇比男性更丰富，对色彩的把握也更准确，因此也更能形象地描绘出事物的颜色。女性喜欢使用亲密友好的称呼语，男性则不然。在表达风格上，女性说话的语调往往是比较温柔、委婉的；而男性一般更容易激动、愤怒，话语也更加直白。除上述差异外，在句法上，女性似乎更喜欢运用感叹句，她们喜欢使用感叹句来表达各种情感，使用频率较男性高。表达方式上男女也有明显的差异：一是含蓄与直白，女性说话时一般倾向于委婉含蓄，常常言在此而意在彼，男性则偏好直接明了；二是细腻与粗犷，男女在话语内容和言谈方式有粗细之分。在内容方面，女性交谈多关注细节，话题有时比较琐碎，表达上细致周详；男性则往往粗线条地陈述。在言谈方式方面，女性说话往往会考虑自己采用的言语形式能否有助于提高自己的社会地位，因此主观上倾向于使用较为规范标准的语言形式；而男性说话时较少地考虑这些。

语言的性别变异指在使用同种语言时，男女因性别不同而表现出来的差异，这是一种语言的社会变异现象。比如男性自称"朕""寡人""孤""孤王""孤家""臣""微臣""仆""在下""不才""小可""晚生""鄙人""小生""小的""小人""小子""老夫""老奴""老汉"等；女性自称"哀家""臣妾""妾""妾身""贱妾""奴""奴家""小女子""老身"等。这些自称就具有很明显的阶层、性别、年龄等方面的差异。

一　语言性别变异的原因

言语运用所体现出来的性别差异有多方面的原因，总的说来，有外在的社会因素和内在的个人因素。外在因素如所处的历史时期、在社会中的地位以及社会的传统风俗等；内在因素上，一方面它跟两性的生物特征有关，另一方面也与个体的文化水平、道德观念、宗教信仰、年龄、性格等密切相关。

男女语言上存在差异的原因比较多，一般说来，男女之间社会地位的差异越大，语言上的差异就越大，类似于语言的阶级变体。封建社会对女性使用语言的要求也是不同的，总的来说要求文雅一些，说话要委婉，不许粗俗，声音要低柔，语气要谦恭等。

影响两性语言差异的一些常见的因素包括：（1）社会权势和地位：权力越大、地位越高则语言风格越强势。如长幼关系中，长辈往往处于上风；情侣关系中，被追求的一方占上风。处于权势上风的一方，在语言上常表现出的风格有豪放、不拘、慈爱、亲昵或者粗俗等。（2）生理差异：两性的差异是显而易见的，从生命开始的那一刻就已经存在了。与语言能力关系较大的差异有发音器官的不同、大脑韦尼克区以及荷尔蒙分泌周期不同等。（3）性别差异：同性之间的谈话往往比较随意，可能会表现出男性化的特征。而异性之间则顾忌较多，经常呈现女性化的风格，委婉而有礼貌。（4）教育程度：个体受教育的程度也会影响语言修养和理解，通常受教育程度越高，言语的正式化、书面化或女性化色彩就越高，更加得体，更加靠近标准语；反之，情况就有可能相反。（5）其他因素：如宗教信仰、道德操守等。

社会地位的变化导致言行的变化。自封建社会以及儒家思想确立以来，社会文化就教导女子"三从四德"："未嫁从父，既嫁从夫，夫死从子""妇德、妇言、妇容、妇功"，还有"女子无才便是德"等内容，男子在社会和家庭中一直都处于统治地位。而明清时期商品经济初步发展，妇女的经济地位发生了变化，导致女性社会地位相应地变化，在语言上就有可能逐渐呈男性化。我们看一下《醒世姻缘传》中的例子：

（1）素姐说："我梦见一个人，象凶神似的，一只手提着个心，一只手拿着把刀，望着我说：'你明日待往他家去呀，用不着这好心了，还换给你这心去。'把我胸膛割开，换了我的心去了。"（《醒世姻缘传》第四十四回）

（2）女婿叫是夫主，就合凡人仰仗天的一般，是做女人的终身倚靠。做丈夫的十分宠爱，那做女人的拿出十分的敬重；两好相合，这等夫妻便是终身到老，再没有那参商的事体。我与母亲便是样子。若是恃了丈夫的恩爱，依了自己的心性，逞了自己的骄嗔，那男子的性格有甚么正经，变了脸就没有体面，一连几次，把心渐渐的就冷了，就是丈夫外边有些胡做，这是做男子的常事。只怕夫妻的情义不深，若夫妻的情义既深，凭他有甚么外遇，被他摇夺不去的。
(《醒世姻缘传》第四十四回)

(3) 眼跟前一个人家女儿，就想不起来。十分人材，属马的，交新年十五岁。(《金瓶梅》第三十七回)

(4) 到次日，果然妇人往孟玉楼房中坐了。西门庆叫春梅到房中，收用了这妮子。(《金瓶梅》第十回)

(5) 老身自从三十六岁没了老公，丢下这个小厮，没得过日子。(《金瓶梅》第二回)

(6) 妇人道："他拿甚么来比你！你是个天，他是块砖；你在三十三天之上，他在九十九地之下。休说你这等为人上之人，只你每日吃用稀奇之物，他在世几百年还没曾看见哩！他拿甚么来比你！莫要说他，就是花子虚在日，若是比得上你时，奴也不怎般贪你了。你就是医奴的药一般，一经你手，教奴没日没夜只是想你。"(《金瓶梅》第十九回)

(7) 可怜这妇人忍气不过，寻了两条脚带，拴在门槛上，自缢身死，亡年二十五岁。正是：世间好物不坚牢，彩云易散琉璃脆。(《金瓶梅》第三十七回)

我们这里关注的是社会地位因素对女性言行的影响。例 (1) 给出了素姐在性格上由良变恶的原因，梦中被换了一颗坏心，不过梦中换心导致性格变化显然是无稽之谈。从历史时期来看，《醒世姻缘传》比《金瓶梅》更加清楚地展示了男权的衰落和女权的崛起，薛素姐言行代表的就是这种时代性的变化。她们敢于甚至于有些盲目地反抗传统，蔑视男权，许多言行被视作失心疯。例 (2) 母亲从三从四德的旧观念出发进行劝说，本质上是教女儿找准社会定位，反映的是两代女性的妇女地位观。例 (3) 至例 (7) 均为《金瓶梅》中的例子，例 (3) 中的女性早婚，十五岁就被迫嫁人；例 (4) 说的是庞春梅失贞；例 (5) 反映的是妇女失去配偶问题；例 (6) 反映的是妇女失去理智失去尊严；例 (7) 反映的是妇女失去生命。明清社会对两性有不同的定位，而作为人类社会的产物——语言，自然也能体现男女差别。男权处于统治地位，女性被看作是男性的附属品，处于从属地位。男子可以纳妾嫖妓，放荡不羁，而女子谨遵不妒之德，言语和举止都要得体。

社会原因是明代中叶以来，商品经济逐渐繁荣，生存竞争日益激烈，社会物质生产、上层建筑发生的巨大变化，更多地通过家庭关系恶化的形式反映出来。有些女性实际上已升到家庭的主导地位，男性由于恪守传统，又褪不掉历史的惰性和文人的恶质，传统的优越感被现实击碎，形成一种荒诞的反差。此外，还有作者观念上的原因，封建时代男尊女卑的家庭伦理体系下，素姐的女性形象有些恶毒，可能是作者有些歧视、贬低女性，于是素姐被作者塑造成了一个不可思议的悍妇，虽然有些有作者的歪曲，但也有部分真实的社会背景参照。

二 《醒世姻缘传》中的女性语言变异例析

语言行为实际上是一种人们众多行为中的一种，是一种言语动作行为，包括以言叙事、以言行事和以言成事等。《醒世姻缘传》沿用了《金瓶梅》的世情小说的写作手法，基本主体仍然是以写实为主的，但它颠覆了一直以来"三从四德"的封建女性形象。只不过文学往往有夸张失实处，如暴虐的素姐形象，并不等于实录，用今天的语言学理论去套用几百年前的文学作品形象，需要辩证地理解分析，否则就无异于刻舟求剑。除了素姐这样带有想象夸张的暴虐女性外，很多地方仍然以写实的手法刻画了一批中下层社会女性形象，如珍哥、寄姐、龙氏、晁奶奶、戴奶奶、权奶奶、赵姨娘、南瓜、荷叶等一批人，多数女性还是十分逼真的，通过言语行为展示了自己的形象。

语言中存在着性别差异现象，这在许多语言中都能找到例证。下面我们从词汇的运用、句法结构、语气表达等方面来探讨语言中存在的性别差异，并选择一些代表性的言论来分析人物语言与性别变异的关系。《醒世姻缘传》中有很多女性，因为一则难以面面俱到，每个人都分析到；二则形象也有典型性，我们选择其中具代表性的人物薛素姐，对其进行分析。素姐这个人物是作者着力突出刻画的形象，行为暴戾，语言强势。我们从小说中截取一个较有特点的素姐和婆婆吵架语境来做简要的分析。

（1）素姐指着狄希陈道："你只敢出去！你要挪一步儿，我改了姓薛，不是薛振桶下来的闺女！"狄希陈站着，甚么是敢动！气的狄婆子挣挣的，掐着脖子，往外只一操。素姐还连声说道："你敢去！你敢去，你就再不消进来！"狄希陈虽被他娘推在房门之外，靠了门框，就如使了定身法的一般，敢移一步么？狄婆子拉着他的手说道："你去！由他！破着我的老命合他对了！活到一百待杀肉吃哩！"这狄希陈走一步，回一回头，恋恋不舍，甚么是肯与他娘争点气儿！

素姐见狄希陈教他娘拉的去了，也不免的"张天师忘了咒，符也不灵了"，骂道："这样有老子生没老子管的东西，我待不见哩！一个孩子，任着他养女吊妇的，弄的那鬼，说那踢天弄井待怎！又没瞎了眼，又没聋着耳朵，凭着他，不管一管儿！别人看拉不上，管管儿，还说不是！要是那会做大的们的，还该说：'这儿大不由爷的种子，亏不尽得了这媳妇子的济！这要不是他，谁是管得他的？'说这们句公道话，人也甘心；是不是护在头里！生生的拿着养汉老婆的汗巾子，我查考查考，认了说是他的，连个养汉老婆也就情愿认在自家身上哩！这要不是双小鞋，他要只穿的下大拇指头去，他待不说是他的哩么？儿干的这歪营生，都揽在身上；到明日，闺女屋里拿出孤老来，待不也说是自家哩？'槽头买马看母子'，这们娘母子也生的出好东西来哩？'我还有好几顷地哩，卖两顷给他嫖！'你能有几顷地？能卖几个两顷？只怕没的卖了，这两把老骨拾还叫他撒了哩！小冬子要不早娶了巧妮子去，只怕卖了妹子嫖了也是不可知的！你夺了他去呀怎么？日子树叶儿似的多哩，只别撞在我手里！我可不还零碎使针踩他哩，我可一下子是一下子的！我没见天下饿杀了多少寡妇老婆，我还不守他娘那扶寡哩！"（《醒世姻缘传》第五十二回）

下面我们以列表的形式，通过统计来分析素姐在语言应用方面的特点，如表4-1所示。

表4—1　　　《醒世姻缘传》中素姐的用词类型及频次

类型	例词例句	次数（合计）
语气词	哩（9次）、的（5次）、呀（1次）、哩么（1次）、怎么（2次）	18次

续表

类型	例词例句	次数（合计）
强势词	只（5次）、敢（3次）、再（1次）、怎么（2次）、只别（1次）、零碎（1次）	13次
詈词	桶下来的、有老子生没老子管的东西、踢天弄井、瞎了眼，聋着耳朵、养女吊妇、种子、嫖了养汉老婆、歪营生、守他娘那扶寡	11次
方言俗语	待不见、弄的那鬼、待怎么、做大的、亏不尽、得了……的济、查考查考、槽头买马看母子、两把老骨拾、日子树叶儿似的多、撒了	11次
感叹句	你只敢出去！不是薛振桶下来的闺女！你敢去！你就再不消进来！我待不见哩！我可一下子是一下子的！	12次
反问句	谁是管得他的？他待不说是他的哩么？你能有几顷地？能卖几个两顷？……	7次

　　素姐作为社会底层妇女，受教育程度不高，因此使用方言的情况比较多见。这种情况在这段话中体现得比较明显，如比较有地方方言特色的语气词"哩"就达到了9次，方言俗语如"待不见"等于"不待见""亏不尽"等于"多亏了"，詈词达到了11次，这些都能较直观地体现下层妇女的语言特点。

　　此外，女性相比于男性，感性情绪要多于理性，因此在表达上更爱用带有强烈感情色彩的词，如语气词、强势词、詈词等，这些词都是情绪的强烈外显，都达到了十多次。强势语言的使用，如"只"（只要）、"敢"等词，也赋予了词汇以强烈的感情色彩，增强了语势。詈词实际也是一种起增强语气作用的手段，如"桶下来的""有老子生没老子管""养女吊妇""瞎了眼、聋着耳朵"等，使人立感泼妇骂街的气息，闻其言如见其人，使得素姐形象立体突出。

　　已有较多的研究表明，在句式的使用上，男性由于更理性一般倾向于使用陈述句，而女性可能更喜欢用感叹句、祈使句和反问句。这三种句式比陈述句包含更多的感情是不言而喻的，如"你只敢出去！"是一种近乎威胁的祈使句，"你能有几顷地？能卖几个两顷？"两个反问连用，也能起到增强语势、加强道理的作用。

上面这些语用上的特点，对于塑造女性人物形象，无疑是成功的，素姐的种种语言行为给我们留下了比较深刻的印象，描写逼真，准确而生动，十分符合一个下层没有受过教育熏陶的泼妇形象。

再如《醒世姻缘传》第四十八回中，由于陪嫁丫头小玉兰被怀疑偷吃了厨房的半只鸡，薛素姐将其带回自己房间，先脱光她的衣服，然后捆绑，接着用鞭子抽打小玉兰上千鞭；而后狄希陈回房，薛素姐又将怒气发到他身上，鞭打狄希陈；狄员外和狄婆子得知赶来救自己的儿子，并将其带走。当天晚上薛素姐点了一把火打算烧掉狄家的房子，第二天薛夫人派人从狄家接回了薛素姐。

（2）我又骂了两句，他拿鞭子打我。我不打他，怕他腥么？薛夫人说："你通长红了眼，也不是中国人了！婆婆是骂得的？女婿是打得的？这都是犯了那凌迟的罪名哩！"素姐说："狗！破着一身剐，皇帝也对打，没那燥扶帐！"（《醒世姻缘传》第四十八回）

除了上例中分析的女性词汇和句式应用上的特点外，我们还可以从社会因素等外因来看女性言行的特点。素姐回家后，薛教授和薛夫人对素姐在狄家的所作所为感到颇为不解。薛教授不理会薛素姐，薛夫人只认为："婆婆是骂得的？女婿是打得的？这都是犯了那凌迟的罪名哩！"这句话表明了社会传统外在因素对于女性言行的约束。薛素姐还击说："我骂了两句，他拿鞭子打我。我不打他，怕他腥么？"在薛素姐眼里，面对丈夫的暴力，自己是可以还击的，没那燥扶帐。在薛夫人看来，社会的这种秩序是必须遵守的，而薛素姐是敢于反抗的，素姐言语也是一如既往的鲜活泼辣，如方言俚语的"皇帝也对打""我不打他，怕他腥么？"感叹句、反问句连用，增强语势，给我们留下了深刻的印象。

探讨语言行为当然也不能忽视非语言交际方面的问题。虽然语言是人类进行交际最重要的工具，但是交际工具绝不仅仅只有语言，还应该考虑非语言手段。两性在生理和心理上的差异性往往会造成他们在非语言手段上的差异，如生气时女性也许会哭，男性会沉默。伯德维斯特尔（Birdwhistell）说道："通过我自己的研究，我再也不愿意把语言体系和非语言体系视为孤立的交际体系了……语言体系和体语体系都不能单独构成交际体系，只有两者相结合并与其他感官渠道的相应系统配合，才能形成完整的交际体系。"艾伯特·梅瑞宾通过一系列的研究与调查证实了伯德维斯特尔的上述观点，他还就此提出了一个著名的公式：交谈双方的相互理解＝语调（38%）＋表情（55%）＋语言（7%）。①

非语言交际手段的种类大致可分为各种体态语、副语言、客体语以及环境语四类。一般的研究在现象的描写与原因的追究之间常常缺乏有机的对应和联系，我们从言语行为和非言语行为两个方面讨论素姐的话语风格特色。下面我们继续做一个深入的分析，通过薛素姐打人和骂人的事件来分析在语言方面的特点。如《醒世姻缘传》第五十六回中：

（3）那母虎正在那里剪尾发威张爪扑人的时候，你躲藏着还怕他寻着你哩，他却自家寻进房内！一只腿刚刚跨进房门，这素姐起的身，一个搜风巴掌打在狄希陈脸上，外边的人都道是天上打了个霹雳，都仰着脸看天；听见素姐骂说："你这贼杂种羔子！你就实说，你或是拾或是买的？或是从觅汉短工罗的？你就实说，我就安分罢了；你要不实说，我不依！"

狄希陈忍着疼，擦着眼，逼在那门后头墙上，听着素姐骂，一声也不敢言语。素姐又一连两个巴掌，骂说："我把你这秦贼忘八羔子……苘疙瘩堵住你嗓子了？问着你不言语！你要是自己捅答下来的，拿着你就当个儿，拿着我就当个媳妇儿。为甚么倒把家事不交给你，倒交个杂毛贼淫妇掌管，叫他妆人？你那种子不真正罢了，可为甚么骗了好人家的闺女来做老婆？俺薛家那些儿辱没你？你没娶我过门来，俺兄弟就送了你儿的一个秀才。你那儿戴着头巾，穿着蓝衫，摇摆着支架子，可也该寻思寻思，这荣耀从那里来的！如今倒恩将仇报，我换件把嫁妆，我就有不是了？我听说寻个秀才分上得二百两银子哩！贼忘八羔子！你就好好的问你爹要二百两银子给我才罢！要不，照着小巧妮子的嫁妆，有一件也给我一件！再不，叫你爹也给俺小冬子个秀才，我就罢了！"狄希陈越起着脚才待往外走。素姐说："贼忘八羔子！你敢往那去！"狄希陈揉着眼道："我可

① 毕继万：《跨文化非语言交际》，外语教学与研究出版社1999年版，第3—4页。

问爹要银子给你去。"素姐说："你且站着，我气还没出尽哩！等我消了气，你就把二百两银子交到我跟前，少我个字脚儿，我合你到学道跟前讲讲！"（《醒世姻缘传》第五十六回）

这段对话的前提是狄婆子病倒了，家中事务交给调羹料理，此时狄家人商量着巧姐嫁妆的事情，薛素姐脾气发作了。非言语的交际行为是素姐的体态语，作母虎状正在那里剪尾发威张爪扑人，"一个搜风巴掌"打在丈夫脸上，像"天上打了一个霹雳"；狄希陈是"听着素姐骂，一声也不敢言语"，环境是狄老头和狄婆子在房外听着素姐骂儿子狄希陈。这段话中，素姐的言语非常凌厉，使用了复合型詈词5次，"贼杂种羔子""秦贼忘八羔子""苘疙瘩堵住你嗓子""杂毛贼淫妇""贼忘八羔子"，具有强烈的攻击性。另外使用了反问句7次，感叹句10次。狄希陈基本上没有什么言语，仅有的一句话也是听薛素姐的吩咐去找自己的爹狄员外要钱，素姐的这些言行可以说已经超越了一般泼妇而登峰造极。

作为《醒世姻缘传》中的粗鲁的薛素姐的对比，《红楼梦》中的众多女性，多数是符合礼教要求的，语言上也是各有特点。以林黛玉和王熙凤为例，林黛玉初入贾府时，"步步留心，时时在意，不肯轻易多说一句话，多行一步路"。由于寄人篱下和性格原因，除了面对宝玉时耍些小性子，她在多数时候说话温文尔雅，极有教养。如下文例（4）中邢夫人留黛玉吃饭，黛玉语言非常典雅："舅母爱惜赐饭"，委婉："原不应辞，只是还要"……客气："望舅母容谅"，林黛玉这些语言上的特点符合封建社会对一个大家闺秀的期待。例（5）则反映了语言因地位而变异的问题，封建社会一般要求女性说话轻言细语，温和委婉，而王熙凤出场声高气扬，放诞无礼。王熙凤话语虽然得体，说得也很客气，但是，高声谈笑是不符合行为举止的，这么做体现的是她在贾府中身份和地位的特殊性，这是女性在语言运用上的精准把握。

（4）黛玉忙站起来，一一听了。再坐一刻，便告辞。邢夫人苦留吃过晚饭去，黛玉笑回道："舅母爱惜赐饭，原不应辞，只是还要过去拜见二舅舅，恐领了赐去不恭，异日再领，未为不可。望舅母容谅。"邢夫人听说，笑道："这倒是了。"（《红楼梦》第三回）

（5）一语未了，只听后院中<u>有人笑声</u>，说："<u>我来迟了，不曾迎接远客！</u>"黛玉纳罕道："<u>这些人个个皆敛声屏气，恭肃严整如此，这来者系谁，这样放诞无礼？</u>"心下想时，只见一群媳妇丫鬟围拥着一个人从后房门进来。这个人打扮与众姑娘不同，彩绣辉煌，恍若神妃仙子。（《红楼梦》第三回）

第二节　性别变异与詈词歧视

一　语言性别变异的特点

语言的性别变体，就像阶级变体一样，也不是一个明确的语言实体。一个社会不可能存在两个截然不同的以性别为分界线的男性语言系统和女性语言系统，否则也不可能组成统一的社会，男女之间也不可能实现正常的交际。但性别变体又是真实存在的，作为一种语言运用上的特点，性别会对语言的使用产生一定的影响，表现出一定的性别差异来。

（一）普通下层妇女的语用

总的说来，明清时期，妇女的社会地位处于一种躁动的变化中，《醒世姻缘传》中的女性形象仍然深刻地植根于当时社会，有着深厚的事实基础。除了少数如素姐这样的女性言行可能因文学夸张而超越事实，多数写实性的女性言行较为真实可信，让人可以窥见当时社会的真实情形。就《醒世姻缘传》的情况来说，当时社会妇女地位低下，中下层妇女几乎没有受到过学校教育，缺少文化教养，语言粗俗，方言俚语较多，应该是普通女性语言的总体特点。反过来，如果《醒世姻缘传》中底层妇女说话时"之乎者也"，则难以置信。相对于男性而言，如晁源和狄希陈，读书一窍不通，没有文化却故作文雅、文言夹杂，其实也较为可信。我们来看两个下层妇女语言应用的例子，言语行为在现实中也较为合理：

（1）县尹道："那高氏，你要实说！若还偏向，我这拶子是不容情的！"高氏说："<u>这个老爹可是没要紧！俺是根基人家的婆娘，你凭什么拶我？</u>"大尹道："一个官要拶就拶，管你什么根基不根基！"高氏道："这也难说，<u>八个金刚抬不动个'礼'字哩！</u>"……大尹道：

"可恶！砍出去！砍出去！"那皂隶拿着板子，就待往外砍。那高氏道："我出去就是了。火热热的，谁好意在这里哩！你拿红字黑押的请将我来，往外砍人！贼杀的！贼砍头的！"喃喃呐呐的，一边走，一边骂出去了。（《醒世姻缘传》第十回）

（2）计氏说道："乡里笑话，这是免不得的。俺公公知道，倒是极喜欢的，说他儿子会顽，会解闷，又会丢钱，不是傻瓜了。俺那旧宅子紧邻者娘娘庙，俺婆婆合我算记，说要拣一个没人上庙的日子，咱到庙里磕个头，也是咱合娘娘做一场邻舍家。他听见了，瓜儿多，子儿少，又道是怎么合人擦肩膀，怎么合人溜眼睛，又是怎么着被人抠屁眼，怎么被人剥鞋。庙倒没去得成，倒把俺婆婆气了个挣。不是我气的极了，打了两个嘴巴，他还不知怎么顶撞俺娘哩！"（《醒世姻缘传》第二回）

世俗对封建社会的女性要求，即使语言未能温柔得体，语气也应该是和气委婉，轻言细语。从这一点来看，《醒世姻缘传》中所有的例子全是变异的例子，俯拾皆是，且男性懦弱，女性暴戾。这些反映在语言上，多有合理性，也多有失实。例（1）的高四嫂是晁源的邻居，仅出现于审理计氏自杀案中，是一个没有背景的社会底层的妇女。其语言十分符合没读书、大嗓门、文化程度不高的农村妇女形象。胆大心粗，不怕官府老爷，县官一上堂就要挟挣人，给她一个下马威。高四嫂说话大大咧咧，多方言俗语，如"没要紧、凭什么、火热热的"，口语简短有力，认死理，如"八个金刚抬不动个'礼'字"，敢直接骂县官"贼杀的""贼砍头的"，其言语给人留下了深刻的印象，反映了作者的写实精神。例（2）言语出自晁源之正妻计氏之口，计氏没出嫁前家境尚可，社会经济地位高于高四嫂子等妇女，但也没有受过封建教育，文化程度不高，言语多方言俚语，如"俺"（我）、"气了个挣"（气死了，特别生气）、"瓜儿多子儿少""擦肩膀""溜眼睛"，语气词不多，只有一个"哩"。不时有粗俗詈词如"抠屁眼"等，直白口语化，暗示了计氏这个女人的文化背景。

（二）语言视角与从他称谓

语言性别差异的表现是相当广泛的，一般情况下体现在语言结构、言语表达风格以及语言能力等方面。变异的原因是社会对于男性和女性的角色期待、行为规范和社会价值观等不同。我们从称谓切入，就可以看到其中的性别视角。如现代汉语的"小姑""小叔子"等，就是从儿称，即站在孩子的角度称呼自己丈夫的妹妹和弟弟；"小姨子""小舅子"则是男性站在孩子的角度称呼妻子的姐妹和兄弟；"公公""婆婆"就是女性以孩子的视角称呼丈夫的父母。还有"他爹""孩子他爸""你老子"等称呼都存在视角的问题。这些能体现性别差异的词汇在汉语称谓语中非常常见，一般来说，说话者在说话时都会有立足点，立足点即说话者在观察周围事物并运用语言来表达自身所处的位置。在《醒世姻缘传》中有很多这样的称谓，下面我们举出一些例子进行说明：

（3）狄员外娘子又指着狄希陈说道："这们大小，读了五六年书，一个送礼的帖子还叫个老子求面下情的央及人写，你也知道个羞么？"（《醒世姻缘传》第三十三回）

一般情况下，人们习惯于从自身的视角观察周围事物，通过语言来描述客观世界，从自己的角度考虑称谓词的使用。不过，有时候情况也会有所不一样，比如在人际交往过程中，我们会基于交际双方的辈分、社会地位等复杂的社会关系而从他称。从他称谓的作用一般在于提升语言事实的客观性，或者表达尊敬，或者突出小辈等。例（3）中狄员外的娘子对着狄希陈称呼狄员外时用的是"老子"，这里她站在狄希陈的角度从他称，"老子"等于"你老子"，转换了说话者的视点，作用在于使语言具有客观性。

（4）他娘道："你说的通是屁话！……你要明日不和他丈人去说，我就自己和他丈母去说……你爹信了那神灵的话，只怕还哄杀你不偿命哩！"（《醒世姻缘传》第三十三回）

这段话是狄希陈他娘站在孩子视角使用了从他称谓，"他丈人""他丈母""你爹"等称谓都属于从他称谓。一般说来，女性在和孩子谈话时，更容易站在孩子的视角上使用从他称谓。

（5）连夫人取笑说道："<u>薛家女婿</u>进了，只是少了<u>姑父</u>的一分谢礼，难道好受<u>侄女女婿</u>的么？"连春元道："<u>女婿</u>进了学，咱还该另一分礼谢<u>他姑父</u>哩。"（《醒世姻缘传》第三十七回）

例（5）中连夫人取笑的话，"姑父""侄女女婿""薛家女婿""他姑父"等词汇都是从他称谓，一样地体现出女性视角的问题。

（三）女性语言的情感强度

在情感的表达风格上，男女的差异也是明显的。如前文所说，在语言运用过程中，女性语言的感情色彩普遍高于男性，且更偏向于使用感情强烈的表达方式。相比较男性，女性会更加频繁地使用感叹句、疑问句、强调句来表达强烈的语气或感情色彩。在《醒世姻缘传》中，出现了几十个女性人物，我们前面谈论过了一些女性的语言特点，一般会使用强烈感情的感叹词，大量使用副词、感叹词、语气词等强势表达法，增加人物语言的感染力。我们最后看些小女孩的例子：

（6）那闺女说："<u>不好！不好！快看！快看！</u>我奶奶，我这孩子待去哩！"……那闺女笑道："<u>哥儿</u>，我且饶你去着，改日你壮壮胆再来。"又亲了个嘴，说道："<u>我的小哥！</u>你可是我替你梳拢的，<u>你可别忘了我！</u>"（《醒世姻缘传》第三十七回）

（7）那闺女说："<u>我猜你是狄家的傻孩子！</u>"狄希陈说："蹊跷！你怎么就知道我姓狄？"那闺女说："我是神仙，你那心里，<u>我都猜的是是的</u>，稀罕这姓猜不着！"狄希陈说："你猜我这心里待怎么？"那闺女说："<u>我猜你待要欺心</u>，又没那胆，<u>是呀不是？</u>"（《醒世姻缘传》第三十七回）

两例对话，作者模拟的小女孩的言语风格十分准确，表现了小女孩的语言明快，性格大胆。语气词用得很多，如"么""呃""呀"，重叠句"不好！不好！快看！快看！"重叠词"是是的"，都能体现出小姑娘言语特征，语速快、性子急，带有小女孩的天真气息。

二　詈语与性别歧视

（一）詈词的分类与功能

讨论性别差异，就必然会涉及詈称。从语言学的角度来研究詈词的性别差异，一般要考虑其背后的文化原因，如性别、等级尊卑、宗族、种族、伦理、道德及审美等。此外，詈语的产生也与心理机制有关，如愤怒、憎恶、恐惧和戏谑。汉语詈词大致可以分为"贬损、歧视、诅咒、禁忌以及违背道德"等类型。后面称谓章节中我们也会讨论詈称，不过角度不一样，在这里我们主要讨论詈称与性别歧视的关系。

詈词一般是从反面来折射生活，反映社会文化。从汉语詈词的情况看，历代对女性的歧视詈骂，最突出的有"祸水""贱人""淫妇"等。俗文化尚真少饰，少忸怩作态，能够直接反映人们的心理状态，体现人们的价值观念。作为交际的一种方式，詈语有着独特的表达功能，能更有力度地表达情绪。就动机和作用而言，可以分为"保护自己或者他人，伸张正义""伤人生事，宣泄情绪""取乐生骂""口头禅，无特殊原因"等。

就意义和作用而言，有时候詈语的实际意义比较淡化，意义不可解释，不靠实际意义去参与交际，主要用以加强宣泄情绪，起到平衡心理的作用。詈语也不全是消极作用，有时候含有骂意，实际上是表达喜欢、疼爱之情，这是詈语在交际中的积极作用。此外，詈语有工具性、协调、强化和文学描写等功能。本节将对《醒世姻缘传》中詈词所体现出的性别差异现象进行阐述，并通过场合、地位、权势、受教育水平等几项参数来说明詈语在不同性别群体中的分布情况，从而描述和揭示这类语言现象的规律。

（二）明清时期詈词的特点

《说文解字》"詈"："骂也。从网从言。力智切。""詈"字"从网，从言"，从造字本意看，"詈"为骂人的言语，言语触网，说明古人认为骂人是一种违反礼教的行为。明代以前，文学作品中的詈语是相对较少的，从《金瓶梅》开始，詈词的使用开始泛滥。从社会语言生活来说，詈语的大量使用，说明了明中期社会急剧变化，整个社会等级紊乱，以金钱维持秩序，道德沦丧，金钱至上，人们守礼的心态开始暗变。自宋代以来的"存天理，灭人欲"的封建观念被打破，人们思想上背离封建礼教。由此也造成了明清封建社会表面冠冕堂皇，正襟危坐，谈性色变，私下却"利""欲"熏心，离经叛道。

詈语最常见的就是与"性"有关的词汇，"性"代表着人的最大的隐私，"性禁忌"也是礼教社会最大的禁忌，经济的发展推动了社会自由度扩大，詈语的大量使用反映了社会禁忌被打破。作品中的詈语虽然有损美感，但在反映价值观念和风俗习惯上，显得更加写实，一定程度上也使得它成为一部"社会历史内涵最丰富的小说"。

《金瓶梅》中有关女性的詈语，有大量与"性"有关的"性行为"和"性器官"词汇，这些往往成为封建礼教禁忌下的最能宣泄情绪的词。明清詈语有个共同的特点，从《金瓶梅》到《醒世姻缘传》，再到《红楼梦》，辱骂女性的词汇占比都达到了98%以上，辱骂男性的则少见得多，这实际上暗含了社会对女性的歧视，体现的男权主义思想，反映了女性地位的低下。《金瓶梅》中的主要女性潘金莲，性情尖酸刻薄、毒嘴长舌，除了骂人淫妇，还使用排比句增强气势，只有像潘金莲这样的粗俗的女性才没有语言禁忌。"淫妇"和"三寸货"之类的与"性行为"和"性器官"辱骂之词在作品中举不胜举，仅"淫妇"一词在作品中就有400多次。

（1）话说潘金莲见孩子没了，每日抖擞精神，百般称快，指着丫头骂道："贼淫妇！我只说你日头常晌午，却怎的今日也有错了的时节？你斑鸠跌了蛋——也嘴答谷了。春凳折了靠背儿——没的倚了。王婆子卖了磨——推不的了。老鸨子死了粉头——没指望了。却怎的也和我一般！"李瓶儿这边屋里分明听见，不敢声言，背地里只是掉泪。（《金瓶梅》第六十回）

（2）被妇人引到房中，妇人便坐在椅子上，把他两只手拉着说道："我不好骂出来的，怪火燎腿三寸货，那个拿长锅镬吃了你！慌往外抢的是些甚的？你过来，我且问你。"（《金瓶梅》第二十回）

《金瓶梅》除了与"性"有关的詈词，还有就是畜生类。在封建礼教人伦当中，社会下意识把人群分为三六九等，"畜牲"更是低级动物。骂人"畜牲"时可以在语言上开革"人籍"，让被骂者在人格上降格，在《金瓶梅》中就有很多用牲畜作比的詈语，如"狗才""猪狗""野狗""母猪""蛔虫""蜢虫""蚂蚱""驴""鸭子""骡马""王八""羔子""狐狸精""猢狲"等。

（3）武松道："婆子休胡说，我武二就死也不怕！等我问了这淫妇，慢慢来问你这老猪狗！若动一动步儿，先吃我五七刀子。"（《金瓶梅》第八十七回）

（4）又有一般小厮媳妇，在月娘根前，说他媳妇子在外与王母猪作亲家，插金戴银，行三坐五。（《金瓶梅》第八十一回）

（5）（韩道国）骂道："贼野狗死囚，还不起来！我只说先往铺子里睡去，你原来在这里挺得好觉儿。还不起来跟我去！"（《金瓶梅》第六十一回）

（6）我便说："还是哥十分情分，看上顾下，那日蜢虫蚂蚱一例扑了去，你敢怎样的！"（《金瓶梅》第七十二回）

（7）（金莲）说道："可又来，你腊鸭子煮到锅里——身子儿烂了，嘴头儿还硬。"（《金瓶梅》第六十一回）

（8）良久，只听月娘问道："你今日怎的叫恁两个新小王八子？唱又不会唱，只一味'三弄梅花'。"（《金瓶梅》第七十三回）

（9）玉楼众人说道："如今这屋里乱世为王，九尾狐狸精出世。不知听信了甚么人言语，平白把小厮弄出去了……"（《金瓶梅》第二十六回）

（10）那婆子吃他这两句道着他真病，心中大怒，喝道："含乌小猢狲，也来老娘屋里放屁！"郓哥道："我是小猢狲，你是马伯六，做牵头的老狗肉！"（《金瓶梅》第四回）

除上述两种以外，还有以"杂物""污物"骂人的，杂物指无生命的贱物，如："老货""行货子""邪皮""老东西""老杀才""镢枪头""烂桃子""三寸丁""谷树皮"等。"污物"一般指排泄物，"屎""尿""屁"之类。"污物"不是直接的人格降级，人降为物，而是直接的废弃物，毫无用处的肮脏、恶心之物。如：

（11）李瓶儿道："你这<u>老货</u>，偏有这些胡枝扯叶的。你明日不来，我和你答话！"（《金瓶梅》第三十七回）

（12）金莲道："<u>怪行货子</u>，好冷手，冰的人慌！莫不我哄了你不成？我的苦恼，谁人知道，眼泪打肚里流罢了。"（《金瓶梅》第三十八回）

（13）你也看个人儿行事，我不是那不三不四的<u>邪皮行货</u>，教你这个忘八在我手里弄鬼。（《金瓶梅》第二十二回）

（14）张四道："我不是图钱，只恐杨宗保后来大了，过不得日子。不似你这<u>老杀才</u>，搬着大引着小，黄猫儿黑尾。"（《金瓶梅》第七回）

（15）你这<u>烂桃行货子</u>，<u>豆芽菜</u>——有甚正条捆儿也怎的？老娘如今也贼了些儿了。（《金瓶梅》第七十二回）

（16）人见他为人懦弱，模样猥獕，起了他个浑名叫做<u>三寸丁谷树皮</u>，俗语言其身上粗糙，头脸窄狭故也。只因他这般软弱朴实，多欺侮也。（《金瓶梅》第一回）

（17）月娘笑道："<u>狗吃热屎</u>，原道是个香甜的；生血掉在牙儿内，怎生改得！"（《金瓶梅》第五十七回）

（18）王六儿便骂道："是那里少死的贼杀了！无事来老娘屋里<u>放屁</u>。娘不是耐惊耐怕儿的人！"（《金瓶梅》第九十九回）

《金瓶梅》中的詈语还包括"死亡"咒骂，"死亡"对于一般人来说也是一种语言禁忌，排斥心理比较强烈。如"不得好死""天杀的""杀才""作死的""棺材""短命鬼""勾使鬼""瘟死鬼"等。

（19）常言：人便如此如此，天理未然未然。可怜苗员外平昔良善，一旦遭其仆人之害，<u>不得好死</u>，虽是不纳忠言之劝，其亦大数难逃。（《金瓶梅》第四十七回）

（20）说道："紧自常二那<u>天杀的</u>韶刀，还禁的你这小淫妇儿来插嘴插舌！"（《金瓶梅》第五十四回）

（21）王六儿道："还有大似他的，睬这杀才做甚么？"（《金瓶

梅》第九十九回）

（22）潘姥姥道："贼作死的短寿命，我怎的外合里应？我来你家讨冷饭吃，教你怎顿摔我？"（《金瓶梅》第五十八回）

（23）月娘道："两个勾使鬼，又不知来做甚么。你亦发吃了出去，教他外头等着去。"（《金瓶梅》第二十一回）

（24）琴童儿来回走的抱怨道："就死也死三日三夜，又撞着怎瘟死鬼小奶奶儿们，把人魂也走出了。"（《金瓶梅》第九十九回）

除此以外，《金瓶梅》还有一些其他的类型，如骂人"品德败坏，伤风败俗，不守规矩"，反映的是封建道德礼教类的要求，如"没廉耻的""浪荡""养汉""邪皮货""汗邪""拉皮条""没槽道的""泼皮"等。还有一些骂人体缺陷的，如"三寸丁谷树皮""矮子""瞎子""怪物""白脸"等，此类詈语一般针对性较强，因人而异。

《金瓶梅》中詈语的功能是多方面的，总体可以划分为明白和含蓄两种风格，从达官显贵到贩夫走卒，都是张口就来，骂得无所不用其极，造成了一种十分粗俗的风格，也体现了当时的社会生活世态，人情冷暖，描绘了明代中国社会的市井生活图画。其背后则隐藏着等级尊卑的封建社会文化："官民尊卑""男女尊卑""长幼尊卑""主仆尊卑""贫富尊卑"等，社会地位高的才敢当面骂地位低的。除了等级尊卑，还有经济地位的问题，《金瓶梅》中潘金莲被骂时，敢于回骂的次数不多，既有等级因素，也有经济地位的原因。

到了《醒世姻缘传》的时代，《醒世姻缘传》的詈语使用更是达到了泛滥的程度，比起《金瓶梅》是有过之而无不及，其詈语在数量、种类上可谓丰富而全面，研究这些情况可以帮助我们了解明末清初时期中国社会世俗语言生活。《醒世姻缘传》中的各级各类官员文人，无赖泼皮、悍妇妒妇，都有使用詈语的情况。《醒世姻缘传》中的詈语使用有两种表现：一是詈语常常重叠使用，连续使用；二是有些詈语的粗鄙低俗程度相当高，肆意侮辱，恶意贬损，令人尴尬。女性使用詈语也是大胆低俗，粗陋罕见。根据刘艳玲（2011）对《醒世姻缘传》中人物詈词使用次数的统计，薛素姐 372 次、珍哥 97 次、童寄姐 91 次、计氏 77 次，排名前四位的全部是女性，这些滥用詈语的女性不是悍妇就是淫妇。抛开文学因素，我们可以看到，如此数据实际上暗含了作者对女性的歧视，体现的是儒家的男权主义思想。下面我们分类来看女性性别歧视反映在詈词上的特点。

（一）淫妇妓女类詈词。对于一般地位低下的女性，稍有不慎就有可能被人骂成淫妇，相比之下男性则问题不大。有关淫妇类詈词我们很容易从中窥见语言与社会文化的关系。汉朝以前淫妇类的詈词很少，隋唐时也仍然以妒妇、悍妇类居多，宋元尤其是明清时骂女人为淫妇的詈词就激增了起来。《醒世姻缘传》第八回当中：珍哥听了晁住娘子这些话……大惊小怪叫唤道："好乡宦人家！好清门静户！好有根基的小姐！大白日赤天晌午，肥头大耳朵的道士，白胖壮实的和尚，一个个从屋里出来！俺虽是没根基、登台子、养汉接客，俺只拣着那象模样的人接！象这臭牛鼻子臭秃驴，俺就一万年没汉子，俺也不要他！"嚷乱得不休。计氏与两个尼姑交往，不慎被珍哥看到，无中生有诬陷计氏，骂计氏不守妇道，以至于逼迫得性格激烈的计氏上吊自杀。

性别歧视，骂女人为"妓女""淫妇"在《醒世姻缘传》中随处可见。其他变相骂女人为妓女淫妇类詈词还有很多，如"没根基""登台子""养汉""接客""没汉子""娼妇/妾""蹄子""小妇""婊子""烂/滥桃""女娼""接万人的大开门""侉老婆""歪辣骨""乱穿靴""温鳖妆燕""野猩猩妇人""淫货""淫滥""淫妖""淫声浪语""凿木马脱生的""千淫万歪""养万人""浪婆娘""私窠子""骚扶老婆""泼妇"等。与此相对的就是，骂男性为"淫×"的詈词则次数为零。詈词也相对文明得多，骂男性的也不过是"贼""秦贼""杂种""囚徒""忘八羔子"等。从极不对等的数量中，可以很容易窥见深层次的性别不平等。虽然淫乱放荡的女人确应受到指责，但当时的社会对男性却宽容得多，甚至被美称为风流多情，全然没有对女性的那份刻毒。

（二）卑贱类詈词。《论语·里仁》："贫与贱，是人之所恶也。"邢昺疏："无位曰贱。"由邢疏我们可以看出，"贱人"指的是地位低下的人，早期虽多指男性，但也可指女性，并非专指的女性。《礼记·曲礼上》："君命召，虽贱人，大夫、士必自御之。"宋元以后，"贱人"逐渐窄化，演变成了对女性的侮称。《京本通俗小说·菩萨蛮》："贱人！做下不仁之事，你今说屈了甚人？"王实甫《西厢记》第一本第三折："老夫人着红娘问长老去了，这小贱人不来我行回话。"

《醒世姻缘传》中对于卑微的女性，最典型的詈词是"贱"。《醒世姻缘传》中对老婆与小老婆的詈称有"贱妾""贱荆""小妾"以及"浑家"等，虽然有些是谦称，但仍然包含歧视。如《醒世姻缘传》第十回中，计老道："……难道就大小易位，冠履倒置？那贱妾珠锦僭分，鼎食大烹，把正妻囚在冷房，衣不蔽体，食不充肠……"再如第九十七回中，吴推官道："我还强似仁兄。我惧的是贱荆一个结发嫡妻，怕他些儿罢了。那两个小妾，我不怕他。在京里观政，贱荆在家，两个也为了为王。后来贱荆到了，就狗鬼听提的都不敢了。那象仁兄连妾也这们怕他！"对于妻子还有比较典型的侮称，如第一百回中，胡无翳道："这是你前世种下的深仇，今世做了你的浑家，叫你无处可逃，才好报复得苦实。如要解冤释恨，除非倚仗佛法，方可忏罪消灾。""浑"是糊涂的意思，"浑家"是宋元以后对妻子的俗称，也是比较典型的侮称，暗示妻子是前世结怨今生来报仇之人，是糊涂的人。"贱"的鄙夷程度很强，贱的东西或者不喜欢的人，还可以称"贱东西""贱骨头"等，女性的自称为"贱妾"，包含了女性对歧视的认同。此外《醒世姻缘传》中反映性别卑贱的还有："老娼""娼妇""娼妾""艳妾""小妇""贱人""囚妇""秃妇""婆娘"等。

（三）悍妒类詈词。《醒世姻缘传》中对于泼辣凶悍类女性，最典型的詈词是"悍"和"妒"。《说文解字》："'悍'，勇也，从心旱声。"《荀子·大略》："悍戆好斗。"《汉书·贾谊传》："虽有悍如冯敬者。"意思都是悍勇好斗，"悍"用于男性则多中性甚至略带褒义，然而用于妇女身上则成了贬义词。《说文解字》："妒，害也。从女，方声。"本义指妇女忌妒丈夫，也指忌妒别的女子的姿色。"妒"字"从女"，说女人心眼小，造字暗含了对于女性的歧视。《醒世姻缘传》的第五十二回题目"名御史旌贤风世，悍妒妇怙恶乖伦"，"悍"和"妒"连用。反映《醒世姻缘传》中女性的"悍"族词有："悍妇""悍妻""悍泼""泼悍""悍妒""悍婆娘""悍妾恶妻""恶妻悍妾""悍妻泼妾""悍姑泼妇""悍恶不良""泼悍弥甚""悍戾""悍恶可恶""骜悍不驯"等。"妒"族词有："妒忌""蛾眉起妒""蛾眉翻妒""妒妇""悍妒"等。

（四）物化类詈词。除了"悍""妒"词族直接骂外，还有将女性动物化，如："如狼如虎的女娘""虎背熊腰的个婆娘""妓者虎背熊腰""毒似龙、猛如虎的个婆客""蛇虎妖狐""豺虎蜂蛇""母虎""虎豹""狮吼""虎口""母大虫""狐狸""狐狸精""狐狸小丑""狐媚""野鸡""家鸡""蹄子""老蹄子""小淫妇蹄子""小蹄子""蹄子淫妇""浪蹄子""走草的母狗"等。货物化的词："尤物""滥货""丑货""滥桃淫货""夜叉"等。这些带有性别歧视的词汇都含有社会文化对女性的歧视。

除了悍妇泼妇外，哪怕是大仁大义、形象正面的晁夫人，位列仙班做了峄山圣母，詈词的使用次数也不在少数。这一方面与作者的以骂世姿态写作的语言风格有很大关系；另一方面也反映了当时的社会风气江河日下，人们在生活中使用詈词比较普遍。《醒世姻缘传》中使用的众多的骂词，透过这些带有明显的性别歧视詈词，我们可以看到封建社会世俗观念对于女性的约束，折射了千年来的封建伦理体系、宗法生活，种种对女性进行语言歧视的詈词都反映了社会的历史文化。

第三节　本章小结

本章我们以明清小说中的女性的语言为考察对象，在社会语言学的视角下，考察了不同女性语言运用情况。

首先，所谓的语言的性别变异指的是由于性别的不同而表现出来的差别。语言的性别变体，正如语言的阶级变体一样，并非一个明确的语言实体。不存在两种截然不同的，以性别为分界线的男性语言系统和女性语言系统，但性别变体又是真实存在的，是一种语言运用上的变异。语言的性别差异表现得相当广泛，一般说来，性别差异主要表现在声调、词汇、表达风格以及语言能力等方面。

其次，我们分析了语言性别变异的外在因素和内在原因。外在的因素，如所处的社会时期、历史传统，各地风俗、社会政治地位、经济能力等。内在的原因有个人的文化水平、道德观念、宗教信仰、年龄、性格等。这些因素是我们从复杂的原因中找语言性别变异规律的钥匙。一些常见的影响两性语言交际的因素包括：社会权势和地位、两性生理差异、性别差异、教育程度、宗教信仰、道德操守等。此外，还有商品经济逐渐繁荣，上层建筑发生巨大变化，女性家庭地位上升，这些背景应该作为比较重要的因素考虑进去。

从言语交际的角度，一般说来，女性的语言变异主要表现在词汇的运用、语气等层面。我们以《金瓶梅》中的潘金莲和《醒世姻缘传》中的素姐为例，对其语言进行了分析，作为底层妇女，她们受到的教育不多，语言粗俗，多詈词，多方言俚语，多语气词、强势词；喜欢用感叹句，祈使句和反问句，语气激烈强势。这些语用上的特点，给人们留下了深刻的印象，符合一个下层没有受过教育和文化熏陶的泼妇形象。中下层妇女语言运用有近似之处，几乎没有受到过教育，语言平白，多方言俚语，这几乎是普通下层女性语言的总体特点。然后我们分析了从他称谓，我们认为，语言性别变异的原因是社会对于男性和女性角色期待、当时的社会言行规范和社会总体价值观等。

最后，我们讨论了詈词与性别歧视现象。詈词一般是从反面表现生活，折射社会文化。作为交际的一种方式，詈语有着独特的表达功能，它粗俗暴戾，直截了当，能更有力度地表达情绪。我们对《金瓶梅》和《醒世姻缘传》中詈词所体现出的性别差异进行了分类，并通过场合、地位、权势、受教育水平等几项参数，来说明詈语在不同性别群体中的表现。总的说来，明代某些小说开始了由雅向俗的转变，詈语在数量上开始泛滥，连《红楼梦》这种十分文雅的小说也出现了很多詈语。这些詈语的背后有着丰富的社会政治、经济和文化原因。明代社会生活中，商品经济的发展导致了封建统治的失序，整个社会和人际关系以金钱为纽带，礼教和尊卑被打破，封建社会的一套女性伦理道德说教开始失效，"三从四德"被颠覆，不过明清社会中的女性始终还是弱势群体，詈词中含有深刻的女性性别歧视。

第 五 章

明清社会与行业语言

第一节　明清社会与行业语言

一　行业语言概说

语言通常会受到各种复杂的社会因素的影响，不仅与说话人的性别、年龄、阶级、宗教、受教育程度等因素有关，还与其所在的行业有关，这些因素形成的方言一般都可以称为社会方言。与地域方言相区别的是，社会方言并没有自己独立的语音和语法系统，其特点主要表现在词汇系统和语言表达上。

语言的行业变体是社会语言学研究的重要课题之一，行业语言变体就是从语言社团的角度研究语言的职业和行业变异，研究具备相同社会身份特征的人，在一定的社会环境中所普遍使用的某种特殊的语言表现形式。社会中的人总是处于一定的社会关系中，从事着不同的职业活动，社会语言学把这种基于特定的语言社团的语言变体称为"行话"，把与某类社会行业相关的行话称作行业用语。

所谓行话，即社会上的一些工作者，由于工作等需要，在相互交流时，会创造一些仅供内部人员使用的专业用语。行话可以加强行业的内部交流，也能成为职业身份的标记，如官员的打官腔、教师的授课语言、医生问诊语言及江湖行话、黑话等，它是按照使用人群的不同来划分的。行话可以无保密性质，如教师授课术语、医生职业语言及戏曲行话等，这些行话虽然无保密性质，但可以起到辨识身份的作用。因不被允许或受到主流社会排挤、有意排斥等原因使用的行业语，则具有保密性质，如黑帮、地下组织、丐帮和娼妓等使用的一些行话。

　　一般说来，阶层方言的差异主要表现在词汇系统或者表达方式上。如古代读书人使用的敬称词汇："令尊、高堂、家父、舍弟、愚兄、贤弟、敝人、奉送、恭贺、垂爱、贵干、高见、敬告、请问、屈驾、光临、俯察、华诞、玉成"等，通过用词很容易看出其知识分子的身份；再如17世纪西方社会上层流行的"沙龙"语言，一切以高雅为准则，禁用俗言粗语，辞藻委婉华丽，喜引典故，如把"哑巴"称为"丢失了语言的人"，"狗"称为"主人忠实的朋友"，"椅子"称为"谈话的舒适"，招呼客人坐下叫"请满足这把椅子想要拥抱你的愿望吧"，日历叫"将来的记录"，"镜子"叫做"风韵的顾问"，"衬衫"叫"生者和死者永恒的伴侣"，"喝水"说成"一次内部的洗澡"等。贵族们所使用的这些沙龙语言，主要是表达方式的不同，有时达到难以形容的可笑程度，必须借助《优雅女性大词典》一类的工具书才能理解。总的说来，这些沙龙语言虽然文雅，充满风趣，不过有时候过于委婉令人费解，影响效率。阶层语虽然与行业语并非一个属性，但也属于社会方言范畴。

　　行业语是各行各业用以交际的专用词语，一般只在行业内部使用，其他行业不用或者很少用。行业语虽受行业限制，但不受地域限制。同一行业词语，意义都是一样的，这些行业词汇对行业的发展有十分重要的意义，如数学里的"正数、负数"，生物里的"胚层、胚盘"，医学里的"外科、内科"，戏曲里的"生、旦、净、丑"等。人们根据不同的职业身份选择和使用不同的语言，从而形成了与工作相关联的行业语，如化学用语选择"氯化钠"作为名称，突出的是其化学成分，而生活中人们却选择"盐"作名称，突出的是沿用、习用和简洁的特性。这些现象就是所谓的"五行八作，三教九流，各有殊词"，"殊词"就是通常所说的"行话"。行话一般只在行业内部交流，但也有可能扩展到全民语言中，成为共同语的一部分。这些词进入共同语后，有可能保持着原义，也有可能进一步引申，形成新的引申义或者比喻。比如医学中的"休克"，进入全民语言还是保持了原义。教师用语的"下课"，既可保持原义，也可以引申到其他领域，比喻"下台"。

　　隐语也是行业语，是一种只在特定群体流行的特殊语言，又叫江湖行话、背语、练语、葫芦语等，是某些特殊的群体，如黑帮、地下组织、行会等组织，为保密而使用的特殊语言形式。民间秘语源起于先秦时代，唐宋时期已经比较发达，明清时期较为盛行，至今仍然在传承和流变。隐语一般是赋予现有普通词以特殊含义，表达方式主要是口语，因人设隐，需要使用者随机应变，内容有非常强的针对性和时间性，时过境迁，隐藏义便自然消失。隐语的使用范围相当广泛，只要两个以上的人就可以约定一些隐语。也有的隐语是用字谜创造的，如旧社会的商业活动中，有些米行、当铺、丝绸铺等为了不使局外人了解行市，创造许多的行业隐语。正所谓"三百六十行，行行出状元"，同样的"三百六十行，行行有隐语"。各行各业都有切身利益需要保护，有自己独特的谋生手段需要保护，这样就会产生本行当隐语。如当铺行业的行话：称"袍子"为"挡风"（从功能上进行命名）；"裤子"叫"又开"（"双"字一分为二，拆字法），"狐皮"叫"大毛"（从价值命名），"羊皮"叫"小毛"（从价值命名），"长衫"叫"幌子"（从形态命名），"戒指"叫"圈指"（从形态命名），"桌子"叫"四平"（从特征命名），"椅子"叫"安身"（从功能命名），"银子"叫"软货龙"（从质地命名），"金子"叫"硬货龙"（从质地命名），"古画"叫"彩牌子"（从形态命名），"古书"叫"黑牌子"（从形态命名），"宝石"叫"云根"（从诗词取名）等。还有比较典型的关于数字的行业隐语，如把"一"叫"平头""二"叫"空工"等。拆字之法也并非只有一种拆法，如"一"既可以拆为"平头"，也可以拆为"丁不勾"。隐语的使用多属口传耳授，如"一"谐音为"忆多娇"；"二"叫"空工"或者"示不小"，取谐音称之为"耳边风"；"三"叫"横川"或"王不直"，取谐音为"散秋香"；"四"叫"侧目"或"罪不非"，取谐音为"思乡马"；"五"叫"缺丑"或"吾不口"，取谐音为"误佳期"；"六"叫"断大"或"交不父"，取谐音为"柳摇金"；"七"叫"皂底"或"皂不白"，取谐音为"砌花台"；"八"叫"分头"或"分不刀"，取谐音为"霸陵桥"；"九"叫"未丸"或"尴不首"，取谐音为"救情郎"；"十"叫"田心"或"针不金"，取谐音为"舍利子"。这种数字隐语的构造，主要是对汉字加以拆解，修辞学上称之为"拆字格"，多出于文人之手，一经使用就流传起来，民间许多隐语词汇多出于此。这类隐语，类似字谜，有时候也别有情趣。

这些行业用语是市井隐语，在特殊人群与行业中使用。与市语隐语类似的还有黑话，黑话种类比较丰富，从人体部位到社会行业，再到衣、食、住、行等层面，无所不包。不同的是黑话的保密性和局限性更强，是一种通过语言为讯号进行联系的特殊手段，几乎可以成为第二种专业语言系统。如衣着方面："衣"称为"长衫"，"帽"称为"功子"，"棉袍"叫"大蓬子"，"鞋"叫"铁头子"和"提壳"。饮食方面："饭"叫"为汉"，"煮饭"叫"为熏汉"，"吃"叫"为闵汉"。住宿方面："屋"叫"为窑子"，"住"叫"为杜"。出行方面："出门"叫"出客"，"走"叫"为攻"。人体器官的名称，如："头"叫"瓢把子"，"眼"叫"招子"或"湖"，"口"叫"海子""江子""樱桃子（女）"，"耳"叫"顺风子"，"肚"叫"南子"，"心"叫"蚕子""定盘子"，"手"叫"爪子"，"脚"叫"踢杞"，"腿"叫"金杆子"。这些行话黑话在明清时期也有体现，如：

（1）拽开大四平，踢起双飞脚。（《水浒传》第一百零四回）

（2）袭人笑道："太太就只给了这灰鼠的，还有一件银鼠的。说赶年下再给大毛的，还没有得呢。"（《红楼梦》第五十一回）

（3）但见黛玉身上穿着月白绣花小毛皮袄，加上银鼠坎肩……（《红楼梦》第八十九回）

（4）刘振白将剩的十四两银子，被原差要了二两，雇人叫招子找寻逃走的婆娘，又四散访缉那拐银的儿子。（《醒世姻缘传》第八十二回）

例（1）中的"四平"实为江湖行话，"大四平"就是大桌子，本句描写了江湖纷争打斗的场面，使用了黑话，体现出的是江湖气息。例（2）中的"大毛"和例（3）中的"小毛"分别是"狐皮"和"羊皮"，本是皮货行业的行话，进入了一般人的口语中，体现了当时行话向生活用语的扩张。例（4）中的"招子"是眼线，巡捕，体现了黑话的日常化。

此外还有宗教和帮会用语也是一种特殊的行业语。宗教语是宗教界使用的行业用语，其他人不用或者少用的特殊语，如佛教的"因果、修行、布施、精进、禅定、般若、开悟、随缘、逆境、涅槃、超度、菩提"

等，道教的"道场、施主、真人、羽化、道法自然"等，基督教的"上帝、耶稣、主、圣经"等，伊斯兰教的"古兰经、真主、清真寺、胡达"等。帮会语是帮会团体使用的行业用语，其他人不用或者很少用的特殊语，如丐帮、旧上海青洪帮等，词汇如"龙头老大、舵主、堂主"等。宗教和帮会用语与市井隐语有所不同，不具有保密性。

广义上来说，一般性的社会方言，因阶层、职业、宗教或文化的差异而形成，多可以看作是广义的行业用语，这些就是俗话所说的"五行八作，三教九流，各有殊语"。

二　明清社会与行业语言

（一）市民队伍的壮大对行业语言的推动

城市的发展与经济的繁荣，推动了一个庞大的市民阶层的产生，而庞大的市民阶层不可避免地产生各种文化娱乐活动，带来了说书、戏曲、讲唱艺术的发展。宋元时代，瓦肆勾栏里的艺人和路歧艺人（浪迹江湖的街头艺人）开始兴起，到明清时期说唱艺术、说书、戏曲进入全盛期。"标志着说唱艺术已经突破了宫廷艺术、宗教艺术、教坊艺术、文人艺术的阈限，成为广大人民群众、特别是中下层劳动喜闻乐见的一种艺术。"[1]

（二）行业分工与语言应用

最早的关于"市语"的书面记载是从唐宋开始的。古时的市相当于现在集市，"市"最早见于《周易》："日中为市，致天下之民，聚天下之货，交易而退……"市井即市集或街道，《诗经·东门之枌》序："男女弃其旧业，亟会于道路，歌舞于市井尔。""市语"则由"行市"而得名，最早见于唐代，唐元稹："亦解市头语，便无邻里情。"其中的"市头语"即"市语"。市语在唐代即已开始流行，但有关的记载不多，如唐崔令钦《教坊记》中记载的，称"天子"为"崖公"。唐李义山的《杂纂》："诸行市语会不得""经纪人市语难理会"。

宋元以后，有关于市语的记载渐渐增多，其构成范围也渐渐清晰起

来。宋代的王君玉和苏轼都曾续编过的李义山的《杂纂》，成为当时市井俗语的杂汇。宋元时的诸多行业，都已经有了行业词汇，如宋孟元老《东京梦华录》序中："八荒争凑，万国咸通。集四海之珍奇，皆归市易……"各色人等，会社林立。还有《水浒传》中浪子燕青："不则一身好花绣，那人更兼吹的，弹的，唱的，舞的，拆白道字，顶针续麻，无有不能，无有不会。亦是说的诸路乡谈，省的诸行百艺的市语，更且一身本事，无人比的。"不仅是对燕青的写照，也是对当时诸行百艺、市语复杂的反映。

明清时期是行业语的兴盛时期，这与当时的经济发展和行业分工有关。16 世纪至 17 世纪的明朝一度有着发达繁荣的商业经济，曾是世界上手工业与经济最繁荣的国家之一。神宗执政以后的一百多年时间里，商品经济的发展，工商业的繁荣，超过了以往的任何一个朝代。明穆宗隆庆元年废除海禁后，海外贸易重新活跃起来……在明朝，一些日常用品制作得相当奢华，不仅是质地，做工也颇为考究。[①] 手工业者可以自由操作，商业税金"三十取一"，这些举措为工商业的发展创造了良好的外部条件，各种以家庭作坊为主的手工业成为人们工商业活动的主要内容。

从语言应用来看，有关行业词汇如各种手工艺工匠，在明清各种小说中随处可见，仅仅匠人这一行业分类就多达十几种，"银匠、铜匠、铁匠、木匠、锯匠、石匠、砖匠、泥匠、绳匠、珠花匠、磨皮匠、解匠、裱褙匠"等，透过这些词汇，可以管窥到明清时期的社会面貌，可以管窥到当时行业的分工丰富。我们略举几例：

（1）以此凡大小事情，少他不得。当日贲四、来招督管各作匠人兴工。（《金瓶梅》第十六回）

（2）妇人道："我不好戴出来的。你替我拿到银匠家毁了，打一件金九凤垫根儿……"（《金瓶梅》第二十回）

（3）正说道，偏那些木匠已都知道，来了，跟到板店，一付八十两的，一付一百七十两的，一付三百两的。（《醒世姻缘传》第九回）

---

① 复旦大学编写组：《中国古代经济简史》，上海人民出版社 1982 年版，第 174 页。

（4）一日，场内晒了许多麦，倏然云雷大作起来，正值家中盖造，那些泥匠、木匠、砖匠、铜匠、锯匠、铁匠，都歇了本等的生活，拿了扫帚木掀来帮那些长工庄客救那晒的麦子。（《醒世姻缘传》第十六回）

（5）自此后，各行匠役齐集，金银铜锡以及土木砖瓦之物，搬运移送不歇。（《红楼梦》第十六回）

（6）因此，贾政命人各处选拔精工名匠，在大观园磨石镌字，贾珍率领蓉，萍等监工。（《红楼梦》第二十三回）

三　明清社会与天下百工

所谓三百六十行，行行出状元，其中一个意思说的就是行业分工问题。行业分工往往也会涉及语言的行业变异，总的来说是在通用语基础上的变异。变异的情况有很多种，有的是由于本社群工作或其他需要而创造新词，有的是在通用语基础上改变原意再赋予新意，有的则是借自其他行业的语言来满足本行业表达需要，还有人为地按照某种规则改变日常语言。

《金瓶梅》《醒世姻缘传》等小说作为描摹人世百态、深刻反映社会现实的代表作，其中的人物涉及三教九流、各行各业，既有达官贵人、府县衙役，也有平民百姓、商贩媒婆，还有杂役奴仆、戏子娼妓。他们或富贵或贫穷，或善良或阴险，或高尚或卑贱，涵盖了社会的行行业业，因此小说中的行业用语自然丰富异常。从社会语言学的视角来研究《醒世姻缘传》的行业用语，对人们了解当时社会有一定的帮助。我们看一些行业称谓的例子：

（1）即时送汉中王还官，一面令博士许慈、谏议郎孟光掌礼，筑坛于成都武担之南。（《三国演义》第八十回）

（2）那人入到茶房里面坐下。茶博士道："客官，要寻王教头，只问这位提辖，便都认得。"（《水浒传》第二回）

（3）只见道士转来，路上遇着一个染房中的博士，原认得的，那博士问道："师父，怎生得转来？"（《金瓶梅》第一回）

（4）吴氏再三拦阻，说道："你将三十年纪，名门大族之家，从新认一个'油博士'的老婆为母？"（《醒世姻缘传》第九十四回）

（5）正是：三杯竹叶穿心过，两朵桃花上脸来。道不得个"春为花博士，酒是色媒人"。（《警世通言》第八卷）

"博士"本是职官名称，起源于战国，秦、汉时设置该职位。因其掌通古今，以备谘诣，本是学术顾问的性质。《汉书·卷十·成帝纪》："古之立太学，将以传先王之业，流化于天下也。儒林之官，四海渊源，宜皆明于古今，温故知新，通达国体，故谓之博士。"唐有太学博士、算学博士等，皆教授官。宋代孟元老《东京梦华录·饮食果子》："凡店内卖下酒厨子，谓之茶饭量酒博士。"到了明清仍之，稍有不同，变成了对茶坊伙计、手工艺者的尊称，犹后世称为的"师傅"。博士在明清小说中比较常见，称呼各行各业手工艺者的有"茶博士""油博士""染博士"等。

随着"茶博士""油博士""染博士"等行业的手工艺从业者的消失，"博士"已经差不多固化为"木匠"的专称。直到今天，在湖北很多方言中，"木匠"仍然被称为"博士"，不过可以加上姓氏，如"张博士"等。需要说明的是，以官职相称各行业手艺人，既是一种尊称，又是一种从他称以及相沿习用，反映了一种官本位的社会心理。

再看一个以官职相称的词。

（6）智深走到铁匠铺门前看时，见三个人打铁。智深便问道："兀那待诏，有好钢铁么？"（《水浒传》第三回）

（7）行者道："也罢也罢，就念佛，省得我又教你。切记着这和尚是有鬼神辅佐！怎么道士入柜，就变做和尚？纵有待诏跟进去，也只剃得头便了，如何衣服也能趁体，口里又会念佛？国师啊！让他去罢！"（《西游记》第四十六回）

（8）白姑子道："是你家的大相公，还合一位朋友，到我庵中。我正叫了个待诏剃头，我流水叫徒弟看茶与他吃了。"（《醒世姻缘传》第六十四回）

（9）因蓄惓惓之思，不禁谆谆之问。始知上帝垂旌，花宫待诏。

生侪兰蕙，死辖芙蓉。（《红楼梦》第七十八回）

（10）这清一遂浼人说议亲事，将红莲女嫁与一个做扇子的刘待诏为妻，养了清一在家，过了下半世，不在话下。（《喻世明言》第三十回）

"待诏"本义为等待诏命，原也是官名，汉代征士未有正官者，均待诏公车，其特异者待诏金马门，备顾问，后遂以待诏为官名。唐代凡文词经学之士及医卜技术等专家，养于翰林院中，以待皇帝诏命应对。即使医卜技术之流，亦供直于内廷别院，以待诏命。故有"医待诏""画待诏"等名称。宋元时对有手艺的工匠尊称为待诏，宋元后可以指各种工匠，如"画待诏、医待诏、棋待诏"等。到明清时代，以明清小说中的职业来看，待诏所做的工作是"打铁、剃头、篦头、修脚，搂腰、收生、做扇子"等工作，职业的技术含量比"博士"要低。

再如医生，也叫"太医""郎中""医士"等，"太医"本是皇帝的医生，"郎中"也是官职名。在明清小说中以"太医"和"郎中"相称，自然也是当时社会官本位文化的反映，统计的结果表明，明代对医生的主要称谓为"太医"。

（11）及见柴进头破额裂，两腿皮肉打烂，眼目略开又闭，众人甚是凄惨，叫请医生调治。（《水浒传》第五十三回）

（12）一日，王庆到营西武功牌坊东侧首，一个修合丸散，卖饮片，兼内外科，撮熟药，又卖杖疮膏药的张医士里，买了几张膏药，贴疗杖疮。（《水浒传》第二回）

（13）张顺道："小人姓张；建康府太医是我兄弟，特来探望他。"（《水浒传》第六十四回）

（14）施恩便对武松道："兄长，这几位郎中是张都监相公处差来取你。他既着人牵马来，哥哥心下如何？"（《水浒传》第二十九回）

《水浒传》为明初作品，作品中对于医生的称呼，主要是医士，达到14 次，太医11 次，医生 1 次，大夫9 次，全为官职。郎中 1 次，也是官职。

（15）又问："这蒋太医，不是常来咱家看病的么？我见他且是谦恭，见了人把头只低着，可怜见儿的，你这等做作他！"（《金瓶梅》第十九回）

（16）一面怀中取出文契，递上去。夏提刑展开观看，写道："立借票人蒋文蕙，系本县医生，为因妻丧，无钱发送，凭保人张胜……"（《金瓶梅》第十九回）

《金瓶梅》约为隆庆至万历年间的作品，称"太医"57 次，"医生"1 次，为自称，医士 0 次。由作品可以看出，"太医"是尊称，"医生"是职业称谓。郎中 30 次，为官职，大夫 7 次，也全为官职。由于作品比较写实，当时民间对医生的称呼主要是"太医"，实则多是普通医生，说明民间对医生比较尊敬。

（17）凤姐道："替我回老爷，就说请大夫去了。一会儿开了方子，就过去回老爷。"（《红楼梦》第八十四回）

（18）宝钗道："这里走的几个太医虽都还好，只是你吃他们的药总不见效，不如再请一个高明的人来瞧一瞧，治好了岂不好？"（《红楼梦》第四十五回）

（19）王夫人出来交与周瑞家的拿去令小厮送与医生家去，又命将那几包不能辨得的药也带了去，命医生认了，各包记号了来。（《红楼梦》第七十七回）

（20）林之孝进来回道："今日巡抚吴大人来拜，奴才回了去了。再奴才还听见说，现今工部出了一个郎中缺，外头人和部里都吵嚷是老爷拟正呢。"（《红楼梦》第八十五回）

到了清代《红楼梦》时代，称医生为大夫的为 126 次，太医 48 次，医生 15 次，郎中 30 次，为官职称谓。《红楼梦》也是较为写实的，统计数据表明由明代到清代，民间对医生的称谓开始渐渐转变，没有明代的地位尊崇。

除这些词汇外，还有戏剧说唱、官职、科举等行业词汇也是随处可见。

（21）这两个……一个姓苏的，却是<u>胡旦</u>的外公；一个姓刘的，乃是<u>梁生</u>的娘舅。（《醒世姻缘传》第五回）

（22）那娘家没用，倒也含忍罢了；那些街坊不忿，报了<u>乡约</u>，布了<u>地方</u>，呈到<u>县里</u>。县官糊糊涂涂的……却被<u>巡道</u>私行访知了备细……把那淫妇打了<u>四十大鸳鸯板子</u>、<u>一夹棍</u>、<u>二百杠子</u>……（《醒世姻缘传》第十二回）

（23）宗昭原是寒素之家，<u>中了举</u>，百务齐作的时候，去了这四十两银，弄得手里擎襟露肘，没钱使，急得眼里插柴一般。到了十月，要收拾上京<u>会试</u>，百方措处，那里得有盘缠。喜得提学道开了一个<u>新恩</u>，说："这新中的<u>春元</u>都是他嫡亲的门人，许每人说一个寄学的<u>秀才</u>，约有一百二三十两之得，以为<u>会试</u>之资。"（《醒世姻缘传》第三十五回）

（24）有那做文章的，也并不晓得先与他讲讲这个题目，该<u>断做</u>，该<u>顺做</u>，该<u>先断后顺</u>，该<u>议论带叙事</u>，或<u>两截</u>，或<u>门扇</u>，怎样<u>起</u>，怎样<u>提</u>，大股怎的<u>立意</u>，后比怎样<u>照管</u>，后边怎样<u>收束</u>。（《醒世姻缘传》第二十六回）

（25）说话中间，毕进从学道门口来，说："咱县里通还没<u>投文</u>，一象还早哩。"连春元叫人送了吃用之物……又拟了六个<u>经题</u>，六个<u>《四书》</u>题，来叫学生打点。（《醒世姻缘传》第三十八回）

例（21）"胡旦"和"梁生"中的"旦"和"生"是戏曲行业词汇，指戏剧演员，也可以指从事这一行当的人。指称人物时，常常在前面加上姓氏，如"胡旦""梁生"。例（22）中出现了一些政府行政官员职称的词汇，如"乡约""地方""县官""巡道"等，还有一些司法刑名的词语，如"鸳鸯板子""一夹棍""二百杠子"等，这有助于我们了解明朝的司法。例（23）中出现了许多科举考试领域的词语，如"中举""会试""新恩""春元""秀才"，可以帮助我们了解当时科举层级考试体系以及对应的功名体系。例（24）和例（25）中叙述的是如何做"八股文"。要做好文章，不仅要有立意，还要熟悉"起、承、转、合"之间的规律，文中所提及的"经题""四书题"等都是科举考试的范围。

第二节　明清社会行业词汇

明清小说中的职业身份涉及各个社会阶层和众多行业，通过细致、有时甚至是啰唆的描写，对许多行业有较充分的展现。这些不同的行业词汇，不仅是我们了解当时社会的重要窗口，也是我们研究文艺学、民俗学、社会学、历史学等方面的窗口。下面我们从行政司法、工商行业、宗教信仰、戏曲行业和科举教育这五个方面加以说明。

一　行政司法词汇

以《醒世姻缘传》为例，我们对《醒世姻缘传》中涉及的行政管理机构出现频率进行了统计，主要有：吏部（28 次）、锦衣卫（24 次）、兵部（21 次）、布政司（13 次）、工部（13 次）、礼部（11 次）、户部（10 次）、翰林院（9 次）、司礼监（9 次）、刑部（7 次）、按察司（6 次）、顺天府（4 次）、松江府（2 次）、都督府（2 次）、大理寺（1 次）、有司衙门（1 次）、巡抚衙门（1 次）等。

与官职有关的有：主事（132 次）、尚书（68 次）、知县（67 次）、侍郎（43 次）、知州（34 次）、御史（14 次）、主簿（14 次）、巡抚（12 次）、司官（10 次）、知府（8 次）、同知（7 次）、布政使（3 次）、提督（2 次）、令尹（1 次）等。武官、兵马等有关词汇：总兵（122 次）、典史（89 次）、禁子（50 次）、将军（48 次）、官兵（23 次）、库吏（16 次）、提牢（8 次）、牢头（6 次）、兵备（4 次）、兵快（2 次）、巡役（2 次）、巡兵（2 次）、巡拦（2 次）、禁兵（1 次）、大元帅（1 次）、胥吏（1 次）、头役（1 次）、精兵（1 次）、吏差（1 次）等，这些词汇涉及了行政与司法的各层面。这些词汇在构造方式也有一些特点，如"部""府""衙""寺""兵"等常会成为词根，作为基本词汇来说，这些词汇95%以上都已随着时代淡出，我们看一下《醒世姻缘传》中的例子：

（1）就是钱吏部、孙都堂、李侍郎合科里张念东、翰林祁大复

都合晚生似家人父子一般。（《醒世姻缘传》第四回）

（2）只见门上人海人山的拥挤不透，都是<u>三阁</u>、<u>六部</u>、<u>五府</u>、<u>大小九卿</u>、<u>内府二十四监</u>官员，伺候拜寿。（《醒世姻缘传》第五回）

（3）他那门下的<u>长随</u>闻知<u>差人</u>诈到五百两，还要凌辱，金公叫人分付："<u>晁知州</u>虽然被论，不曾奉旨革职，又非<u>厂卫</u>拿人……"（《醒世姻缘传》第十七回）

（4）二十五日，<u>典史</u>柏之图备了一副三牲祭品，自来吊孝；又拨了四个<u>巡役</u>，扛了四面长柄巡视牌，每日在门看守。（《醒世姻缘传》第十八回）

（5）然后本府首领<u>经历</u>、<u>知事</u>、<u>照磨</u>、<u>简较</u>、<u>县丞</u>、<u>主簿</u>、<u>典史</u>、<u>驿丞</u>、<u>仓官</u>、<u>巡简</u>，成都卫千百户<u>镇抚</u>、<u>僧纲</u>、<u>道纪</u>、<u>医学</u>、<u>阴阳</u>，也集了四五十员文武官员，都来参见。（《醒世姻缘传》第九十一回）

例（1）涉及了官职称谓，一般可以官位相称，并加姓氏。如"钱吏部""孙都堂""李侍郎"，也可以使用官职加姓名复指，如"翰林祁大复"。例（2）讲到各级官员拜寿的情形，"三阁、六部、五府、九卿、内府二十四监"等词涉及了中央机构的名称。例（3）和例（4）中的"长随、差人、知州、厂卫、典史、巡役"，以及例（5）列举的"经历、知事、照磨、简较、县丞、主簿、典史、驿丞、仓官、巡简、镇抚、僧纲、道纪、医学、阴阳"都属于当时文武官员的称谓。上述例子中的这些词汇直接列举了各级各类政府机构，上至中央管理系统，下至地方官府小吏。

此外，《醒世姻缘传》中还存在一些地方组织，主要负责维护地方安全及处理地方事务，体现了当时官职制度的特点。例如"乡约、里书、里约、里长、保甲、保正、保长、约正、约保、牌甲、小甲"等。我们看一下《醒世姻缘传》中的例子：

（6）那娘家没用，倒也含忍罢了。那些<u>街坊</u>不忿，报了<u>乡约</u>，布了地方，呈到<u>县里</u>。（《醒世姻缘传》第十二回）

（7）季春江慌忙的去叫了<u>乡约保正</u>、<u>地方总甲</u>，一齐来到，看

得晁源与小鸦儿的媳妇尸首光光的死在一处，这是为奸情，不必疑了。(《醒世姻缘传》第二十回)

(8) <u>准状</u>拘审，分付该房，出了<u>信票</u>，差了快手，拘那狄希陈的左右两邻，乡约地保，赴县察究。<u>差人持票下乡</u>，左邻陈实，右邻石巨，乡约杜其思，保长官直，一干人都已叫齐，差人<u>缴票回话</u>。(《醒世姻缘传》第八十九回)

地方组织人员是行政系统的重要环节，既上传下达官府的各项政令，又与广大百姓关系密切，在处理地方事务上有着不可替代的作用。例(6) 我们可以看到从最底层的"街坊"到"乡约""地方"再到"县里"这样的告状路径。例 (7) 我们可以看到处理地方治安事件的人员有"乡约保正"和"地方总甲"，明代的"乡约"和"保甲"分工有所侧重，也是比较明确的。一般说来，"乡约"主要是负责教化，调解民间纠纷，没有公务，而"保甲"负责稽查，有公务。如吕坤《实政录·民务》："约主劝善，以化导为先。保主惩恶，以究诘为重。"① 例 (8) 类似于今天的法院传票，程序为"准状""分付信票""差快手""持票下乡""叫齐"，最后是"缴票回话"。类似"乡约、保甲、约保"等行政司法的词汇，如今基本不再使用。

《醒世姻缘传》中还有一些表示司法刑名的词汇，如"发配、充军、腰斩、凌迟、斩罪、廷杖、杖罪、棒杖、枷号、杀威棒、夹棍、打板子、绞罪、绞刑"等，由于现在已经不再使用这些刑罚，这些与现代文明相悖的词汇也已经退出历史。

告示公文方面，《醒世姻缘传》也有不少公文词汇，如"甘结、照提、告示、保状、状子、弹章、遵依、呈、申、奏、咨、出首"等。下面将结合一些例子说明：

(9) 从人寻了地方保甲来到，验看了明白，取了不扶<u>甘结</u>，寻了一领破席将尸斜角裹了……(《醒世姻缘传》第十三回)

(10) 那住持……看了梁生胡旦道："……将捉捕你两个的批文

① (明) 吕坤撰，王国轩、王秀梅整理：《吕坤全集》，中华书局 2008 年版，第 1062 页。

都掣回去，<u>免照提</u>了。"（《醒世姻缘传》第十三回）

（11）童奶奶道："小的的意思：这们忘恩负义的人，……望老公掣他回来，叫他讨个保，叫他变了产赔老公的，免发理刑<u>追比</u>。"（《醒世姻缘传》第七十回）

（12）县官惟怕府道呈报上去，两院据实代题，钱粮停了征，米麦改了折，县官便没得伍弄，捺住了<u>呈子</u>，只是不与<u>申报</u>。（《醒世姻缘传》第八十九回）

（13）晁夫人都款待打发去了。不多几日，果然吏部<u>咨</u>行抚院，着起送晁梁赴京授官，兼领晁夫人的诰命。（《醒世姻缘传》第九十回）

（14）上司厌恶这等薄恶的风俗，一闻有这样一个积德累仁的女范文正公……撺掇两院会稿具题，把晁夫人母子历年的救荒善事，<u>奏上一本</u>。成化爷批了温旨下部议覆。（《醒世姻缘传》第九十回）

（15）陈实头一个开口裏道："昨日老爷差人下乡拘唤小的们，见票上的朱语，是<u>出首</u>免罪事，打听差人说是薛氏出首他丈夫谋反。"（《醒世姻缘传》第八十九回）

例（9）中的"不扶甘结"为明清习见的公文用语。其本意为已死的犯人因无法扶理，由在场之人共同证明，立字为证，也叫甘结，后可表示由官府出具的字据，内容大抵表示如有虚假，甘受处分之意。例（10）中"照提"亦为明清出现的公文用语，大致相当于现在的拘捕令。从例句推断，梁生、胡旦被"免照提"，是因为"捉捕的批文都掣回去"，故"照提"当释为"拘捕令"。明吕坤《呻吟语摘》卷下："滥准、株连、差拘、监禁、保甲、淹久、解审、照提，此八者狱情之大忌也。"也是其例。例（11）中"追比"指的是官府限令吏役办事，如果无法按期完成，就打板子以示警惩，叫做追比。扩展到老百姓无法交税、交差，逾期受杖责，叫"追比"。例（12）到例（13）中的"呈子""申""咨""奏"等都是当时公文的不同形式，可用作名词，也可用作动词。"呈"和"申"是在下对上时使用，是下级向上级陈述情况、请示意见的用语。近代汉语中还有以此为词根的词汇，如"呈报、申报、申告"等。"咨"的使用情况有所不同，主要用于同级机关之间相互询问情况。例（14）中的"奏"作为旧时的一种公文用语,特指朝臣向君王上书进言、谏言献策,近代汉语中以"奏"为词根的双音节词有"奏章、奏折、奏议"等,君王对下就是"批",相关部门再进行"议覆"。例(15)中的"出首"是动词,指检举、告发某人的罪行。材料中薛氏向县官告发丈夫谋反,以此免除罪责,现代汉语中已经用"检举""揭发"来替代,也可用作"自首",如元杨显之《酷寒亭·第四折》:"我踏门进去,奸夫走脱,小人将妻子杀了,今来出首。"

二 工商行业词汇

明代商品经济比任何前朝都更加发达,自然各阶层都有人被卷入这股商业潮流之中。处于社会底层的各行各业工匠技人虽地位卑微,却是社会生产力发展的主要动力。明清小说中描写了众多行业,透过这些丰富的行业词汇,可以窥见当时人的生存状况和社会面貌。

以《金瓶梅》为例,明代商业化和城市化的发展,导致社会分工越来越细,《金瓶梅》写出了上百种职业:餐饮类的,有卖炊饼(27次)、卖蒸饼(5次)、卖枣糕(1次),酒店(31次)、面店(1次)、喝茶(803次);贩夫走卒类,有贩布(4次)、贩绸(2次)、贩盐(1次)、卖翠花(首饰)(2次)、厨役(25次)、人役(7次)、官役(3次)、抬轿(11次)、酒保(11次)、书童(199次)、琴童(221次)、画童(105次);商业类的,有缎子铺(5次)、生药铺(20次)、绸绢铺(2次)、绒线铺(5次)、纸铺(1次)、银铺(4次)、旅店(1次)、当铺(7次)、棺材(42次)、磨坊(1次);手工业类的,印佛经(3次)、磨镜(12次)、银匠(14次)、剃头(7次)、画像(1次);三教九流类的,如先生(238次)、状师(1次)、太医(57次)、说媒(11次)、裁缝(12次)、种田(1次)、猎户(5次)、撑船(3次)、算命(7次)、看风水(2次)、跳大神(2次)、唱戏(5次)、杂耍(15次)、踢球(2次)、奶妈(1次)、妓女(30次)、娼妓(3次)、歌妓(2次)、乞丐(1次)、强盗(19次)等。

(1)武大自从搬到县西街上来,照旧卖炊饼过活,不想这日撞见自己嫡亲兄弟。(《金瓶梅》第一回)

（2）那小厮生得乖觉，自来只靠县前这许多酒店里卖些时新果品，时常得西门庆赏发他些盘缠。（《金瓶梅》第四回）

（3）这文嫂方说道："县门前西门大老爹，如今见在提刑院做掌刑千户，家中放官吏债，开四五处铺面：缎子铺、生药铺、绸绢铺、绒线铺，外边江湖又走标船，扬州兴贩盐引……"（《金瓶梅》第六十九回）

（4）潘金莲便道："磨镜子的过来了。"教平安儿："你叫住他，与俺每磨磨镜子。我的镜子这两日都使的昏了……"（《金瓶梅》第五十八回）

（5）这王老连忙叫了裁缝来，就替敬济做了两件道袍，一顶道髻，鞋袜俱全。（《金瓶梅》第九十三回）

（6）这里薛嫂通了信来，葛员外家知是守备府里，情愿做亲，又使一个张媒人说媒。（《金瓶梅》第九十七回）

（7）一日，八月初旬，与夏提刑做生日，在新买庄上摆酒。叫了四个唱的、一起乐工、杂耍步戏。（《金瓶梅》第十九回）

（8）董娇儿道："小的无名娼妓，那讨号来？"（《金瓶梅》第四十九回）

统计数据可以看出，整个社会的工商业情况，有餐饮业，贩夫走卒和商人的商业活动，手工行业较多，三教九流的人物全部参与到了社会经济活动当中。值得一提的是，以"茶"为关键词，就出现了800多次，如此的高频词，表明了明代社会饮茶文化流行，是一种社会生活的习俗。

再看明清之交的《醒世姻缘传》，书中行业用语也比较多，如仅仅以"匠"为词根的，分类就多达十几种："匠人、石匠、绳匠、银匠、香匠、铜匠、珠花匠、磨皮匠、木匠、铁匠、解匠、锯匠、铜匠、砖匠、泥匠、裱褙匠、泥水匠"等，我们也略举几例：

（9）他的父亲也曾请了一个秀才教他儿子读书……同了别的匠人叫做"学匠"。一日，场内晒了许多麦，倏然云雷大作起来，正值家中盖造，那些泥匠、木匠、砖匠、铜匠、锯匠、铁匠，都歇了本等的生活，拿了扫帚木掀来帮那些长工庄客救那晒的麦子。（《醒世

姻缘传》第十六回）

　　（10）（晁老）又说："快叫人收拾东书房。"连夜传<u>裱褙匠糊仰尘</u>、<u>糊窗户</u>，传<u>泥水匠收拾火炕</u>，足足乱哄到次日日西。（《醒世姻缘传》第七回）

　　（11）又发帖差人各处道丧；又遍请亲朋出丧坟上助事；叫了<u>石匠</u>，磨碣志石；又差人往临清买干菜……之类；又叫<u>匠人刻印志铭抄本</u>；又叫<u>匠人扎彩冥器</u>，灵前坟上，各处搭棚；又在临清定了<u>两班女戏</u>，请了<u>十二位礼生</u>。（《醒世姻缘传》第十八回）

　　例（9）的"学匠"是一个仿拟词，反映的是当时有些教书人的地位不高、受不到尊重的社会现象。而正值家中盖造，直接记录了盖房建筑业的从业者涵盖了"泥匠、木匠、砖匠、铜匠、锯匠、铁匠"等。例（10）的"裱背"，亦作"裱褙"，指用纸、布或丝织品为衬底，将字画、册页和书籍等装潢起来，使其精美牢固，以便于收藏或展示。如元陶宗仪《南村辍耕录·卷二十七·裱背十三科》："世人但知医有十三科，画有十三科，殊不知裱背亦有十三科。""裱背亦有十三科"反映的是当时手工业行业的分工细致程度。例（11）记述了丧事所用到的行业从业者，有"石匠、印刷匠、纸匠以及唱戏的人"。

　　除了上述的各种匠人以外，书中还有许多与衣食住行有关的词汇，例如做衣服的有"裁缝、绣女"；做饭的有"庖厨、厨子、做饭的、伙夫"等；杀猪的词汇有"屠户、宰猪的、屠子、屠人"等；与居家有关的医生词汇"郎中、医人、庸医、明医、良医、医家、医生"等；与出行有关的如"马夫、轿夫、脚夫"等，可以说是三百六十行，无所不有，很容易看出当时社会工商业的发达。总的说来，像厨师、屠夫之类的属于没有过多技术含量的，因其地位不高，在称谓上也没有什么雅称。而医生类的则有较高技术含量，能受到人们尊重，对于好的医生有"郎中""太医"等官职称谓；对于不好的，则有"庸医"之称，说明了当时社会的世俗性。

　　《醒世姻缘传》中还有许多与商业行为有关的词汇，统计数据有：借（151）、本钱（57）、枭（55）、当铺（43）、籴（34）、利钱（33）、赊（29）、店家（20）、掌柜的（20）、东家（9）、租（9）、沽（9）、利市

（8）、贩（8）、店主（7）、卖酒的（7）、商人（7）、财主（6）、卖面的（3）、牙行（2）、开钱桌的（2）、贷（2）、富商（1）、贾胡（1）、药铺（1）、酒馆（1）、店婆（1）、店家婆（1）、卖葛布的（2）、卖水果的（1）、卖大米水饭的（1）、卖猫的（1）、卖老鼠药的（1）、卖鹦哥的（1）、挑葱卖菜的（1）、放钱债的（1）、货郎（1）等。这些词汇从侧面反映了明清时期商品经济的繁荣，如：

（12）那城中开钱桌的，放钱债的，备了大礼，上门馈送。（《醒世姻缘传》第一回）

（13）那旱石桥下，倒是个闹热所在，卖水果的，卖大米水饭的，一行两行的挑过。（《醒世姻缘传》第十五回）

（14）那卖纸马的只顾挑钱……他流水给了那卖纸马的好钱，滴溜着纸马往这里飞跑。（《醒世姻缘传》第四十一回）

（15）屠户穿了衣裳，开出门来，他已跑得老远，赶他不上，罢了。（《醒世姻缘传》第三十五回）

（16）金亮公……雇了几个土工，把那震烂的尸首收拾在那材里，看了他钉括灰布停当，做了顶三幅布的孝帐挂的材头。（《醒世姻缘传》第四十一回）

（17）晁梁愈病愈极，愈极愈病。请了两个太医调理，不过是庸医而已，那里会治得好人？（《醒世姻缘传》第九十回）

《醒世姻缘传》并不是经济著作，作为文学作品，它在反映人物职业身份的时候，常会用到谐音的手法，有时相当于语言游戏，对人物职业起暗示的作用。在《醒世姻缘传》之前的文学作品中已经出现过，如《金瓶梅》中的人物管世宽（管事宽）、郝贤（好闲）、吴典恩（无点恩）等，这些是通过谐音暗示人物的性格特点。在《醒世姻缘传》中不仅有暗示性格特点的，还有暗示行业身份的，如：

（18）一面叫人往县门前请了写状的宋钦吾来到，与他说了缘故……（《醒世姻缘传》第九回）

（19）有一个程乐宇，名字叫是程英才，是个增广生员，原在水

寨唐家教了二年学，……狄员外与薛教授商议要请他教书。（《醒世姻缘传》第三十三回）

（20）再说厨子尤聪履历：这尤聪原是盐院承差尤一聘的个小厮，从小使大，与他娶了媳妇。（《醒世姻缘传》第五十四回）

（21）狄希陈见薛如卞两个回去，只提自己进去，寻见了邓蒲风，让坐了吃茶。邓蒲风请问八字，狄希陈说："是壬申正月二十日亥时生，男命。"（《醒世姻缘传》第六十一回）

（22）这侯张两个道婆伙内，有一个程氏，原是卖棺材程思仁的女儿，叫是程大姐。（《醒世姻缘传》第七十二回）

（23）狄希陈下了定礼，叫银匠薛和同打造首饰，叫裁缝刘一福裁制衣裳，叫珠花匠邸焕穿珠结翠花……（《醒世姻缘传》第七十六回）

例（18）中替人写状子的"宋钦吾"谐音"讼请吾"，暗示他从事的打官司的行业，是靠写状纸养家糊口，相当于今天的律师。例（19）中的"程英才"谐音"成英才"，暗示其职业为教师，在私塾里教授知识，培养国家需要的英才。例（20）中的"尤聪"谐音"油葱"，暗示"尤聪"的职业是厨子，需要和油盐酱醋、葱蒜米面打交道。例（21）中的"邓蒲风"谐音"邓捕风"，暗示他虽是个算命先生，但其实捕风捉影、装神弄鬼、故弄玄虚，打着为人消灾解难的幌子诓骗他人财物。例（22）中"程思仁"谐音"盛死人"，暗示其职业是卖棺材的。例（23）中提到的银匠叫薛和同，暗寓银匠经常在银器中掺铜；裁缝叫刘一福，暗寓刘裁缝暗中留人家做衣服送过来的布，偷偷截留布料；珠花匠邸焕，寓邸花匠常鱼目混珠，悄悄换掉好的珠花。

三　宗教信仰词汇

自汉武帝征服西域以后，佛教开始传入中国，并以"天堂"和"地狱"之说，为苦难的民众找到一条走向幸福与永生的"极乐世界"的道路，很快为民众所接受。又因统治阶级的利用与推广，更使之成为人们日常生活中的谈资。这些宗教用语自然而然地输入到汉语中来。谈到宗教词汇，则不可避免地要谈及《西游记》。即使如《西游记》这样的神魔小说，也是用的当时的白话和共同语写成，并使用了不少方言和熟语，使得它十分接近当时的口语，因此也能体现明代的真实语言面貌。它和《金瓶梅》《醒世姻缘传》等小说都是研究明代白话的代表性语料，不过此处我们只着眼其中的宗教类词汇。

《西游记》构建了一个佛教、道教、神仙鬼怪的神奇瑰丽的幻想世界，主要描写了唐僧师徒四人，去往西天取经，经历了九九八十一难，终于到达西天极乐世界，在如来佛祖处取得真经，并修成正果的故事。《西游记》是作者对流传故事进行了艺术加工而成，曲折地反映了当时社会的人情世俗，深刻地描绘了明代百姓的社会生活状况。我们看其中宗教类词汇的具体使用情况。

佛教、道教神仙类词汇：如来佛祖、菩提祖师、元始天尊、天尊、玉皇大帝、大天尊、王母娘娘、观音菩萨、菩萨、东来佛祖、太上老君、太白金星、太乙救苦天尊、上清灵宝天尊、太清道德天尊、南极寿星、北方真武、荡魔天尊、镇元大仙、真武大帝、赤脚大仙、天蓬元帅、托塔天王、星君、卯日星官、五气真君、五斗星君、五方揭谛、三官四圣、九曜真君、二郎真君、四海龙王、四大天干、五方五老、五方将、十二元辰、二十八宿、普天星相、河汉群神、摩昂太子、哪吒三太子、天兵天将、龙王、山神、土地、尊者、罗汉、天王、天师、真君、三清、四御、五老、六司、七元、八极、九曜、十都、千真万圣、阎王、大仙、仙女、嫦娥、仙童、金刚、比丘、雷公、电母、天兵、天将、功曹、道人、天王、元虚等。

（1）事在紧急，因此，<u>玉帝</u>特请如来救驾。如来闻说，即对<u>众菩萨</u>道："汝等在此稳坐法庭，休得乱了禅位，待我炼魔救驾去来。"（《西游记》第七回）

（2）那<u>老君</u>收了金钢琢，请<u>玉帝</u>同<u>观音、王母、众仙</u>等，俱回灵霄殿。这下面<u>四大天王</u>与<u>李天王</u>诸神，俱收兵拔寨，近前向<u>小圣</u>贺喜，道："此<u>小圣</u>之功也！"（《西游记》第六回）

（3）<u>玉帝</u>传旨，即着<u>云部众神</u>，分头请<u>三清、四御、五老、六司、七元、八极、九曜、十都、千真万圣</u>，来此赴会，同谢佛恩。又命<u>四大天师、九天仙女</u>……（《西游记》第七回）

（4）如来见他走时，即令大众下手，早有四菩萨、八金刚、五百阿罗、三千揭谛、比丘僧、比丘尼、优婆塞、优婆夷、观音、木叉，一齐围绕。（《西游记》第七回）

（5）行者道："你是四海龙王，主司雨泽，不来问你，却去问谁？"龙王道："我虽司雨，不敢擅专，须得玉帝旨意……还要三官举笔，太乙移文，会令了雷公、电母，风伯、云童，俗语云，龙无云而不行哩。"（《西游记》第四十一回）

（6）不一时，那玉清元始天尊、上清灵宝天尊、太清道德天尊、五气真君、五斗星君、三官四圣、九曜真君、左辅、右弼、天王、哪吒、元虚一应灵通，对对旌旗，双双幡盖，都摔着明珠异宝，寿果奇花，向佛前拜献曰……（《西游记》第七回）

妖魔鬼怪类词汇：魔王、魔头、牛魔王、妖魔、妖精、妖王、小妖、虎豹妖魔、白骨精、老虎精、豹子精、野牛精、犀牛精、玉兔精、水蛇精、熊黑精、蜘蛛精、多目怪、蜈蚣精、蝎子精、河龟精、老鼠精、狐狸精、金鱼精、鲇鱼怪、黑鱼精、虎力大仙、鹿力大仙、羊力大仙、圣婴大王、怪兽、黄风怪、妖禽、妖怪、黄眉怪、青牛怪、精细鬼、伶俐虫、虾兵蟹将、怪物、青毛狮怪、鹿怪、青狮、白象、九头虫、红鳞大蟒、牛头鬼怪、金毛犼，六耳猕猴等。

（7）土地说："大力王即牛魔王也。"行者道："这山本是牛魔王放的火，假名火焰山？"（《西游记》第六十回）

（8）土地叩头道："那妖精到此，住不上十年。小神自三年前检点之后，方见他的本相，乃是七个蜘蛛精。他吐那些丝绳，乃是蛛丝。"（《西游记》第六回）

（9）他叫做奔波儿灞，我叫做灞波儿奔。他是鲇鱼怪，我是黑鱼精。因我万圣老龙生了一个女儿，就唤做万圣公主。（《西游记》第六十二回）

（10）老魔道："差那个去？"二魔道："不差这样废物去！"将精细鬼、伶俐虫一声喝起。（《西游记》第三十四回）

（11）此猴若立一处，能知千里外之事，凡人说话，亦能知之，

故此善聆音，能察理，知前后，万物皆明。与真悟空同象同音者，六耳猕猴也。"（《西游记》第七回）

与寺庙、宗教有关的词汇：西天、灵山、莲台、浮屠、庙宇、宝塔、寺院、山门、沙门、禅寺、禅堂、禅门、院主、坐禅、长老、法师、方丈、和尚、高僧、头陀、伽蓝、袈裟、锡杖、佛衣、斋戒、钵盂、地狱、阴司、夜叉、饿鬼、佛果、香火、因果、善果、正果、因缘、功德、解脱、境界、神通、舍利、魔障、施主、灌顶等。

（12）你今须是收留悟空，一路上魔障未消，须得他保护你，才得到灵山，见佛取经，再休嗔怪。（《西游记》第五十八回）

（13）慌得那长老与八戒沙僧一步一拜，拜上灵台之间，行者公然不拜。又闻得莲台座上厉声高叫道："那孙悟空，见如来怎么不拜？"（《西游记》第六十五回）

（14）行者笑道："既有这些因果，老孙也不敢抗违。但只是你收了玉兔儿，恐那国王不信……"（《西游记》第九十五回）

（15）出得松林，忽抬头，见那壁厢金光闪烁，彩气腾腾，仔细看处，原来是一座宝塔，金顶放光。（《西游记》第二十八回）

（16）那沙僧一闻孙悟空的三个字，好便似醍醐灌顶，甘露滋心，一面天生喜，满腔都是春……（《西游记》第三十一回）

与神话和民间传说有关的词汇：天宫、地府、洞天、福地、法宝、紫金红葫芦、玉净瓶、幌金绳、芭蕉扇、金刚琢、后天袋子、阴阳二气瓶、紫金铃、龙肝凤髓、玉液琼浆、金丹、蟠桃、人参果、内丹舍利、九转大还丹、辟谷、筋斗云、火眼金睛、紧箍咒、法力、金箍棒、本相、金光、霞光、瑞气、阴风、火焰山等。

（17）大开玉京金阙、太玄宝宫、洞阳玉馆，请如来高坐七宝灵台。调设各班座位，安排龙肝凤髓，玉液蟠桃。（《西游记》第七回）

（18）行者喜道："好去处啊！想老孙出世，天赐与水帘洞，这里也是个洞天福地！"（《西游记》第八十二回）

（19）太宗遂与<u>崔判官</u>并二童子举步前进。忽见一座城，城门上挂着一面大牌，上写着"<u>幽冥地府鬼门关</u>"七个大金字。（《西游记》第十回）

（20）好和尚！真个是西方<u>爱圣临凡</u>，真元不昧。师父命我们接待唐僧，将<u>人参果</u>与他吃，以表故旧之情（《西游记》第二十四回）

（21）却从口中吐出一件宝贝，有鸡子大小，是一颗<u>舍利子玲珑内丹</u>。（《西游记》第七回）

宗教思想的影响无处不在，这一点在各个小说中都有体现。我们再看《醒世姻缘传》中的情况，《醒世姻缘传》的框架套用了一个两世姻缘的神鬼框架，因此涉及了特别多的佛教信仰、道教信仰、神仙鬼怪、占卜风水等内容。

（22）"你婆婆曾在通州<u>香岩寺</u>里念了一千卷《<u>救苦观音经</u>》，虽然举意是为你合那狐仙念的……若或是《<u>金刚经</u>》，或是《<u>莲花经</u>》，再得二千五百卷；连你应分的这五百卷《<u>观音经</u>》，通共三千卷；<u>念完了，你便好托生</u>。"说完，……到黎明起来，拣了六月十三日央<u>真空寺智虚长老</u>拣选二十四众有德行的<u>真僧</u>，建三昼夜<u>道场</u>，不用<u>别样经</u>，止诵《<u>金刚法华经</u>》二千卷。（《醒世姻缘传》第三十回）

这段话中提及了多部经书，《救苦观音经》《金刚经》《莲花经》《金刚法华经》等，以此来怀念亲人，诵经念佛来超度亡灵，体现了古人对宗教的信仰，对神佛的敬畏。从语言应用的角度来看，《醒世姻缘传》中运用了大量的宗教信仰领域的词语，如"佛、塔、和尚、菩萨、罗汉、阎罗、道姑、道婆、僧人、主持、方丈、老尼、小尼、化斋、打坐"等。在《醒世姻缘传》中是随处可见，有些词汇进入了全民语言。我们以小说中的"寺庙、宗祠以及庵观"类词汇为例，来研究一下这类词的应用情况。

第一，寺类名称：香岩寺、弥陀寺、大理寺、真空寺、北京隆福寺、虎丘寺、白塔寺、千佛寺、永智寺、太仆寺、西山碧云寺、韦公寺、南寺、北寺、皇姑寺、鸿胪寺、兴善寺、隆恩寺等。

第二，庙类名称：娘娘庙、真武庙、岳庙、城隍庙、文庙、关帝庙、家庙、山东登莱两府海神庙、龙王庙、张仙庙、土地庙、关圣庙、黑虎庙、北极庙、石坞奶奶庙、关帝君庙、关庙、三官庙、东关春牛庙、天齐庙、红庙、玉皇庙、河神庙、金龙大王庙、孔庙等。

第三，宗祠类名称：表忠祠、文昌祠、漂母祠、晁淑人祠、祖先祠、生祠等。

第四，庵观类名称：尼姑庵、南无庵、信女庵、弥陀庵、尼庵、姑子庵、莲华庵、地藏庵、水月庵、紫阳庵、白衣庵、佛阁、吕祖阁、吕仙阁、龙图阁、长春观、扬州琼花观、白鹤观、观音堂等。

70 余处的各种名称的寺庙、宗祠及庵观，足以让人们体会到当时的社会文化与宗教信仰的繁荣。需要说明的是，信仰虽然与宗教有联系，但并非所有的信仰都是宗教信仰。我国的民间信仰并非只有宗教，信仰对象不仅可以是超自然的神，也可以是自然物和自然力。此外，中国的宗教信仰也深受传统文化和儒家思想的影响，较多地关注现实生活，因此带有十分浓厚的功利色彩。而且，民间信仰具有娱乐性，如在各种庙会中纪念某位神灵的诞辰日、成道日或者祭日举行的，各种宗教仪式外和许多文娱活动及商品买卖活动。我们略举几例：

（23）那伍子胥不是使牛皮裹了撩在江里死的？屈原也是自己赴江淹死，一个做了江神，一个做了河伯。那忠肃合岳鹏举都不是被人砍了头的？一个做了都城隍，一个做了伽蓝菩萨。（《醒世姻缘传》第三十回）

（24）（晁）说道："一个算命的星士前来投我，见在对门禹明吾家住下了，我还没得与他相会。"（《醒世姻缘传》第三回）

（25）两个道婆说："你要去，我好添你这一分的行装合头口，十三日同往娘娘庙烧香演社，你可别要误了。银子也就叫人送了去，好添备着做甚么。"（《醒世姻缘传》第六十八回）

（26）杀人不迷眼的男子，结了社，攒了银钱，要朝普陀，上武当，登峨嵋，游遍天下。（《醒世姻缘传》第九十四回）

例（23）中"伍子胥"是民间信仰的潮神，"屈原"是民间信仰的江神。明冯应京《月令广义·岁令一》称："潮神即伍子胥。"又称："江神即楚大夫屈原。"岳飞乃精忠报国之士，却被奸人迫害致死，因此人们为了纪念他，奉其为土地神。"伽蓝"是从梵语中音译过来的，其原意是指"僧院"或"众园"，后来意义逐渐泛化，指佛教的庙宇寺院或守护神。为保护神之义的"伽蓝"一词，最初是指佛寺以叹妙、叹美等十八守护神，后来人们把关羽也列为守护神之一。例（24）中的"星士"，即"观星卜卦之士"，古人遇事喜欢占卜一番，以达到祈福避凶。例（25）中的"娘娘庙"指的是"王母娘娘"，全国各地有不少"娘娘庙"以及与其相关的各种传说，这里指的当是位于山东临沂城西北兰山街道庙上村的庙。烧香演社体现了民间信仰的功利性和娱乐性，道婆借庙会敛财，民众借庙会表达信仰与祈求，生意人趁机进行商品买卖活动。例（26）中的"普陀""武当""峨嵋"是人们求仙论道的圣地，同时也是道婆们上山朝拜的目的地，但从上山朝拜者可以看出，他们打着宗教信徒的旗号，实则多是在做一些坑蒙拐骗之事。

四　戏曲行业词汇

作为一门综合性的艺术，戏曲在明代进入了全盛阶段，并取得了辉煌的成就。自明中叶嘉靖年起，在宋元南戏基础上发展起来了一种新的戏曲样式——明清传奇，它吸收南曲中的精华以及其他声腔在各地流行而蓬勃发展起来。清代地方戏开始逐渐兴盛起来，清代的地方戏剧的剧种将近200种，在地方戏曲的基础上形成了五大声腔系统，并为京剧、昆剧、豫剧、汉剧、川剧等剧种的形成和发展奠定基础。《醒世姻缘传》对此有较多的反映，其中的梨园戏曲行业语经常可见，我们看一下《醒世姻缘传》中关于角色的例子：

（1）梁生原要自己来，恐怕没了生脚，戏就做不成了。胡旦虽系正旦，扮旦的也还有人，所以叫胡旦来京。（《醒世姻缘传》第五回）

（2）除了这几样，那生旦净末一本戏文全全的都是邢皋门自己一个唱了，且甚是光明正大……（《醒世姻缘传》第十六回）

（3）还得叫两个小唱，席间还得说几句套话，说该扮个戏儿奉请，敞寓窄狭，且又图净扮好领教。（《醒世姻缘传》第八十五回）

例（1）中，"梁生""胡旦"是由其常演的角色加姓氏而形成的称呼，"生脚"是"生角"之意。例（2）中的"生旦净末"是典型的戏曲行业表示角色的词汇，完整的表述应该是"生旦净末丑"。"生"指的是丑角以外男性，又分老生、小生、武生等；"旦"指的是丑角以外女性，又分老旦、花旦、青衣、刀马旦等；"净"指花脸，分为正净、副净和武净；"末"指中年男子角色，后来已同化于生，不再详分"生、旦、净、末、丑"而统称"生、旦、净、丑"了；"丑"指的是丑角。这些词汇在《醒世姻缘传》中都有所体现，并且值得注意的是，有些也进入了当时的全民词汇，如表示自称与谦称的"小生"等。例（3）中的"小唱"，本指一种由管乐伴奏的乐曲技艺，后成为民间的艺曲。宋灌圃耐得翁《都城纪胜·瓦舍众伎》："唱叫小唱，谓执板唱慢曲、曲破，大率重起轻杀，故曰浅斟低唱，与四十大曲舞旋为一体，今日市中绝无。"在这里指唱小曲的人。

除了角色名称外，《醒世姻缘传》中记载了许多当时流行的戏曲剧目。如第八十六回中有："将次近午，众人祭赛过了，会首呈上戏单，阄了一本《鱼篮记》。……素姐在那台上吃烧酒，舞木棍，口里胡说白道。只等唱完了《鱼篮》整戏，又找了一出《十面埋伏》《千里独行》《五关斩将》，然后烧纸送神。"其他的剧目还有《鹦鹉记》《三国志》《荆钗》《月下斩貂蝉》《千里独行》《五子登科记》《两世姻缘记》《冯商四德记》《昙花记》《邯郸梦》《南柯梦》《目连救母记》《昭君出塞》《孟日红破贼》等。《醒世姻缘传》虽然插入了不少的戏曲曲目，但丝毫无生硬之感，许多用例不仅与故事发生场景相吻合，而且与人物的身份性格融为一体，这对后来的《红楼梦》也有许多的启示作用。如《醒世姻缘传》中狄希陈的幕僚周景杨，得知狄希陈被素姐用熨斗烫伤，对素姐说了这样一番话：

（4）古人中这样事也尽多！苏东坡打陈慥的老婆，陈芳洲打高相公的老婆，都是我们这侠气男子干的事，杀你何妨！……我就是苏东坡，惯打柳氏不良恶妇！你敢出到我跟前么！（《醒世姻缘传》第九十七回）

周景杨对素姐的这一番指责，是暗合《狮吼记》中"跪池"的剧情的。《狮吼记》中，苏东坡劝诫陈慥的老婆柳氏，并要打柳氏，却被柳氏用棍子打出了陈家。《醒世姻缘传》中周景杨看到素姐如此虐待狄希陈，对其一顿训斥，而结局却同苏东坡一样，反被素姐泼得屎尿满头。文中虽没有明确出现《狮吼记》，但两者在情节上有相似之处，人物语言十分切合当时的故事情景，使人一看便了然于胸。

（5）高四嫂说道："你这们会管教，嗔道管教的大官人做了个<u>咬脐郎</u>！"众人问说："大官人怎么是个<u>咬脐郎</u>？"（《醒世姻缘传》第二回）

（6）（珍哥）说道："天爷可怜见，叫你好了罢！……跑的迟些，你那'<u>秋胡戏</u>'待善摆布我哩！"（《醒世姻缘传》第二回）

（7）晁凤道："那日吉奶奶……<u>点杂戏</u>，他又没妆陈妙常么？奶奶还说他<u>唱的好</u>，偏赏他两个汗巾，三钱银子，他没另谢赏？"（《醒世姻缘传》第七回）

（8）晁夫人……只指望这一会子怎么得一阵大风，<u>象括那梁灏夫人的一般</u>，把那邢皋门从淅川县括将来才好。（《醒世姻缘传》第十七回）

（9）谁知这郎氏见了乌大王，唬得魂不附体；见了高相公，就如阎王降小鬼一样。<u>高相公当了乌大王，偏会一刀刺死</u>；当了那乌大王降伏的夫人，抖搜成一块，唬得只溺醋不溺尿。（《醒世姻缘传》第六十二回）

（10）那狄希陈心里先有了这件亏心的事，日夜怀着鬼胎，惟恐素姐得了真赃，祸机不测，他就合那"<u>失了元宝在冯商客店里</u>"的一般，没魂失措，也不管素姐见与不见，跑进房来，走到床上……（《醒世姻缘传》第五十二回）

例（5）中的这段话是晁源的妻子计氏和邻近的一群女人谈论晁源的行猎时说的，高四嫂、老鄢等所谈论的打围及"咬脐郎"，实际上是南戏《白兔记》中的情节和人物。例（6）这番话是珍哥对大病未愈的晁源说的，珍哥是演戏出身的，套用常演戏曲中的人物与情节，表达自己的想法是十分符合她的身份的。这段话中的"秋胡戏"，其实暗指晁源的妻子计氏。她把计氏比作《秋胡戏妻》中的罗梅英，想说计氏厉害。例（7）中的这番对话涉及了两部戏曲中的人物，晁凤话中提到的"红娘"，是《西厢记》中的人物，而"陈妙常"则为《玉簪记》中的女主人公。《玉簪记》中的男女主人公经过重重波折后，有情人终成眷属。例（8）中的"刑皋门"为晁思孝的幕僚，是一个饱读诗书、满腹才略的秀才。作者用"象括那梁灏夫人的一般"这句，引用了传奇《青袍记》中的情节，把晁夫人因丈夫敛财而被参入狱的焦急心情表露无遗。例（9）主要讲了高谷惧内的故事，是传奇《万全记》的情节。《万全记》原文如今已遗失，具体可以参看晚明冯梦龙以此为蓝本改编而成的《万事足》。例（10）中"失了元宝在冯商客店里"，作者用《四德记》中的剧情作俗典，《四德记》是《冯商四德记》的简称，其蓝本为《三元记》。

五　科举教育词汇

科举和语言发展的关系，主要有五个方面：一是由于人员的流动，促进了"官话"，也就是当时的共同语的使用和发展；二是促进了诗歌的创作，并在客观上促进了小说的发展；三是促进了教育的发展；四是将民间的方言口语带到了官方朝廷；五是由于赶考产生的落第、中举、流浪等故事，成为各种明清小说、戏剧等文体构材的养分。

科举最早始于隋朝，隋炀帝下诏，定十科举人，标志着科举制度的正式产生。完备于宋、元时期，明清鼎盛。科举的影响在《醒世姻缘传》中随处可见，如小说中的很多科场用语：秀才、连科、岁贡、山东提学、案首（秀才考试的第一名）、廷试、北场（又称北闱）、中举、甲科（指进士出身）等；也有很多官场用语：礼部大堂、左侍郎、入吏部、挖了年（明清时官员铨选，候选补缺者须赴吏部投呈真实履历，按资历排队待选，通过门路虚报资历年限称作"挖年"）、上了卯（候选官员赴吏部报到登记，等候选缺，称为"上卯"）、冢宰（周代官名，为六卿之首，后因称吏部尚书为"冢宰"）。

明代科举有以下五个方面的特征：一是实现了科举与官办教育的紧密结合；二是形成了五级考试体系，明代科举考试分为科考、乡试、会试、殿试和庶吉士考试五级制；三是形成了由状元、榜眼直到生员一套完备的功名体系；四是科目的高度单一和考试的高度统一，明代考试在考试的场数、内容、出题及答题依据等方面都完全统一；五是防范和惩治作弊达到了空前严的程度，对每一个环节都制定了相应的防范措施。科考程序简表如表5—1所示①。

表5—1　　　　　　　　　　科考程序简表

	院试（童试）	乡试（秋闱）	会试（春闱）	殿试
时间	每年一次	三年一次（常在八月）	乡试后的次年春天（三月）	会试后，初定为五月，后定为四月，一日
地点	府、州或县	省城	礼部	初在天安门，后在保和殿
应试者	儒童、童生	庠生（秀才）监生	举人	贡生
主考者	省提督学政	由皇帝派主考官主持	由朝廷派大臣任正副总裁，再派会试同考官	皇帝主考，亲王大臣监考，大学士、院部大臣评卷
考试内容	除经、史、时务外，主要考八股文和试贴诗	除经、史、时务外，主要考八股文和试贴诗	除经、史、时务外，主要考八股文和试贴诗	策问
录取名称	生员（庠生，俗称秀才）	举人（俗称孝廉），前五名世称五经魁	贡士	进士第一甲赐进士及第（共三名）俗称第一名为状元；第二名为榜眼；第三名为探花
等级	第一名案首	第一名解元	第一名会元	第二甲赐进士出身，第一名俗称传胪。第三甲赐同进士出身
授官		举人可任知县、教职（府、州学官）		状元授翰林院修撰，榜眼、探花授翰林院编修。其余进士再考，择优送翰林院编修、检讨。余者授主事、中书、知县

---

① 吴昌金主编：《文言文知识表解》，四川大学出版社1996年版，第175页。

鉴生：谓人国子鉴肄业者。国子鉴，国学也。《明史·选举志》："学校有二，曰国学，曰府、州、县学，诸学人国学者乃可得官，不学者不能得也。入国学者，通谓之鉴生。"庠：古学校名，明清时读书人取得进入府、县学校资格者称为入库。贡生：科举时代，选府、州、县秀才中学行俱优者贡诸京师，升入太学，有副贡、拔贡、优贡、岁贡、恩贡等名，统称贡生。廪生：明初凡生员（秀才）皆廪食（谓公家发给粮食也）因称生员食廪者为廪膳生，简称廪生。附生：明初，生员有定额，其后增广，不拘额数（增广者为增广生员）宣德间定制皆有定额；正统时更令于额外增取附于诸生之末，谓之附学生，简称附生。文林郎：官名，明、清时为文职之正七品封阶。闱：科举时考场。

此外，《醒世姻缘传》中还有许多与教育密切相关的词汇，例如：教书先生、学匠、教师、教书人、门馆、学师、明师、孔门、宿儒、老学究、儒士、宿学等。下面我们从归类的角度来考查《醒世姻缘传》中与科举考试相关的其他词汇，例如负责主持不同层级科举考试的官员称谓就有多种不同的形式，可以称其为主考、房师、教授、提督、学政、主司、学正、监临、宗师、训导、教谕等，在一定程度上反映了当时科举教育的面貌，这些科举词汇大致可以分为以下三方面。

第一，与考生身份相关的词语。例如：监生、贡生、会元、贡元、贡士、举人、进士、状元、翰林、孝廉、秀才、岁贡、生员、童生、副榜、廪生、春元、冠军、准贡、老岁贡、胄监、上舍、附学、武举、武秀才、武生等。

第二，与考试程序有关的词语。例如：廷试、会试、乡试、殿试、进学、中举、案首、胶庠等。

第三，与考试内容、文章体裁有关的词语。例如："四书"、"五经"、"八股"、《诗经》、《左传》、《史记》、时文、破题、策论等。

接下来引用小说中的几个例子，以便更直观地了解这类文化语词的应用情况：

（1）不过记了几篇陈腐策论，瞒了房师的眼目，推了这官，晓得甚么是《六韬》《三略》！（《醒世姻缘传》第九十九回）

（2）那时城内的乡宦大小有十八位，春元有十一人。典史持了这本缘簿，顺了路，先到那乡宦的门前……临了到一位吕春元家，名字叫吕崇烈，因二六日每与那杨按台在洪善书院里讲学，看了大大的体面，写上了二两，这就是<u>十一位举人</u>中的空谷足音。（《醒世姻缘传》第三十一回）

（3）喜得提学道开了一个新恩，说："这新中的春元都是他嫡亲的门人，许每人说一个寄学的秀才，约有一百二三十两之得，以为会试之资。"（《醒世姻缘传》第三十五回）

（4）第二年，<u>相于廷中了进士，殿试二甲，授了工部主事</u>，狄希陈指此为名，爽利在京过活，守着娘舅妗母，好不热闹。（《醒世姻缘传》第七十六回）

例（1）中的"武科"一词，结合具体的语境来看，并非指专为选拔武官而设的科目，而是指称参加考试的人。《六韬》又称为《太公六韬》《太公兵法》，是中国古代先秦时期著名的黄老道家典籍《太公》的兵法部分，著作涉及的内容十分广泛，其中最精彩的部分是它的战略论和战术论。《三略》原称《黄石公三略》，指策略、谋略、战略，侧重于从政治策略上阐明治国用兵之道。例（2）描写的是恰逢绣江县灾年，典史奉县官之命募捐，募捐的对象一是乡宦，二是举人。从这段话的表述中可以很明显地看出，"春元"和"举人"有两次互换，尤其是前面提到了"春元有十一人"，后面对应写了"十一位举人"。例（3）中提学道要资助新中的"春元"参加"会试"，而明清时期参加会试一定是在"乡试"中中举的人。所以这就证明了"春元"与"举人"为同指。例（4）谈到"相于廷中了进士，殿试二甲，授了工部主事"，这实际涉及科举当中的殿试与授官制度。

当然，小说中也不乏对当时私塾教学的描写，例如：

（5）侥幸进了个学，自己书旨也还不明，句读也还不辨，住起几间书房，贴出一个开学的招子，就要教道学生。……把那讲章上的说话读一遍与他们听，不管人省得不省得，这便叫是讲过书了！有那做文章的，也并不晓得先与他讲讲这个题目，该断做，该顺做，该先断后顺，该议论带叙事，或两截，或门扇，怎样起，怎样提，大股怎的立意，后比怎样照管，后边怎样收束；只晓得丢个题目与你，凭他乱话，胡乱点几点，抹两抹，驴唇对不着马嘴的批两个字在上面！有那肯问的学生去问他些甚么，妆起一个模样来吆喝道："你难道在场里也敢去问那宗师么？"（《醒世姻缘传》第二十六回）

（6）其实家里有了钱钞，身子又没了工夫，把误赚人家子弟的这件阴骘勾当不干，也自罢了，他却贪得者无厌。教了狄员外的儿子狄希陈整整五年，节里不算，五四二十，使了廿两束脩。他娘叫他认字，单单只记得"天上明星滴溜溜转"一句。（《醒世姻缘传》第三十五回）

例（5）描写私塾教授"八股文"的情景，学校教育重视训练学生读八股文、背八股文、写八股文，学校教育为科举服务。"八股文"作为士子科举致仕的敲门砖，也被称为"时文"。在学校里面，谙熟八股体例、擅长八股文教学的先生被认为是"好先生"，而这一段描写的刚好是一个不会教授八股文的先生的行径。例（6）描述的也是一个贪得无厌的先生，他教授狄希陈五年，这孩子单单只记得"天上明星滴溜溜转"一句。

第三节　本章小结

语言的行业变体是社会语言生活学研究的重要课题之一。行业语言变体就是所谓行话，它是从语言社团的角度研究语言的职业和行业变异，研究具备相同社会身份特征的人，在一定的社会环境中所普遍使用的某种语言的表现形式。行话可以加强行业的内部交流，成为人们职业身份在语言上的标记，明清小说中的人物身份形形色色，行业也是五花八门，三教九流，无所不包，几乎涵盖了当时社会生活中的所有人群，涉及众多行业和社会阶层。

本章我们主要考察一些明清小说中行业语言词汇，从行业用语的角度考察了语言运用情况。包括行政司法行业词汇、工商行业词汇、宗教信仰词汇、戏曲行业词汇和科举教育方面词汇。我们先对不同领域的行业词汇进行了勾勒与描绘，然后运用数据分析的方法，对一些典型词汇做了历时动态的考察，理清其发展脉络。

　　总的来说，明清小说对社会行业分工有较充分的展现，各种行业词汇记录了当时社会的行业分工情况，研究这些行业用语能够帮助人们了解当时社会经济与生活面貌。

第 六 章

明清语言生活与社会称谓语

社会语言学的研究往往会涉及社会人际关系。称谓作为一个复杂且相对封闭的系统，在使用时，往往传递出交往双方的性别、年龄、职业、地位、距离、心理等社会秩序和纲常伦理信息。称谓在交际时发挥着重要的作用，对交际效果有很大影响，因此称谓语的研究也成为社会语言学研究的重要内容之一。

明清小说所涉及的人物，从皇室朝臣、宦官府吏到地主乡绅，贩夫走卒等，几乎囊括了当时社会所有的阶层，其称谓用语自然异常丰富。明清称谓与今天的称谓有同有异，一是体现了承古的特点，二是带有明显的方言特征。本章主要考察明清小说中称谓的应用情况，包括亲属称谓、敬谦称谓、职官称谓和詈称称谓等四个方面，并从社会语言学的角度分析了其中的文化内涵。

第一节 亲属称谓

一 称谓概说

称谓语向来是交际中使用得最频繁的词类之一，最易识别交际双方的关系，因而具有最明显的社交属性。社会语言学对于称谓类词汇研究的兴趣并不只在于词汇本身，而在于某个称谓背后的社会文化属性。

明清所处的历史时期，封建社会的各种礼教与制度虽然高度完善，但同时又有些崩溃失序。元代对中国封建社会传统的等级秩序做了重新划分，明代又进行了重构。清代是少数民族政权，有少数民族和汉族传统的结合的特点。总的说来，这些传统礼教和等级制度一次次地打破，出于统治的需要又一次次地恢复，一次次地得以加强。等级森严，讲究权势地位，是进行封建统治的需要，君臣之间讲究"君君，臣臣""君要像君，臣要像臣""尊卑有序""君尊臣卑""君要臣死，臣不得不死"等；宗亲之间讲究"长尊晚卑""嫡尊庶卑""父为子纲""父要子亡，子不能不亡"等；同辈讲究"兄友弟恭"；男女间讲究"男尊女卑""夫为妻纲""夫唱妇随""嫁鸡随鸡，嫁狗随狗"等。一般来说，越是封建社会加强统治的时期，其等级权势就会越明显。中国封建传统文化关于礼的总纲"尊尊、长长、亲亲以及男女有别"，这是我们理解古代称谓的线索。本章拟对明清小说中的不同称谓词汇进行深入的分析。

　　本章研究明清小说中的称谓类词汇主要有三个方面：一是人称称谓词汇，包括三身代词"我""你""他"及其他代词的使用情况；二是身份性称谓词汇，具体又分为职业称谓、属性称谓、关系称谓和职官称谓，需要注意的是其中的社会文化现象，这有助于人们把握当时的社会等级；三是色彩性称谓词汇研究，从礼俗色彩和方言色彩入手，从这二者可以显示出社会语言生活的时代和地域特点。

二　亲属称谓

　　亲属称谓是对家庭成员及亲属的称呼，亲属关系的远近依次有生育关系、同胞关系、姻亲和宗亲关系。在明清社会，亲属的范围与宗法礼制密切相关，与各种礼仪制度联系在一起。古代亲属以男系为中心，以宗法制为基础，分为宗亲、妻亲、外亲三大类。所谓"宗亲"，指的是同一祖先所出的男性亲属及其配偶，还包括未出嫁的女子，这些构成了亲属关系的主体，宗亲的上下限为九族。所谓"外亲"，指的是女系血统的亲属，外亲的范围比宗亲窄得多，如母亲的血亲只包括三世，超出这个范围就不再属于亲属。所谓"妻亲"，指的是妻子血统的亲属，如岳父、岳母等。在古代，女子地位十分低下，妻亲的范围更窄，严格来分的话只包括妻子的父母。总的来说，亲属称谓是人际关系中实际距离或者心理距离最近的称谓。

　　所谓的势位指的是交际双方的权势与地位，势位属于语言本体之外的因素，正如语言的阶级、性别和行业变异一样，不是明确的语言实体，不过又时刻影响到语言的交际。在势位的影响下，交际双方总是通过非对称性的称谓来表明身份地位的差异。

从语言应用的角度来看，亲属称谓作为一种基本词汇，在语言中形成了一套系统，反映着一个民族的社会生活方式、思维方式、文化传统等，并随着社会的发展而不断变化。明清的作品中使用了大量的亲属称谓词汇，参考上述"三亲"范围并结合现代人的习惯，我们将小说中出现的亲属称谓词汇分为以下几类：对祖辈的称谓、对父母的称谓、与父亲相关亲属的称谓、与母亲相关亲属的称谓、丈夫与妻妾之间的称谓、与丈夫相关亲属的称谓、与妻子相关亲属的称谓、对兄弟姐妹及与其相关亲属的称谓、对子女与其相关亲属的称谓。

（一）祖辈类称谓

明清小说中对祖辈的称谓词汇有：爷爷、奶奶、公公、太公、祖父、外公、外婆、姥姥等，祖辈称谓一般是至少相隔一个辈分的。亲属称谓词汇有时候是实际称谓，有时候也是虚化泛化社交的称谓。泛化的原因主要是由势位和年纪所决定的，如爷与少爷，奶奶与少奶奶，其中爷与奶奶可能是表亲属的称谓，在家族中具有较高的势位；一般称姓加爷爷、奶奶的，属于社交称谓，表达对年纪大的老人的一种尊敬；少爷和少奶奶则是对年龄的虚化，强调的是势位，在家里的地位。值得注意的是，这种虚化仅仅限于爷爷和奶奶两个词，"少公公、少太公、少外婆"这样的称谓是不存在的，我们认为，其原因与社会心理和使用频率有关系。在明清社会宗族家族中，儿孙辈与爷爷和奶奶住在一起，使用爷爷、奶奶的频率高于外婆、外公类的称谓。某词使用频率过多就容易引起泛化，由亲属专用扩展到年龄大和地位高的人，如年纪大的不认识的人也可以称爷爷奶奶，表达的是一种亲近。地位最高的可以称为万岁爷，表达的是一种亲近和尊敬。家族内部有嫡长子、长孙，人们习惯叫少爷、少奶奶来类比，势位的类比实际上是一种频率形成的语言惯性。

此外，对祖辈的称谓词汇还有对称性与交互性的问题。在权势地位不平等的情况下，交际的一方不可以用相同的称呼来回应对方的称呼，这是体现的非对称性。对于亲属称谓来说，长辈与晚辈之间的称谓都是非交互性的。权势和辈分大的一方，在家族外可以视社会地位权势，以平辈相称、以名相称，对内对小辈可以使用昵称、爱称。总的来说，除对外平辈相称的，由于辈分关系，祖辈类的称谓词汇都是非交互性，非对称性的。有少数对称性的称谓，如祖宗，由父母辈的人来称谓时，可以把祖辈叫做祖宗、老祖宗，也可以把小辈叫做祖宗、小祖宗。这是形式上的对称，但通常不具有交互性，称祖辈为祖宗是正常用法，称小辈为小祖宗属于临时用法。下面我们看一些例子：

（1）狄希陈道："我在此守灵哩。<u>爷爷</u>与<u>相大叔</u>俱在这里，我怎好去的？等有点空儿，我就进去。"（《醒世姻缘传》第六十回）

（2）两个道婆说："你看大嫂说的好话呀！要是上不得台盘的，他也敢往俺这会里来么？杨尚书宅里娘儿们够五六位，北街上<u>孟奶奶</u>娘们，东街上<u>洪奶奶</u>、<u>汪奶奶</u>、<u>耿奶奶</u>，大街上<u>张奶奶</u>，南街上<u>汪奶奶</u>，后街上<u>刘奶奶</u>娘儿们：都是这些大人家的<u>奶奶</u>。那小主儿也插的上么？"（《醒世姻缘传》第六十八回）

（3）晁源说道："<u>公公</u>两次托梦，甚是分明。若不依了<u>公公</u>，必定就是祸事。我们连忙收拾往爹娘任里去。只是爹娘见在华亭，<u>公公</u>屡次说北去，这又令我不省。"（《醒世姻缘传》第三回）

（4）那珍哥从梦中分明还是前日家堂上坐的那个<u>太公</u>，举起杖来要打，从梦中惊醒，揭起被，跳下炕来，精赤着身子，往晁源被里只一钻，连声说道："唬死我了！"（《醒世姻缘传》第三回）

（5）那孙子说："<u>祖父</u>的产业，传与儿孙，有儿就有孙子……"（《醒世姻缘传》第九十二回）

（6）那<u>舅爷</u>约有三十多年纪，戴着方巾，穿一领羊绒疙搭绸袄子，厢鞋绒袜，是临清州学的秀才，在道门前开店治生，进来见了夫人。（《醒世姻缘传》第十八回）

（7）苏锦衣道："<u>外孙</u>不在<u>外公</u>家歇，去到庙角，不成道理……"（《醒世姻缘传》第五回）

（8）自从母亲病死，那十来岁的孩子，自己会得甚么料理，还亏不尽有个<u>外婆娘舅</u>勉强照管，不致堕折身死，长成了个大人。（《醒世姻缘传》第八十二回）

（9）狄希陈道："我又没合人打惯官司，这样事我通来不的。该送他多少，<u>姥姥</u>，你主定就是了。"（《醒世姻缘传》第八十一回）

例（1）中的"爷爷"意思与今天并不相同，明清时代的"爷爷"指的是父亲，明清口语中的父母用爹娘称谓。现在的爷爷为祖父，指父亲的父亲，例中的"爷爷"是狄希陈面对小玉兰时用的从他称，随着小玉兰叫爷爷。玉兰地位不高，依当时的习惯得称呼狄希陈的父亲为爷，此处的用法属于叙称。《醒世姻缘传》中称"爷爷"的地方共有18例，无一处的意义是父亲的父亲。《醒世姻缘传》中对存在血缘关系的爷爷的称谓词汇主要有"公公""祖父"和"太公"，这些词汇在用法上存在各种区别。《醒世姻缘传》中"爷爷"用法比较复杂，全文中称"爷"的用例有1233例，称"爷爷"的只有18例。"爷"的含义可指"小妾的丈夫""官员""少主人"，还有表感叹性称谓，如"爷哟"相当于"天啊"等。《水浒传》中的爷爷有22处，用于表对年纪大的老人的尊称，如"爷爷高姓?"表自称，相当于晋语，如黑旋风李逵自称"黑爷爷"；也用于表求饶告饶时抬高对方地位，如："好爷爷! 你饶我住一住!"到了《红楼梦》的时代，爷爷已经开始表示祖父了，如"当日老爷小时挨你爷爷的打"。《红楼梦》以前的小说中指称父母都是用的爹娘或者爷爷奶奶，到了清代末期的《官场现形记》以及《二十年目睹之怪现状》等小说中，才开始出现"爸爸"一词，1900年的《续济公传》中："外面走路的人，但看见萧麻木半截身子钻在篱笆外，嘴里'徐爷爷''徐爸爸'喊个不了，却不晓得所为何事。"

例（2）中的"奶奶"在《醒世姻缘传》中共有1217例，几乎与"爷"相等。宋元时期，"奶奶"用来称谓母亲，如元关汉卿《鲁斋郎》第三折："爹爹，你来家也，俺奶奶在那里?"明代时奶奶用法开始泛化，可以指代权势地位高的女性或者年纪大的女性。如《水浒传》中的"望老奶奶收留则个"，老和奶奶并列，更说明了问题。《醒世姻缘传》中"奶奶"用法与"爷爷"类似，表示为对年长的或者有身份地位的女人的尊称，是一种泛化的称谓，奴仆称呼女主人为奶奶，并非有血缘辈分关系的称谓。《醒世姻缘传》中的奶奶有"老奶奶""大奶奶""四奶奶""七奶奶""俺奶奶"等，但无一例是表示的祖母。到了《红楼梦》时期，奶奶表示的仍是母亲，如《红楼梦》第一一九回："你琏二哥糊涂，放着亲奶奶倒托别人去。"这里我们可以看出，奶奶前面还要加"亲"进行强调。

例（3）中的"公公"是方言称谓，指祖父或者外祖父，明代凌濛初《初刻拍案惊奇·卷三十二》中，问铁生道："你上代有个绣衣公么？"铁生道："就是吾家公公。"有时也指对老年男子的尊称，《二刻拍案惊奇·卷二十六》："自从受了卖糖公公骗，至今不信口甜人。"《醒世姻缘传》中的"公公"有三种用法，一是血亲上的"爷爷"，这是《醒世姻缘传》中对"爷爷"的主要叫法；二是没有血缘关系的儿媳妇对丈夫父亲的称谓，或者第三人面指时的旁称；三是对宫中太监的称谓，如称大太监王振为"公公"，以及其他太监如"陈公公"等。

例（4）中的"太公"即祖父，在《醒世姻缘传》中仅4例，用于指称已去世的爷爷。"太公"一词最早见于《孟子·尽心上》："太公辟纣，居东海之滨。""太公"在古代可以表示"父亲""祖父""曾祖父"以及用于表示对老年男性的尊称。指称父亲的用法在汉代就已经出现，如《史记·卷八·高祖本纪》："高祖五日一朝太公，如家人父子礼。"到南朝时可以表示祖父，南朝范晔编撰的《后汉书·卷六十三·李固传》："李氏灭矣！自太公已来，积德累仁，何以遇此？"元朝时期可以表示曾祖父，如元陶宗仪《南村辍耕录·卷十三·太公》："今人谓曾祖父曰太公。"明清时期，则可以表示对老年的尊称，如《水浒传》第二回："那太公年近六旬之上，须发皆白。"

例（5）中的"祖父"，表示父亲的父亲，是一种尊称。祖父一词出现得比较早，且意义基本没有多少变化，如《礼记·丧服小记》："祖父卒，而后为祖母后者三年。"宋苏洵《六国论》："思厥先祖父"，意义没有变化。清梁绍壬《两般秋雨庵随笔》卷七《爷爷》记载："今北人呼祖为爷爷。宋燕山府永清县大佛寺有石幢，系王士宗建，末云'亡爷爷王安、娘娘刘氏'，是称其大父、大母也。则此称宋时已有之。"《醒世姻缘传》中称爷爷为祖父的用例仅两例：一是"小的说他：'这房儿是老公看顾咱的，是你祖父分给咱的呀'。"二是"那孙子说：'祖父的产业，传与儿孙，有儿就有孙子……'"在《醒世姻缘传》的时代，爷爷和奶奶的主流称谓是"爹爹"和"奶奶"。

例（6）中的"舅爷"指的是秦夫人的弟弟，指称"妻子的兄弟"，这种用法与今天山东方言相同。《醒世姻缘传》中"舅爷"用例有27例，用法与同时代的相近，如《儒林外史》第五回："忙着小厮去请两位舅爷来商议。"舅爷的称谓实则是"亲属称谓＋表敬词"和组合格式构成的，体现的是亲属辈分与势位。

例（7）中称"外公"在《醒世姻缘传》中共有 11 例，本义指外祖父，是对自己母亲的父亲的称呼。但值得注意的是《醒世姻缘传》中提到的全部都是攀附权贵自认的"外公"，而非血亲上的。

例（8）中的"外婆"指的是外祖母，《醒世姻缘传》中有 5 例，用的是本义，与外公表太监的用法有所不同。再如"二拍"中："外婆有病，你每姊弟两人，可到崇明去服侍几日……"

例（9）中的"姥姥"共有 7 例，仅用于背称，在口语中使用，且这种用法一直沿用至今。

在明清小说当中，"外公"还是指的外祖父。如：

（10）"听见说拿妖怪，就是他外公也不这般亲热，预先就唱个喏！"（《西游记》第六十七回）

（11）小姐道："好教郎君得知。妾身前日行至成都，在客店内安歇。主人有个甥女窥见了妾身，对他外公说了，逼要相许……"（《二刻拍案惊奇 女秀才移花接木》第三十四卷）

（12）"回来到了那边，你叫我一声外公，我认你做外孙罢！"（《二十年目睹之怪现状》第九十九回）

总的说来，对祖辈的称谓词汇中保留了较多的亲属称谓和拟亲属称谓，这种现象是比较容易理解的。除了对于某些社会权势地位高和年纪大的人表示尊敬外，拟亲属类称谓词汇还有拉近心理距离的作用。

（二）父母类称谓

现代汉语中，父母的称谓词比较简化，书面语当中保留了"父母、父亲及母亲"，口语中保留了"爸妈"。《醒世姻缘传》中涉及父母的称谓词较多，比现在的词汇体系复杂，有些词汇是存古用法，有些是地方方言。对这些称谓语进行研究，可以窥见当时的家庭伦理、婚姻关系和社会关系，有助于我们了解当时社会的语言应用状况。

1. 父母类

明清中有不少对父母的合称，如：父母、爷娘、爹娘、双亲、娘老子、老子娘、高堂，在小说中的具体用法如下：

（13）刘芳名道："小的诈他一个钱，滴了眼珠子，死绝一家人口！小的也没叫他父母告状，他父母也没有诈他的钱……"（《醒世姻缘传》第八十二回）

（14）父女两个告道："若是能毂回乡去时，便是重生父母，再长爷娘。只是店主人家如何肯放？"（《水浒传》第二回）

（15）西门庆道："我的爹娘俱已没了，我自主张，谁敢说个不字？"（《金瓶梅》第三回）

（16）望上看有双亲，往下看有儿孙，我不好后代越发甚。（《聊斋俚曲集》）

（17）妇人道："呸！怪囚根子，那个没个娘老子，就是石头镥刺儿里迸出来，也有个窝巢儿。"（《金瓶梅》第二十五回）

（18）所以晚生就如想老子娘的一般，恨不得一时间就在大爷膝下。（《醒世姻缘传》第四回）

（19）当日拜别了老母，嘱咐兄弟苏雨："好生侍养高堂，为兄的若不得罪于地方，到三年考满，又得相见……"（《警世通言》第十一卷）

上述例句中，"父母""双亲"都是对父亲和母亲的合称，感情色彩上是比较中性的，既可用于书面语也可用于口语，多用于正式谈话场合，现在则多用于书面语中；"爷娘"与"爹娘"并举，"娘老子"和"老子娘"互换，也是父亲和母亲的合称，口语色彩比较浓厚，带有方言色彩，且在某些方言称呼中一直沿用；"高堂"多为表敬称谓，在古代是父亲和母亲的合称，父母居住的房间一般称为正屋，处于正中的位置，是一家之主的象征。高堂是存古用法，在文人中使用。类似的还有"家严""家慈"，在明清白话小说中例子不多。偶见如《警世通言》："然家严刚厉，一知风声，祸不可测。"《七侠五义》："后日正期，家慈欲亲身一往，岂不更亲近么？未知可否？"使用"家严""家慈"，表明说话人的身份和地位是读书人或是官场中人，体现的是语言的阶层变异问题。

2. 对父亲的称谓

明清小说中对父亲的称谓词汇较多，如：先君、先考、先父、父亲、亲父、爹、爹爹、老子、父、爷、爸等，在小说中具体用例如下：

> （20）一个上司丁了父艰，送长夫的禀内说他有"炊白"之变，那上司回将书来说道："不孝积愆无状，祸及先君。荆布人幸而无恙，见与不孝同在服丧，何烦存唁！"（《醒世姻缘传》第十六回）
> （21）先考西门达，妣夏氏。（《金瓶梅》第三十九回）
> （22）敬济悉言："先父灵柩寄在门外寺里，明日二十日是终七，家母使我送银子与长老，做斋念经。"（《金瓶梅》第八十八回）

"先君""先考""先父"皆是对已故父亲的称谓。"先君"一词，最早见于班昭《东征赋》："先君行止，则有作兮；虽其不敏，敢不发兮。""先父"一词，古今意义相同。"考"在先秦时期是父亲的通称，无论是否在世，汉以后词义缩小，只有死后才可以称父亲为"考"，如《礼记·曲礼下》："生曰父曰母曰妻，死曰考曰妣曰嫔。"

除去世的父亲外，其余词汇如"爹""爹爹""老子"都各有其用法，"爹"是方言词汇，口语色彩浓厚，《醒世姻缘传》中称父亲为爹的共有204例，是对父亲的主要称谓。"爹"作为父亲称谓词始于魏晋时期，《广雅·释亲》载："爹，父也。"到了宋代"爹"称为"爹爹"已十分普遍了。

《醒世姻缘传》中的"父亲"共有67例，用于比较正式的场合，在口语中则用"爹"。"父"本是方言，本是对有才德的男子的美称，或者对老年男子的尊称，《释名》："父，甫也。始生己者。"甲骨文字形，象右手持棒之形，意思是手里举着棍棒教子女守规矩的人，本义是父亲。先秦表示父亲，如《诗经·小雅·蓼莪》："父兮生我，母兮鞠我。""爷"字的基本义有"父亲""祖父""年长男子的尊称""官员""地位高的男子"以及对"神鬼"的称谓，如"万岁爷""成化爷""阎王爷"等。"爷"在南北朝时期就作为对父亲的称呼，如《木兰辞》："阿爷无大儿，木兰无长兄，愿为市鞍马，从此替爷征。"明清时期对"父亲"的称谓主要是"爹"和"爹爹"，"爷"的主要作用是用作尊称，但"爷娘"对举时，也可以偏指"父亲"。

"老子"是口语中经常使用的称谓，在古代"老子"用于称谓的用法有四：一是专称，专指道家始祖李耳；二是用于自称，如《后汉书·马援传》："此丞、掾之任，何足相烦，颇哀老子，使得遨游。"三是老翁，如元代无名氏《延安府》："他连声儿短叹长吁，这老子有甚么冤屈，大叫高呼？"明末《喻世明言》："众人人去吃茶，一个老子上灶点茶。"四是指代父亲，《醒世姻缘传》中的"老子"多为此义，多为他指和旁指，用于叙称，共有 74 例。今天口语中的老子除专指外，主要用于自称和詈称。

（23）那老儿道："哎呀！老子不曾有些礼数到都头家，却如何请老子吃酒？"武松道："不成微敬，便请到家……"（《水浒传》第二十五回）

（24）见他爹老子收了一盘子杂合的肉菜、一瓯子酒和些元宵，拿到屋里，就问他娘一丈青讨，被他娘打了两下。（《金瓶梅》第四十二回）

（25）猴王道："今日虽不归人王法律，不惧禽兽威服，将来年老血衰，暗中有阎王老子管着，一旦身亡，可不枉生世界之中，不得久住天人之内？"（《西游记》第一回）

（26）都是你们素日调唆着，逼他念书写字，把胆子唬破了，见了他老子就象个避猫鼠儿一样。（《红楼梦》第二十五回）

（27）你又不是阎王的老子，判官的哥哥，那里便断生断死、刻时刻日，这般有准，说话也该放宽绥些。（《警世通言》第十三卷）

（28）子英道："我不管你够不够，老子是发了财的人！你今天没有，就拼一个你死我活！"（《二十年目睹之怪现状》第十八回）

（29）这温州姓张的，弟兄三个都是秀才，两个疑惑老子把家私偏了小儿子，在家打吵，吵的父亲急了，出首到官。（《儒林外史》第十五回）

我们可以看到，例（23）的"老子"是自称，并不含有充当别人老子的意思。例（24）表明"老子"到了明末已经成了"爹老子"。例（25）到例（28）的"老子"都成了詈称，骂人的话语，"阎王老子""他老子""你老子"都有点害怕，有点骂人的意味在里面了。例（29）

的"老子"对于父亲，已经是有点不很尊重的意味了。在今天的口语当中，"老子"一词已是带有骂人意味的詈称了。

3. 对母亲的称谓

明清小说中对母亲的称谓词汇有：先母、先妣、先慈、老母、母亲、妈、娘、母、妈妈、亲娘、寡母、家慈等。"先母"指"亡母"，是对过世母亲的称呼，在明清小说中是统一的，全指过世的母亲。"先母"的本意是指"嫡母"，父亲的原配。妾室所生子女对正室，也称为先母，如《史记·卫将军骠骑列传》："青为侯家人，少时归其父，其父使牧羊。先母之子皆奴畜之，不以为兄弟数。"后来"先母"才逐渐用来指称"亡母"，如清代杜濬《送五舅归黄州》诗："先母多兄弟，今看一舅存。"

"母"指母亲，在甲骨文中就已出现，甲骨文字形像母亲有乳之形，本义为母亲，从甲骨文一直沿用至今。"母"在《醒世姻缘传》中有23例，由母组成的词有"老母""母亲"和"寡母"。"老母"本来是指年迈的母亲，一般用于正式的场合中。"母亲"指的是生育子女的妇人，子女称其为母亲，在《醒世姻缘传》中有123例，也是用于正式场合。"母亲"一词在汉魏时期就已出现并一直沿用到现在，如《太平广记》曾记载："行者奔还家，见母亲忽自床坠地，双目豁开。"不仅意义没变，且用法也基本没变，都用于比较正式的场合。"寡母"指守寡的母亲，明清时期才逐渐开始使用，如明末抱瓮老人《今古奇观》载："对张六嫂道：'上覆亲翁亲母，我家是孤儿寡母，没甚大妆奁嫁送，不过随常粗布衣裳。凡事不要见责。'"《醒世姻缘传》中"寡母"一词仅有两例。

"妈"的基本义有三："母亲""对年长女性的尊称"和"对中老年女仆的称呼"。《说文解字》里没有"妈"字，《广雅》和《玉篇》都把"妈"解释为"母"。《广雅·释亲》："妈，母也。"这说明"妈"的叫法在三国时期就已经出现了。从语音上考察，"母"属于鱼部，鱼部在上古汉语中读音是〔a〕，所以"母"在上古可能就是读作〔ma〕，由此可得"妈"和"母"是同源字，"妈"文字的产生，根据《广雅·释亲》中的解释，则至少在三国时期。两个同义词的存在，要么一个被废弃，要么产生不同的分工，"妈""母"则是在口语和书面语中进行了分工。到了南宋以后，"妈"开始成为双音节词，如《张协状元》："只恐怕晓得自己爹爹妈妈。"到了元明清时期，"妈妈"开始引申，可以指"已婚的妇人"，如元代俞琰《席上腐谈》："今人称妇人为妈妈。"可以指"年老的妻子"，再如《志诚张全答》："员外张士廉，年过六旬，妈妈死后，孑然一身，并无儿女。"到了《水浒传》的时代，可以指"老鸨"，如"相烦姐姐请出妈妈来，小闲自有话说"。在《醒世姻缘传》中"妈妈"出现的次数有 99 次，口语色彩浓厚，如"咱可是'八十岁妈妈嫁人家，却是图生图长！'""连那睡鞋合那'陈妈妈'都番将出来""三个妈妈子商量说"。《醒世姻缘传》中"妈"作为詈称的用例很多，如"你妈"，类似于"他妈的"，此时的詈称都没有带"的"字，这些语言应用都极有时代特点。到了《红楼梦》时代，还可以指婢女对主母的称谓，或者对老年妇女的称呼，如"只有两三个老妈妈和几个做粗活的丫头在那里看屋子"。

"娘"字的甲骨文字形存在一定的争议，有两种字形，一是《康熙字典》中，女子和儿子的并列字形，本义是娘；二是《说文解字》中的字形和解释："从女襄声，女良切，烦扰也，一曰肥大也。"娘的意义跟前面的"妈妈""奶奶""母亲"有许多类似的地方。明清时"娘"的使用频率较高，是较为通俗的称谓。娘是对妇女的泛称，最开始多指少妇，如乐府诗集《子夜歌》中的"见娘喜容媚，愿得结金兰"。但"娘"用作母亲义也比较早，如乐府《木兰诗》："旦辞爷娘去。"唐代《王梵志诗》："耶娘年七十，不得远东西。"《醒世姻缘传》的统计数据表明，对母亲的称谓语中，"娘"是当时的主要用法。"娘系"词组在明清小说中有"爷娘""爹娘""娘老子""老子娘""为娘""干娘""养娘""姨娘""婶娘""姑娘""大娘""二娘""六娘""娘子""娘胞胎""娘娘""王母娘娘""国母娘娘""三宫娘娘""公主娘娘""窈窕娘""管家娘子"，贬义词有用作詈词骂人的"老娘的""婆娘""败家娘""娘儿们""娘娘腔"等。

4. 父系亲属称谓

明清小说中与父系亲属的称谓主要有：伯、伯父、大爷、叔、叔叔、亲叔等。

"伯系"词有"伯""伯父""伯伯""大伯""年伯""世伯""叔伯"等。"伯父"为父亲的兄长。《说文解字》："伯，长也。从人白声。伯、长子也。伯兮传云。伯、州伯也。一义之引申也。凡为长者皆曰伯。"《释名》："父之兄曰伯父。伯，把也，把持家政也。"古人以为兄弟长幼排行的次序，伯仲叔季，伯最大，排行第一的，伯的本义为长兄。如《诗·邶风·泉水》："问我诸姑，遂及伯姊。"又如《诗·周颂·载芟》："侯主侯伯，侯亚侯旅。"其后引申为父亲的哥哥，如杜甫《醉歌行》："汝伯何由发如漆。"再后来引申为对父辈戚友的尊称，如"老伯、世伯"，《诗·小雅·正月》："将伯助予。"

"叔"的本义为"拾"，《说文解字》："叔，拾也。"《诗·豳风》："九月叔苴。"《释名》："仲父之弟曰叔父。叔，少也。"由"叔苴"到"叔父"，实为同音借用，起初没有"叔父"的"叔"字，就从"叔苴"的"叔"字借用，表示父亲的弟弟，这是文字的借用。《尔雅》："父之兄弟后生为叔父，父之弟妻为叔母。又夫之弟为叔。"这种用法始于先秦时期。"叔叔"一词是元明时期才逐渐形成，并一直沿用至今。明清的"叔系"词语有"大叔""老叔""阿叔""小叔""穷叔""叔叔""七叔""叔伯""亲叔""二叔""世叔""方大叔""狄大叔""应二叔""谢大叔""琏二叔"等。《醒世姻缘传》中"叔"字出现次数为133次，《金瓶梅》为271次，《红楼梦》为250次，我们可以看出各小说中用例数量不相上下，这说明"叔"是明清社会的常用词汇，也沿用到了现在。"叔"在基本义上扩展出了很多词组，主要用于表示辈分的称谓，可以加上数字排行，也可以加上定语以显示亲疏，还可以加上姓氏。总的说来，各种定语加得越多，血缘关系越疏远。

父亲兄弟的妻室的称谓词汇有"伯母、大娘、叔母、婶子"。"伯母"是"伯父"的对举，"伯母"在明清的小说中时常可见，如《警世通言》中："张氏抱了幼女来见伯父伯母。""伯母"也是称谓中的基本词汇。"大娘"在《醒世姻缘传》中日常口语中使用较多，共有58例。如第二十一回中："奶奶，大娘，婶子，妗母，你只待做什么，我们都来替你老人家助忙……""婶子"在《醒世姻缘传》中出现的次数有31次，如第六十回中："你婶子咱妯娌两个可好来，你就这们狠么?"《醒世姻缘传》中的"婶系"系词语有"大婶""婶子""三婶""计大婶""邹婶子""小婶""晁大婶"等。我们可以看到，"婶"在用法主要用于表示辈分，可以加上定语"大"和"小"，还可以加上数字排行。

对父亲姐妹及其丈夫的称谓词有"姑娘、姑姑、姑夫"，明清的"姑娘"与现在的意义并不一致,指的是自己父亲的姊妹,这种用法可见于明代,如《清平山堂话本》:"原来姑娘死了姑夫,与儿子开着饭店,当见侄儿,来家同坐。""姑娘"与"姑夫"并举,具有方言特色,称"姑姑"为"姑娘"。在人际交往中,与此用法类似的表达其实很多,如"婶娘""姨娘""舅娘"等,这种称谓的变体主要用于拉近亲属关系。《醒世姻缘传》中也有这样并举的例子,如第二十九回中:"他姑娘说道:'这就是你的姑夫,你可拜见。'"《醒世姻缘传》中的"姑系"词语有"姑姑""姑娘""姑夫""舅姑""姑舅""四姑"等。我们可以看到,"姑"在用法上主要用于表示身份,可以加上数字排行。尤其是"姑娘"表示"姑姑"的用法,带有明显的方言特色。

5. 母系亲属称谓

明清与舅相关的称谓词汇有:舅、舅舅、阿舅、舅子、小舅、大舅、二舅、舅爷、母舅、娘舅、舅娘、舅母、舅妈、姑舅、郎舅、妻舅、妗子、妗母、国舅、舅太爷、舅奶奶、舅太太、孙舅子、姜舅、舍舅、令舅、舅兄等。《尔雅·释亲》里:"母之昆弟为舅。"明清小说的"舅舅"主要指母亲的兄弟,如《醒世姻缘传》中第五十八回:"其余衣服首饰之类,听了调羹的条陈,俱托了舅舅相栋宇家打造裁制。""母舅""娘舅"都指的是母亲的兄弟,这些用法在古代较为常见,在元明就可以见到,如《三国演义》:"次日,策入见袁术,哭拜曰:'父仇不能报,今母舅吴景,又为扬州刺史刘繇所逼;策老母家小,皆在曲阿,必将被害。'""妗子"指舅母,是一个具有方言特色的词。在《金瓶梅》中也有妗子的叫法:"吴大妗子、杨姑娘并两个姑子,都在上房里坐的。""舅娘""舅母"都指舅舅的妻子,但"舅娘"是方言词语,用法也如同"姑娘"一样,是一种拉近人际关系的称谓。在《二十年目睹之怪现状》第十四回中还有"妾舅",如"这毕镜江就跟了来做个妾舅"。由明清小说中的各种"舅"称谓可以看出明清时代的"舅文化","舅太爷、舅奶奶、舅太太"等称谓可以说带有很明显的阶级烙印,"国舅、妾舅"则带有明显的封建社会的时代气息,体现的是封建社会婚姻裙带关系,而如今的社会情境中已经很难出现"孙舅子"这样的亲属称谓了。"舍舅"和"令舅"这类称谓则体现了中国传统的谦敬文化。

明清时期对母亲的姐妹及其丈夫的称谓词有:姨、姨娘、姨妈、姨母、母姨、姨姨、姨姥姥、姨姊、姨妹、姨奶奶、姨太太、姨夫、姨父、姨兄、三姨、六姨、吴大姨、薛姨妈、赵姨娘等。《说文解字》："姨，妻之女弟同出为姨。"《尔雅·释亲》："妻之姊妹同出为姨。"按《说文解字》的解释，"姨"是指母亲的姊妹，如《红楼梦》第六十四回："人人都说你婶子好，据我看，那里及你二姨一零儿呢？"不过经常用为从他称，用以称妻子的姊妹。《诗经·卫风·硕人》："东宫之妹，邢侯之姨。"说明这一称谓先秦就出现了，后来又相继衍生出了"姨娘、姨姨、母姨"等称谓，如《醒世姻缘传》中的"姨"系词语有"姨""珍姨""周姨""新姨""计姨""姨夫""沈姨""母姨""姨娘""龙姨""崔姨"等。《红楼梦》中的"姨"系词语有"薛姨妈、赵姨娘"等。"姨娘"的用法也如同上文讲到的"姑娘""舅娘"一样，是一种拉近人际关系的称谓。我们可以看到，"姨"在用法主要用于表示身份，也可以表示姻亲关系，还可以加上姓氏。尤其是"姨娘"和"母姨"的说法，也是带有明显的方言特色。此外，"姨太太"还有专门的含义，明清时称妾。"姨系"词汇也是带有明显封建社会特色的烙印，"姨"在封建宗亲社会属于外戚，与内亲相比处于弱势。明朝在初创期，太祖朱元璋吸取前朝教训，就对后宫干政、外戚干政明令禁止，制定了周全的防范措施。明清小说中的各种"姨"外戚均没有出现外戚干政的描写，从侧面印证了"姨系"词汇的外戚背景。

（三）夫妻类称谓

明清有一些关于丈夫和妻妾之间的称谓，可以分为以下几类。

1. 古代社会对丈夫有关的称谓词有"相公、官人、夫君、夫主、老爷、当家的、掌柜的、夫婿、郎君、郎、良人、外子、外人、那口子、老汉、老头子、我家男人、孩子他爹"。明清小说中一些常见的称谓词有：丈夫、夫、当家的、汉子、老公等，例如：

（30）晁夫人一个儿子丝丝两气的病在床上，一个丈夫不日又要去坐天牢，只指望这一会子怎么得一阵大风……（《醒世姻缘传》第十七回）

（31）素姐忘记了是猴，只道当真成了自己的老公，朝鞭暮扑，打得个猴精梭天摸地的着极。（《醒世姻缘传》第七十六回）

（32）晁夫人问说："你汉子姓甚么，叫甚么名字？"他说："俺当家的姓吴，名字叫吴学颜。"（《醒世姻缘传》第四十九回）

例（30）中"丈夫"最初是对男子的称呼，先秦时期就已出现，如左丘明《国语·越语》："生丈夫，……生女子。"又可指成年男子，如"女子十七不嫁，其父母有罪；丈夫二十不娶，其父母有罪"。到了唐代，"丈夫"才指称男性配偶。宋代《太平广记》："母曰：'佩犹愿以身为天师奴，今反得为丈夫有何不可。'"到了明代的《水浒传》中："只见老婆问道：'丈夫，你如何今日这般嘴脸？'"现在，这一称谓已经成为妻子对伴侣的专称，多用于正式场合。《醒世姻缘传》中"丈夫"共有108例，主要用于叙称与背称，是比较正式的称谓。

例（31）中"老公"表示"丈夫"，在《醒世姻缘传》中共有105例，与"公公"表示"太监"类似的，"老公"在《醒世姻缘传》中也有表示"太监"之义的用法，其次才是用于称呼丈夫，如"那管家娘子在那大人家拣那头一分好菜好肉吃在自己肚里，拣第二分留与自己的孩子老公，背了家主，烙火烧"……"老公"是一种口语化的称谓，有些戏谑的含义，以示亲密，后这种用法逐渐为社会广泛接受。如元代关汉卿《窦娥冤》："不知他怎生知道我家里有个媳妇儿，道我婆媳妇又没老公，他爷儿两个又没老婆，正是天缘天对。"

例（32）中的"汉子"和"当家的"均可指称丈夫，带有方言色彩，多用于非正式场合。但是《醒世姻缘传》中的"汉子"共出现了255次，除了"男子汉"的意思外，还有和"妇女"相对的"男子"的意思。"当家的"只出现了6次，全部指"丈夫"，与强调性别差异的"汉子"相比，"当家的"主要强调在家中的地位。这些称谓词汇都与文化有关，有较强的社会文化特征。

再如"相公"一词，"相公"原为对宰相的尊称，如《从军诗五首之一》："相公征关右，赫怒震天威，一举灭獯虏，再举服羌夷。"后用意义泛化，泛指官吏，再扩展到君子、秀才等，如《水浒传》第二十二回："今早宋江出去走了一遭，回来把我女儿杀了。老身结扭到县前。这唐二又把宋江打夺了去。告相公做主。"清孔尚任《桃花扇》："他是江湖名士，称他柳相公才是。"再后来扩展到称呼自己的丈夫为相公，如《初刻拍案惊奇·卷六》："只此也要得一半价钱，极是便宜的。但我家相公不在，一时凑不出许多来，怎么处？"

"官人"一词与"相公"类似，在唐朝称当官的人为"官人"，如杜甫的《逢唐兴与刘主簿弟》："剑外官人冷，关中驿使疏。"五代开始出现了把皇帝称为"官家"，"官家"本来的意思是公家。"官家"是一个具有儒家文化特征的词，正统中庸，带有褒义，显得平易近人。宋朝的开国皇帝得位不正，赵匡胤为了名正言顺，就让臣子以和百姓称自己为"官家"，以此体现自己的仁爱平等。受"官家"这个词的影响，"官人"也开始活跃，成为对有一定地位的男子的敬称，如王实甫《西厢记》："官人要下呵，俺这里有干净店房。"再发展到夫妻间的称谓，有的妻子称自己的丈夫为"官人"，用称谓来抬举丈夫，意为丈夫在外是做相、做官的人。宋代话本小说《错斩崔宁》："官人直恁负恩！甫能得官，便娶了二夫人。"这种叫法流传至今，民间仍对新婚丈夫戏称为"新郎官"。到了明时代把丈夫叫"官人"的叫法更普遍了，如《金瓶梅》中称西门庆为"西门大官人"。

"官人"和"相公"这类称谓体现了中国传统文化的"官本位"思想。"夫君、夫主、老爷"这类的词汇具有同样的功能，丈夫是女性的"君""主""老爷"，体现的是"男尊女卑""夫为妻纲"的封建等级思想，上述这些称谓带有明显的封建时代特点。

2. 与妻子有关的称谓词汇。

古代"妻系"词汇很多，也很有系统性。可以分为尊称、谦称、中性称谓以及特色称谓。尊称和谦称一般是对外和对内的区别，对别人的妻子一般使用尊称，如"令正、令室、尊嫂、尊夫人"。"令"类和"尊"类词汇是传统的书面语，是有一定阶层的人使用的，在明清普通人的口语中，可以称"夫人、娘子"。亲近关系的，如称哥哥的妻子，可以用"嫂子"，《水浒传》中武松就称呼潘金莲嫂嫂。

谦称类的有"拙荆、山荆、荆室、糟糠、贱内、执帚、内子"等。"拙荆"一明清小说中出现得比较多，如《西游记》："贤弟，你既入了沙门，做了和尚，从今后，再莫题起那拙荆的话说！"《水浒传》："恰才与拙荆一道来间壁岳庙里还乡愿。"《儒林外史》："拙荆也同寄居在河房内。""荆"本为一种灌木，宋《太平御览》记载东汉隐士梁鸿的妻子孟光，生活俭朴，以荆枝作钗，以粗布为裙，形容家中妇女衣着简陋。后来因此而以"拙荆"称自己的妻子，演变成对自己妻子的谦称。"山荆、荆室"与"拙荆"意义基本相似。

"糟糠"与"拙荆"类似，都是来源于汉朝典故。"糟糠"指的是"酒糟、米糠等粗劣的食物"，用以借代曾经共过患难的妻子，语出于"贫贱之交不可忘，糟糠之妻不下堂"。"糟糠"在明清小说中出现得比较多，如《醒世姻缘传》："有钱莫弃糟糠妻，贫时患难相依。"又《警世通言》："只为团头号不香，忍因得意弃糟糠？"《镜花缘》："并将糟糠之情，也置度外。"

"贱内"语出明代孙柚的《琴心记·誓志题桥》："贱内有恙，敢烦一卜。"也作"贱累""贱荆"，用于丈夫对外谦称自己的妻子。如《金瓶梅》："去年第六房贱内生下孩子，咱万事已是足了。"又如"西门庆道：'大贱内偶然有些失调，请后溪一诊。'"《红楼梦》："让我把贱内的病症说一说再看脉，如何？"由《金瓶梅》的例子可以看出，无论是正房还是第六房的小妾，都可以称为贱内。虽是谦虚的称谓，不过反映的是妇女地位的低下。

中性称谓有"妻子、太太"等，没有性别歧视，也不客气，只是表述夫妻关系。如杜甫《新婚别》："结发为妻子，席不暖君床。""太太"一词语出周代，周代三位国君的妻子"太姜、太任和太姒"，贤德良淑，被后人尊称为"三太"，后逐渐演化为"太太"。

特色称谓如皇帝的妻子，在清朝分为八个等级："皇后、皇贵妃、贵妃、妃、嫔、贵人、常在、答应"。明清时期对一些大臣的妻子也进行加封，称诰命夫人，跟大臣的品级一样。如《醒世姻缘传》："以奉母赈荒代粮一事，给母三品诰命。"《红楼梦》："连日王妃诰命也来得不少。"这些特色称谓都已经过时，没有正面意义，但能体现明清的时代性。

除上述称谓，还有一些如"老婆、婆子、夫人、娘子、媳妇、媳妇子、大房、浑家"等词汇，看小说中的例子：

（33）他的儿子都是另住，他与他的<u>老婆</u>另在一个路东朝西的门面房内，与程谟紧紧间壁。这个<u>老婆</u>天生天化，与刘恭放在天平秤兑，一些也没有重轻。（《醒世姻缘传》第五十一回）

（34）他<u>婆子</u>说："如今他正合一个甚么周公在那里白话，只得等那周公去了，方好请他哩。"（《醒世姻缘传》第四回）

（35）薛家请的是连春元<u>夫人</u>、连赵完<u>娘子</u>。薛夫人、薛如卞娘子连氏并素姐共五位，迎接<u>堂客</u>进去。薛三槐<u>媳妇</u>、狄周娘子接过狄婆子的轿来往里就抬。（《醒世姻缘传》第五十九回）

（36）武松道："你莫非是这妇人的丈夫？"那人道："是小人的<u>浑家</u>。"（《水浒传》第二十六回）

例（33）中"老婆"最初的含义是指老婆婆，老年妇女，最早见于唐代，如唐寒山《诗》："东家一老婆，富来三五年。"到了宋代既可以指老年妇女，也可以指妻子。如宋陶岳《罗隐东归》："不知急取富贵，则老婆之愿也。"此处"老婆"指的是"老年妇女"。而在《全宋词》："犹记老婆年少，爱斜簪宝髻，浅印红眉。"此处"老婆"指的是"妻子"。元代关汉卿《窦娥冤》："你要私休啊，你早些与我做了老婆，倒也便宜了你。"明清小说中"老婆"的含义比现在要广，既可以指"妻子"，也可以指"妓女""丫头"，还可以指年长的"老年女仆"。如《红楼梦》："贾政因说道：'一家子一个人，最怕老婆。'"此处"老婆"指的是"妻子"。《醒世姻缘传》："女还不知怎模样，儿已是极好了，从一百里外跑到这里嫖老婆……"此处"老婆"指的是"妓女"。《金瓶梅》："老婆亲走到厨房内说道：'姐，爹叫你哩。'"此处"老婆"指的是丫头。《红楼梦》："到了怡红院中，只见抱厦里外回廊上，许多丫头老婆站着……"此处"老婆"和"丫头"并列，指的是"老年女仆"。现在民间夫妻之间口语中的"老婆""老公"之类叫法，虽然含有戏谑的意味，不过也含有希望"相伴到老"的意思。例（34）中"婆子"指丈夫的配偶，是一种方言称谓，大体跟"老婆"的用法接近，指"妻子"和"妇女"。

例（35）中的"娘子""媳妇""堂客"在明清小说中出现的频率很高，属于主流的称谓，既可以作为对妇女的泛称，也可以加上丈夫姓名用来表示"妻子"，如"晁住娘子""库吏娘子""晁大舍的娘子"等。有时还可以直接省略，用丈夫的姓名加"的"来表示，如《红楼梦》中的"周瑞家的（娘子、媳妇）"。"媳妇"也是指妻子，比妻子口语化一点，类似的词语还有"媳妇儿、媳妇子"，它既可以泛指已婚女子，也可以指称自己的妻子，同时期的如"二拍"："（少卿）带领着几个小厮、丫鬟、家人媳妇，共十来个人，一起到后堂散步……"就《醒世姻缘传》而言，"夫人"是"妻子"的正式称谓，也可指有地位的女性，如"晁夫人""萧夫人""秦夫人"等。"老婆"和"媳妇"是常用的口语化的称谓，并一直沿用至今。"堂客"的本义是"堂上客人"，语出《隋冠军司录元钟墓志》："堂客不空，桂罇恒满。"后又指已婚的妇女和妻子，如《金瓶梅》："吩咐后边堂客躲开。"《儒林外史》："仍旧叫我家堂客送与他，择个日子就招人便了。"现在在湖北、湖南、四川等地的口语中，仍然有把"妻子"叫做"堂客"的，其背后的文化与"高堂"指父母，"令堂"指母亲类似，"妻子"不能代表家里做主，到正堂像做客一样，故有"堂客"一称。

例（36）中"浑家"指丈夫的配偶，"浑"指不懂事，不知进退，是一种对外的谦称。"浑家"最初的本义指"全家"，如唐代戎昱《苦哉行》："身为最小女，偏得浑家怜。"元代《飞刀对箭》："我浑家大小七八十口人……"不过"浑家"在元代就已经可以指"妻子"了，如元李文蔚《燕青博鱼》："浑家王腊梅，元不是我自小里的儿女夫妻。"到了清代"浑家"还是指"妻子"，《范进中举》："范进唯唯连声，叫浑家把肠子煮了，烫起酒来，在茅草棚下坐着。"

3. 关于妾的称谓。

古代男权占统治地位，一夫多妻的现象十分普遍，有钱人家可以有众多的妻室，但正妻只有一个，被称为"嫡"或者"正"，其余的妻室一律称为"妾"。明清关于妾的称谓有"妾、小媳妇、小老婆、家小、姬妾、妾妇、二房"等，如：

（37）每日照镜，自己的模样也不十分的标致，做不得公子王孙的娇妻艳妾。总然便做了贵人的妾媵……（《醒世姻缘传》第八回）

（38）这家中受那素姐万分折挫，……撇他在家，另娶一房家小，买两个丫头，寻两房家人媳妇，竟往任所，岂不是拔宅飞升的快活？（《醒世姻缘传》第七十五回）

（39）当下烘动了一街人观看，有认得的，说是西门庆家小老婆。（《金瓶梅》第九十回）

（40）贾蓉揣知其意，便笑道："叔叔既这么爱他，我给叔叔作媒，说了做<u>二房</u>，何如？"（《红楼梦》第六十四回）

例（37）中的"妾"指丈夫的庶妻，一般来说在传统的家庭中，妾的身份和地位远比不上正妻，有时候甚至比不上管家。"妾"这一称谓在春秋战国时期就已出现，如春秋战国左丘明《国语》："骊姬曰：'妾亦惧矣。'""妾媵"指丈夫的小妾，古代王公贵族女子出嫁，以娃娣从嫁称媵，后来"妾媵"就泛指侍妾了。《醒世姻缘传》中的"妾"出现次数比较多，有 172 次，都是小老婆的意思。《醒世姻缘传》中的"妾"族词有"妾""爱妾""姬妾""婢妾""妻妾""妾妇""嬖妾""美妾""贱妾""小妾"等。

例（38）中"家小"本指"妻儿老小"，在《醒世姻缘传》中既可以指"妻儿老小"，也可以指"小妾"。同时代的还有冯惟敏《不伏老》："只怕你中了进士做官之时，我也老的挣不得钱，娶不得家小了也。"清代李渔《闲情偶寄·演习·变调》："他三载不归，未必不在京中别有所娶。我想那房家小看见前妻走到，还要无中生有，别寻说话离间你们夫妻。"

例（39）、例（40）中的"小老婆""二房"在明清小说中的例子很多，含义都非常明确，都指丈夫的妾，与正妻区分开来，尊卑等级严格。

4. 与丈夫相关亲属的称谓词汇。

明清与丈夫的父母相关的称谓有：公婆、翁姑、翁婆、公公、婆婆、公、婆等；与丈夫的兄弟姐妹及其配偶相关的称谓有：大姑子、小叔子、大伯、小姑儿、婶子等，具体用例如下：

（41）计氏说道："……我也好不等俺<u>公公婆婆</u>回来告诉告诉？死也死个明白！"（《醒世姻缘传》第三回）

（42）自从进门这几年也并不知唤那<u>公婆</u>一声，直待此时被相<u>大姊子</u>打的极了……（《醒世姻缘传》第六十回）

（43）往后死在他<u>小叔子</u>手里罢了。那汉子杀人不眨眼，岂肯干休！（《金瓶梅》第八十七回）

（44）老太太想一想："也有大伯子的事，小婶子如何知道？"
（《红楼梦》第四十六回）

例（41）、例（42）中的"公公婆婆""公婆"都是对丈夫的父母的
称呼。《醒世姻缘传》中"公公"和"婆婆"或者"公婆"对举时，"公
公"才指丈夫的父亲，否则可能另有所指。这个在前文中已有论述，此
处不再赘述。关于"婆婆"的称谓，大约从唐代开始，人们就把丈夫的
母亲称为"婆""婆婆"，到了"二拍"时期就比较常见了，如"媳妇们
看见了些动静，对丈夫道：'公公常是要娶婆婆，何不就与这妈妈成了这
事？'"再如清代《红楼梦》："凤姐笑道：'我婆婆也是一样的疼宝玉，
我也没处诉冤！'"例（43）中的"小叔子"指丈夫的弟弟，仅见一例。
清代有沿用，如《红楼梦》："我和女人说话，略近些，他就疑惑，他不
论小叔子、侄儿、大的、小的，说说笑笑，就都使得了。"例（44）中
"大伯"最初主要是指父亲的兄长，前文中已有论述，此处也不再赘述。
《金瓶梅》也有例子："还有一件打搅，只怕你家大伯子说你孝服不满，
如之奈何？"

5. 与妻子相关亲属的称谓。

明清社会与妻子相关亲属的称谓词可以分为两类：一是对妻子父母
的称谓，如岳父、岳母、丈人、丈母等；二是对妻子兄弟的称谓，如舅、
舅子、小舅子、大舅子、大舅、妻爷、妻兄、妻弟等。

明清"岳父""岳母"都是对妻子的父亲、母亲的称呼。同时代的用
例如《二刻拍案惊奇》："今娘子主见如此，小生拼得受岳父些罪责，为
了娘子，也是甘心的。"清代《儒林外史》："前日还向我说，岳父岳母的
坟，要修理。"

"丈人"指妻子的父亲，古代"丈人"本来是对老年男性的尊称，如
《吕氏春秋》："过于荆，至江上，欲涉，见一丈人，刺小船，方将渔，从而
请焉。"后来"丈人"逐渐窄化，用来指称岳父，《醒世姻缘传》中"丈
人"用例有 40 例，是一个称呼妻妾父亲的比较常见的词；"丈母"是指妻
子的母亲，古时最开始把岳母称为"姑"或者"外姑"，隋唐以后就逐渐
称为"岳母""丈母"，如隋唐五代《敦煌变文》："丈人丈母不知，今日浑
成差事！"《醒世姻缘传》中"丈母"的次数与"丈人"相近，有 50 次。

"舅子"指妻子的兄弟，宋时期就已开始使用，如《资治通鉴》："弼曰：'颎，臣之敌人；素，臣舅子。'"明代施耐庵《水浒传》："王庆窃听多时，忽听得张世开说道：'舅子，那厮明日来回话，那条性命，只在棒下。'"《醒世姻缘传》中该词的用例共有 14 例，如第三十三回："刚才昨日上了学，今日就妆病，守着你两个舅子，又是妹夫，学给你丈人，叫丈人丈母恼不死么！"其他的"舅系"词有："舅爷"，指他人妻子的兄弟；"大舅"，指妻子的长兄；"小舅"，指妻子的弟弟；此外还有"母舅""姑舅""计大舅""舅爷""舅子""俺舅""二舅"等，这些称谓主要用于表示姻亲关系，还可以加定语表示亲疏与排行，表明了当时的语言应用上的特点。

（四）兄妹子侄类称谓

明清这类称谓词汇可以分为三类：一是兄弟姐妹之间的称谓；二是对兄弟姐妹之间配偶的称谓；三是对兄弟姐妹的子女及配偶的称谓。

1. 兄弟姐妹之间的称谓。这类称谓主要有：兄、家兄、兄弟、弟兄、兄长、哥、哥哥、弟、亡弟、胞弟、庶弟、姊、亲姊、亲姐、姐姐、妹、胞妹、妹妹、兄妹、姊妹、同胞兄弟、同胞姊妹等。对兄弟姐妹的子女及配偶的称谓可以分为四类：一是对子女的称谓；二是对子女配偶的称谓；三是对子女配偶的父母的称谓；四是对兄弟姐妹的子女及配偶的称谓。

2. 对兄弟姐妹之间配偶的称谓。这类称谓有：嫂子、大嫂、嫂嫂、亲嫂、长嫂、弟妇、姐夫、妹夫等。

3. 对子女的称谓。对子女的称谓主要有：儿、子、子女、子弟、儿子、儿女、男女、爱子、逆子、长子、次子、大儿子、女、女儿、爱女、闺女、丫头、姑娘等。"儿"的本义是幼童，后来逐渐发展成为儿子的称谓。《广雅·释亲》："儿，子也。""儿子"主要是为了强调男性之儿。如《吕氏春秋》："今以百金与抟黍以示儿子，儿子必取抟黍矣。"《醒世姻缘传》中称"儿女"的共有 22 例；"爱子"是对儿子的爱称，共 2 例，"逆子"共 3 例，分布比较均衡对称。"长子""次子""大儿子"等主要涉及家中的排行。"女儿"类的古今意义大体相同，南北朝时期就已出现，如隋唐五代《独异志》："古有女木兰者，代其父从征，身备戎装凡十三年，同伙之卒不知其是女儿。""爱女、闺女、丫头"都是昵称，是父母对女儿的一种亲切称谓。

（1）对儿子配偶的称谓。《醒世姻缘传》中对子女配偶的称谓有：媳妇、儿媳、儿媳妇、儿媳妇儿、妇、媳妇儿、长儿媳妇等，《醒世姻缘传》中称"媳妇"的用例比较多，共计有557例，既可用于面称也可用于旁称，统计数据表明这是一种称呼配偶的主要方式。"儿媳"指儿子之妇，这种用法明清时期已出现，"长儿媳妇"指排行最大的媳妇，强调长幼之间的辈分。

（2）对子女父母的称谓。《醒世姻缘传》中涉及子女父母的称谓有：亲家、亲家公、亲家母、亲家婆、亲家翁等。《醒世姻缘传》中"亲家"指儿子与媳妇的父母。这一称谓本义是指自己的家庭，后来指称范围扩大到有亲属关系之家，汉代以后夫妻双方的父母就互称为"亲家"，如《风俗通义》："曰：'我孤独，欲依亲家。'"《醒世姻缘传》中的"亲家"系词有："亲家公"是对媳妇与女婿的父亲的称呼；"亲家母"是对媳妇与女婿的母亲的称呼；"亲家婆"亦是对媳妇与丈夫的母亲的称谓，现在已很少使用。

4. 子侄及其配偶类称谓

明清子侄称谓词汇主要有：侄儿、侄女、亲侄、内侄、外甥、外甥女儿、外甥媳妇、外甥闺女等。我们以《醒世姻缘传》为例，对明清亲属相关称谓进行列表总结，如表6—1所示。

表6—1　　　　　　　　《醒世姻缘传》中相关亲属称谓

称谓类型	例词	主要称谓形式	特点
祖辈类称谓	爷爷、奶奶、公公、太公、祖父、外公、外婆、姥姥	公公、太公	亲属称谓、尊称、非对称性、非交互性
父母类合称称谓	父母、爷娘、爹娘、双亲、老子娘、高堂	爹娘、娘老子、老子娘	亲属称谓、尊称、非对称性、非交互性
对父亲的称谓	先父、先君、先考、父亲、亲父、爹、爹爹、老子、父、爷	爹、爷	亲属称谓，尊称非对称性，非交互性
对母亲的称谓	先母、老母、母亲、妈、娘、母、妈妈、亲娘、寡母	娘、妈	亲属称谓，尊称、非对称性，非交互性

续表

称谓类型	例词	主要称谓形式	特点
父系亲属称谓	伯、伯父、大爷、叔、叔叔、亲叔、叔子、大娘、叔母、婶子、姑娘、姑姑、姑夫	叔、伯	亲属称谓，尊称，非对称性，非交互性
母系亲属称谓	舅、舅舅、大舅、母舅、娘舅、妗子、妗母、舅娘、舅母、姨娘、姨姨、母姨	大舅、妗子	亲属称谓，尊称，非对称性，非交互性
夫妻类对丈夫的称谓	丈夫、夫、当家的、汉子、老公	丈夫、当家的	亲属称谓，长辈、尊称，非对称性，非交互性
与丈夫相关的称谓	公婆、翁姑、翁婆、公公、婆婆、公、婆	公公、婆婆	亲属称谓，长辈、尊称，非对称性，非交互性
与妻子相关的称谓	岳父、岳母、丈人、丈母、舅、舅子、小舅子、大舅子、大舅、妻爷、妻兄、妻弟	岳丈、岳母、舅子	亲属称谓，平辈、平称，对称性，交互性
兄弟姐妹类称谓	兄、家兄、兄弟、弟兄、兄长、哥、哥哥、弟、胞弟、庶弟、姊、亲姊、亲姐、姐姐、妹、胞妹、妹妹、兄妹、姊妹、同胞兄弟、同胞姊妹、嫂子、大嫂、嫂嫂、亲嫂、长嫂、弟妇、姐夫、妹夫	兄、弟、妹妹、嫂嫂	亲属称谓，平辈、平称，对称性，交互性
子女类称谓	儿、子、子女、子弟、儿子、儿女、男女、爱子、逆子、长子、次子、大儿子、女、女儿、爱女、闺女、丫头、姑娘、媳妇、儿媳、儿媳妇、儿媳妇儿、妇、媳妇儿、长儿媳妇、亲家、亲家公、亲家母、亲家婆、亲家翁、侄儿、侄女、亲侄、内侄、外甥、外甥女儿、外甥媳妇、外甥闺女	儿子、闺女、媳妇、侄儿、侄女	亲属称谓、晚辈，爱称，昵称、非对称性，非交互性

第二节　表敬称谓

礼仪文化是中国传统文化的重要内容，"礼"的核心是一套行为规范秩序，目的是建立统治阶级利益的人与人之间的和谐关系。礼仪文化反映在语言上时，就必然出现一套规范。如古人常用的尊称与谦称，对他人使用尊称，对自己使用谦称，其实是对语用学中的礼貌原则的自觉运用，即慷慨准则和损益准则。古代的表敬称谓名目繁多，一方面反映出封建社会的伦理纲常，另一方面也体现出文化传统的语言规范。

表敬称谓是带有尊敬意义的称谓，中国自古以来就特别重视"礼"，形成了以"礼"为根本特征的文化，它在规范社会道德和社会伦理方面发挥了重要作用。《礼记·曲礼上》说："夫礼者，所以定亲疏，绝嫌疑，别异同，明是非。""礼"对人际交往的作用在称谓用语中有突出的表现，人们在言语交际的过程中，往往会使用合乎礼法的方式指称自己或他人，这种称谓方式的原则就是"尊人卑己"。《礼记·曲礼上》也曾说道："夫礼者，自卑而尊人。"这句话言语交际过程中的要求就是，要懂得谦卑贬抑自己，慷慨地赞美别人，这就是"礼"的所在，这种文化传统一直延续至今，不管是文学作品，还是日常交流都会大量使用尊称和谦称。

从语言应用的角度来看，语言在交际的过程中负载着传递信息、发展和维持人际关系等实际功能。在社交场合，恰当的称谓是形成良好人际关系的基础。许多称谓语中带有明显的褒贬色彩，正确地使用称谓正是对礼貌原则的自觉运用。

表敬称谓总是针对他人的，根据他人身份、地位的不同而使用不同的尊称。我们结合《醒世姻缘传》中的称谓特点，将之分为四种类型：与职业有关的尊称、与官员有关的尊称、与性别年龄等属性有关的尊称以及与社会关系有关的尊称。本节我们将根据小说中敬谦词语的实际使用情况进行具体分析。

一　职业尊称

明清小说涉及的职业和行业种类繁多，为了适应社交的需要，自然就形成了许多对从业者的尊称，如：博士、长老、天师、真人、师傅、师父、老师傅、老师父、大师傅、小师傅、大叔、先生、太医、西宾等，例如：

（1）你将三十年纪，名门大族之家，从新认一个"油博士"的老婆为母？（《醒世姻缘传》第九十四回）

（2）山上有一老僧，法名普净，原是汜水关镇国寺中长老。（《三国演义》第七十七回）

（3）那国王将关文看了一遍，心中喜悦道："似你大唐王有疾，能选高僧，不避路途遥远，拜我佛取经。"（《西游记》第六十二回）

（4）不论孤寡老弱，但是要养育的，就给衣食供膳他；要讲读的，就请师傅教训他。（《醒世恒言》第三十七卷）

例（1）中"博士"是古代对茶坊伙计、手工艺者的尊称，后世称人为"师傅"。与我们现在所讲意义有不相同，"博士"是对从事某种职业的人的尊称，在小说中是对卖茶、卖油为生的人的尊称，在前文中我们已就"博士"一词做过解析，不再赘述。例（2）中的"长老""老僧"是对佛法高深的僧人的一种尊称，现在这种称谓仍在使用。例（3）中的"高僧"尊称僧人。"师傅"一般用作对僧尼、道士的敬称或者老师的通称。例（4）中的"师傅"是老师的一般称谓词语，而"先生"是指与教师职业相关的尊称。"师父"和"师傅"在一定语境下可以互换，都可以表示与僧道行业有关的尊称，不同之处在于"师父"还可以表示对僧道行业师徒关系中师者的尊称。

（5）见了胡旦，说道："大叔，怎得才来？行李来得久了。老爷正等得不耐烦哩。"（《醒世姻缘传》第五回）

（6）时晃大舍的魂灵也回来附在身上了，走到前面，向萧北川说道："北老，你也不是太医，你通似神仙了！真是妙药！"（《醒世姻缘传》第四回）

（7）一日，又与陆给谏商量，要请个西宾，陆给谏道："这西宾的举主却倒难做，若不论好歹，那怕车载斗量；若拣一个有才又有行，这便不可兼得了……"（《醒世姻缘传》第十六回）

例（5）中的"大叔"是众人对胡旦的一种尊称，因胡旦认了一个锦衣都尉外公，称谓也因此水涨船高。该词除了表示尊称以及与父亲同辈而年纪略小的男子外，另外一种意思是对富贵人家男仆的尊称，与年龄无关；例（6）中的"太医"本义指供职于皇室内廷的医生，如唐柳宗元《捕蛇者说》："其始，太医以王命聚之，岁赋其二，募有能捕之者，当其租入。"后用作对一般医生的称谓，是一种对医生的尊称。《醒世姻缘传》中的太医如杨太医，实则是完全的庸医，是一种反讽；例（7）中的"西宾"是与教师和幕宾等职业相关的尊称，《醒世姻缘传》中的"西宾"指的幕宾邢皋门。古时主位在东，宾位在西。汉代桓荣为明帝当太子时之师，明帝即位后，常到桓荣所居太常府内听讲经文，令其坐西位以示尊敬，后因此称塾师为"西宾"。如《幼学琼林》卷二："东家曰东主，师傅曰西宾。"

二　官职尊谓

封建社会地位分明、等级森严，所谓"官大一级压死人"，官员之间位卑者对位尊者、下级对上级也要根据对方官职与权力的大小使用不同的称谓。普通老百姓与官员的社会地位相差甚远，因此百姓在称呼地方官员时经常使用表长辈的亲属称谓以示尊敬。清代王士禛《池北偶谈》中曾记载："今乡官，称州县官曰父母，抚按司道府曰公祖，沿明世之旧也。"明清对地方官员的称谓很多就是使用这类尊称称谓，如：父母、县公、县尊、父母官、老父母、县太爷、太爷、明府、公祖、老公祖、大人、老大人、老爷、爷台、大老爷、老公、公公、老公公、宗师、尊师、太宗师、大宗师、堂尊、堂翁、寅翁、老寅翁、老先生、大老、大老先生、老先等，例如：

（1）晁夫人道："我两次受了朝廷的恩典，还要那钦奖做甚？父母公祖，乡宦大家，俱不肯捐出些来赈济，我一个老寡妇难道好形容他们不成？……"（《醒世姻缘传》第三十二回）

（2）晁大舍口里老父母长，老父母短；老父母又怎么清廉，那一个上司不敬重；老父母又怎么慈爱百姓，那一个不感仰；如今朝

廷破格用人，行取做科道只在眼前的事。(《醒世姻缘传》第十四回)

(3) 蒙老公祖亲临氏家，即唤蓐妇徐氏，公同合族妇女，验得沈氏之孕是真，蒙谕徐氏看守收生。(《醒世姻缘传》第四十七回)

(4) 计巴拉道:"你这等上门凌辱人家，你莫说是武城的马快，就是武城<u>县大爷</u>，我也告你一状!"(《醒世姻缘传》第十一回)

(5) 梁胡两个道:"我们是<u>州太爷</u>衙里边出来的亲眷，特来拜投长老。"那僧雏去了一会，只见那长老走将出来。(《醒世姻缘传》第十五回)

例 (1) 中晁夫人说的"父母公祖"是对州县和府道以上大小官的尊称，《醒世姻缘传》中百姓把州县一级的官员称为"父母"，而府道以上的官员就要再长一辈，称为"公祖"。例 (2) 中晁大舍口中的"老父母"指的就是"典史"。因为晁大舍在交谈中使用了敬称，老父母长，老父母短，清廉又慈爱百姓，典史听后心情大好，让他顺利地获得了帮助。例 (3) 中的"老公祖"指"宗师"，"宗师"是明清时期对提督学政的尊称，其地位比县官要高。例 (4) 中"计巴拉"称县官为"大爷"，例(5) 中梁胡称知州为"太爷"，由此可见，辈分上的不同体现了官职级别上的差异。前文我们对"爷"的功能做过分析，此处不再赘述。

(6) 那<u>年老公人</u>问道:"你这贫婆哭做甚么?"(《水浒传》第六十八回)

(7) 太守都道:"天下怎有这般怪事? 有如此恶妇? <u>老寅翁</u>与他是紧邻，他难道也没些忌惮，敢于这等放肆?"(《醒世姻缘传》第九十七回)

(8) 概县官吏人等，慌得一齐跪倒，磕头礼拜道:"上圣请回。我们如今进府，禀上<u>府尊</u>，即教放出，千万莫动脚，惊唬死下官。"(《西游记》第九十七回)

(9) 李通判在旁欠身便道:"<u>老先生</u>不必问他，眼见得赃证明白，何不回刑起来。"(《金瓶梅》第九十二回)

(10) 只是穷忙，这些<u>大老们</u>不肯厮放，那得脱身? 钱少宰老先

新点了兵部，狠命的央晚生陪他上京。别的老先们听见，那个肯放？（《醒世姻缘传》第四回）

例（6）中的"年老公人"指官差，"老公"实为一种尊老之称。例（7）中的"寅翁"指的是官员之间的尊称，特别是身份地位相似的同僚。寅是表敬语素，《玉篇》："寅也，敬也，强也。"如"寅家"为同僚，"寅丈"为对同僚的尊称，"寅兄"为同僚之间的敬称，"寅生"同寅，同官。例（8）中的"府尊"又尊称"太守""知府"，亦称"黄堂"，"府尊"一词是表示下级对上级的尊称。例（9）、例（10）中涉及的"老先生""大老们""老先"都是对官员的尊称，意义很相似，使用频率较高的是"老先生"，是旧时官场中的常用称谓。与上文的"老父母"不同的是，使用"老先生"称谓的一般是以民对官或者下级对上级的身份来使用的。随着时代的变迁，官职有关的尊称几乎全部被弃用，成为作品中的遗迹。

三 势位尊称

（一）与年龄、性别和地位等因素有关的称谓

明清有一部分像这样的尊称，如：老丈、公、台下、尊驾、官人、大官人、公子、相公、老相公、大相公、老人家、老夫人、员外、夫人、太太、小姐、女菩萨等，例如：

（1）任直合靳时韶说道："阿弥陀佛！真是女菩萨！我只说这新添的小孩子是他老人家积下来的！"（《醒世姻缘传》第二十二回）

（2）既然尊意决要会面，小子还同舍亲奉拜，不敢烦尊驾动定。（《警世通言》第七卷）

（3）和他争不得，只得母子二人逃上延安府去投托老种经略相公勾当。（《水浒传》第一回）

（4）狄员外道："往时这敝镇的所在，老丈所称许的这八个字倒是不敢辞的；如今渐渐的大不似往年了！……"（《醒世姻缘传》第二十五回）

"女菩萨"主要与性别尊称有关，有两层含义：一是用来尊称像菩萨般心地善良的女性；二是尊称僧尼。例（1）中的"女菩萨"特指晁夫人，赞美她心地善良，是一种尊称。例（2）中"尊驾"是一种对对方的敬称。驾，车驾，古代出行有车的一般是地位比较高的人，借指对方。《晋书·王鉴传》："愚谓尊驾宜亲幸江州，然后方召之臣，其力可得而宣。"有时在交谈中不敢直称其人，故指其车乘，后来用法泛化，指称一般人，书面色彩浓厚。例（3）中"相公"原本是对宰相的尊称，如王粲《从军诗五首·之一》："相公征关右，赫怒震天威，一举灭獯虏，再举服羌夷。"后来泛化指官吏，后来进一步发展成对一般有地位的人或者妻子对丈夫的尊称，"老相公""大相公"等称谓与之相似，"老"和"大"是进一步加强尊称。例（4）中"员外"原义是指官职，指正员以外官员，全称为"员外郎"，后来发展成对财主、富豪的尊称，给有钱但地位不高的人在语言上抬升地位。"老丈"是对老年男子的尊称，在文中指称的是"薛教授"，以显示他资历深厚，地位尊贵。

值得一说的是，上述所列的《醒世姻缘传》中与年龄性别和地位有关的词汇，现在基本也不再使用。唯一近些年还在使用的词"小姐"也因受到港台语言的影响而发生了词义演变，渐渐成了不活跃词汇。

（二）与社会关系有关的尊称称谓

明清有一些与社会关系有关的词语，如：高邻、师爷、师长、尊长、尊师、恩师、施主、年伯、老年翁等，在小说中的用例如下：

（5）武松道："如何使得，众高邻都在那里了。"（《水浒传》第二十五回）

（6）有一个陆节推，其父与邢皋门的父亲为同门的年友，最是相知，那个年伯也还见在。（《水浒传》第十六回）

（7）那刘方伯问道："适才却是何人？怎么老年翁如此敬重？"（《醒世姻缘传》第二十三回）

（8）季苇萧惊道："就是去岁宗师考取贵府二十七州县的诗赋首卷杜先生？小弟渴想久了，今日才得见面！"（《儒林外史》第二十九回）

（9）人家有一碗饭吃的，必定腾挪出半碗来供给先生。差不多

的人家，三四个五六个合了伙，就便延一个*师长*。（《醒世姻缘传》第二十三回）

例（5）中的"高邻"一词用于邻里关系，是古代人对邻居的一种尊称，类似于"高堂""高足"之类的称谓，这种用法在明清小说中比较常见。明冯梦龙《东周列国志》第五十八回："今寡人有负兹之忧，欲借针砭于高邻。"再如清吴敬梓《儒林外史》："高邻，你晓得我今日没有来，要卖这鸡去救命，为甚么拿这话来混我？"

例（6）中的"年伯"一词用于同学关系，指与父亲或伯叔同年考取进士的人，是对父辈同年登科者的尊称，后来亦称与自己同年考取进士者的父执辈。古代社会称同一年考取进士的人为"同年"，所以后辈称与父辈同一年考上的人为"年伯"，明中叶以后亦用以称同年的父亲或伯叔。例（7）中"老年翁"也与科举考试有关，是对同年同榜中科举而年长者的尊称。

例（8）中的"宗师""恩师"是一种师生间的提携关系，所谓"宗师"，即"崇拜景仰，尊以为师"，对位尊者或者为人师者的尊称。如《汉书·卷三十·艺文志》："祖述尧舜，宪章文武，宗师仲尼。"就明清时期而言，"宗师"主要是对提督学政的尊称，例句中所指即是"提督学政"。再如"二拍"："次年，宗师田洪录科考，韩子文又得吴太守一力举荐，拔为前列。"清《儒林外史》第三回："正直宗师来省录遗，周进就录了个贡监首卷。"

例（9）中的"先生""师长"都用于师生关系，是一种对老师的尊称。"先生"本是对年长有道德、有学问或有专业技能者的尊称，如《战国策·宋卫策》："乃见梧下先生，许之以百金。"也用于对老师的尊称，如《管子·弟子职》："先生施教，弟子是则。"《醒世姻缘传》中用于称谓"老师"的主要叫法是"先生"，称"老师"的则仅有4次。

第三节　詈称称谓

明清时期的白话小说中，使用詈称是一种十分普遍的现象，詈称指的是人们用来辱骂他人的脏话。《醒世姻缘传》对詈称的使用程度较《金瓶梅》有过之而无不及，这一方面可能与整个时代风气有关；另一方面可能与作者个人的语言习惯有关；再一方面也与作品内容本身有关，《醒世姻缘传》中有许多乡野村姑、泼妇无赖、市井流氓等，描写他们的日常口语和生活场景，使用詈称就难以避免。作为在《醒世姻缘传》中十分突出的一种语言现象，只要从社会语言学的视角来研究该书，对其中詈称的研究也就不可避免。

我们看两个《醒世姻缘传》中的比较出名的例子，几乎后世的学者只要研究詈称，就难以回避这两个例证：

（1）那李成名娘子合该造化低，撞在他网里……那珍哥二目圆睁，双眉倒竖，恨不得把那一万句的骂做成一句，把那李成名娘子骂的立刻化成了脓血，还象解不过他恨来的。骂道："放你家那臭私窠子淫妇歪拉骨接万人的大开门驴子狗臭屁！什么'珍姨'、'假姨'！……贼奴才！你家里有这们几个珍姨？常时还说有那死材私窠子哩，你胡叫乱叫的罢了，如今那死材私窠子已是没了，还是珍姨珍姨的！自家奴才淫妇拿着我不当人，怎么叫别人不鄙贱我？贼忘八！可说你把那肠子收拾的紧紧的，你纵着奴才淫妇们轻慢我，你待指望另寻老婆！可是孔家的那淡嘴私窠子的话么？只怕我搅乱的叫你九祖不得升天！别说你另要大老婆在我上头，只怕你娶小老婆在我下头我还不依哩！从今后，我不依你叫人叫我珍姨！我也不依把那死材私窠子停在正房哩，快叫人替我掀到后头厢房内丢着去！把那白绫帐子拿下来，我待做夹布子使哩！"（《醒世姻缘传》第十一回）

（2）狄希陈都抹了会子，蹭到房里，素姐说："我只说你急心疼跌折了腿进不来了，你也还知道有屋子顶么？那老没廉耻的来雌嘴，我叫你留他吃饭来？平白的赖我的丫头偷嘴吃！"狄希陈说："你怎么就是没廉耻的来雌嘴？明日巧妹妹过了门，咱爹就别去看看，也是雌嘴吃哩？媳妇子又没盯着丫头吃了鸡，不过是说了一声。这有甚么大事，嚷得这们等的？"素姐说："放你家那狗屁！你那没根基、没后跟的老婆生的，没有廉耻！象俺好人家儿女害羞，不叫人说偷嘴！"狄希陈说："你睁开眼看看！谁是没根基、没后跟的老婆生的？我见那姓龙的撒拉着半片鞋，歪拉着两只蹄膀，倒是没后跟的哩！

只怕俺丈母的根基我知不道，要是说那姓龙的根基，笑吊大牙罢了！"素姐说："姓龙的怎么？强起你妈十万八倍子！你妈只好拿着几个臭钱降人罢了！"狄希陈说："那么俺娘就不拿着一个钱，那姓龙的替俺娘端马子、做奴才，还不要他，嫌他低搭哩！"素姐说："那么，你妈替姓龙的舐腚！"狄希陈说："你达替俺那奴才舐腚！你妈替俺那奴才老婆舐扶！"（《醒世姻缘传》第四十八回）

两段文字中詈词的使用达到令人瞠目结舌的地步。晁源的小老婆珍哥的"放你家那臭私窠子淫妇歪拉骨接万人的大开门驴子狗臭屁"，气势恣意汪洋，神乎其技，运用作者自己的话来说，几乎要把人骂得立刻化成脓血，其语言的张力让人叹为观止。如果说例（1）是对詈骂行为的刻意描写，如此夸张的詈骂行为还在情理之中，那么例（2）描述的是夫妻间日常生活中的互骂，使用詈词如此下流与频繁，则至少足以说明《醒世姻缘传》中的詈骂泛滥，且这样的场面不胜枚举。这在一定程度上说明了古典小说向世情小说的转变，男主人公狄希陈受尽薛素姐等妻妾的百般折磨与残酷虐待，以"偿命今生"，因此以薛素姐为代表的人物詈词异常频繁。即使考虑到故事的虚妄性和与妒悍形象的夸张性，这些詈词的使用还是具有一定的现实性。

詈称泛滥，不避粗俗，场面不胜枚举，反映当时社会风气世风日下的特点。以《醒世姻缘传》为例，书中使用詈词的人物多达181人，几乎所有人物都概莫能外，从太监到各级官员、再到幕宾、胥吏、衙役、秀才、地主、农夫、商人、妻妾、仆婢、娼妓、医生、流氓、僧道等，涵盖了当时社会上的各色人等。就人物来说，统计詈词使用的结果为：薛素姐为373次、珍哥97次、童寄姐91次、计氏77次、狄婆子48次、狄希陈48次、龙氏40次、晁思才38次……大量使用詈词的原因是多样的，一是塑造人物的手段，二是晚明社会风气江河愈下，作者以骂世姿态撰成此书，以表达对当时的社会不满。就詈词数量方面来说，《醒世姻缘传》中出现的詈词达367个之多，在不同的场合被使用了2342次，数量也是罕见的。其中使用次数较多的有：贼/贼～（200）、忘八/乌龟（117）、狗/狗～（111）、淫妇（89）、臭/臭～（76）、奴才（74）、光棍/光棍～（70）、屄/屄～（59）、（私）窠子（48）、混/混帐/浑/浑帐~（42）、扯（臭）淡（41）、（肏）/攮/人（39）、恶~（36）、砍头的（34）、羔子（32）作孽/业（32）……詈词不仅数量多，而且使用频率高，与后来《红楼梦》中的詈词数量与使用频率相比，也是小巫见大巫。

统计数据表明社会地位越低的人物，使用詈语次数越多，地位越高的人，使用詈词也越少，骂的对象也仅限于平民百姓或治下，这些反映了当时社会在语言应用上的特点，能帮助人们了解《醒世姻缘传》所处的明清时期的世俗文化特点。

一 性别詈称

我们在前文中讨论过明清社会的"詈语"现象，不过"詈语"和"詈称"含义有所不同，一切骂人的话语言辞都可以称为"詈语"，而"詈称"则是詈语中的称谓词，"詈语"的概念应该包含"詈称"。二者最大的区别还在于，"詈称"有时候可以完全相等，如骂人为"奴才"，可能被骂者真是一个奴才，而骂人为"狐狸精"，被骂者并不是真狐狸，只是一个比喻而已。

《释名》："詈，历也，以恶言相弥历也。亦言离也，以此挂离之也。"《书·无逸》："小人怨汝詈汝。"《诗·大雅》："覆背善詈。"《史记·魏豹传》："汉王骂詈诸侯群臣。"刘福根（2007）把汉语詈语分为11个基本类别：与相貌、生理缺陷有关的詈语，与性别、年龄有关的詈语，与身份地位、职业有关的詈语，与鬼神等有关的詈语，与种族意识有关的詈语等。我们在将明清小说中詈称分为以下四类：与性别、年龄有关的詈称；与动物有关的詈称；与身份、职业有关的詈称；与妖魔鬼怪有关的詈称。

在语言与性别章节中我们讨论了詈称和女性的关系，此处我们不再重复讨论詈词和女性问题，而主要讨论詈称和男性的关系。明清用于男性的詈称主要有：一是"奴"系词。本来"奴"既可以指女性也可以指男性，男女自称时都可以用"奴"。但语言应用上还是有一些区别，如"奴才"一般指男性，要强调女性性别时一般可以用"女奴"或者"奴婢"。我们这里讨论的"奴才"很多时候只是一种詈称，并非实指卖身为奴没有人格、毫无尊严的社会下层男性。明清的"奴"系词有"奴、奴才、小奴、逃奴、忤奴、奴狗、象奴、光棍奴才、倒包奴才、三姓家奴、狠奴才、奴仆、贼奴才、黑心奴"等；二是"歹徒"系。一般说来，"歹徒"系词汇也多指男性，基本没有以"凶徒""恶棍""强盗""贼"之类"歹徒"系詈称来骂女性的；三是"僧道"类，如"牛鼻子、秃驴、秃和尚"等。我们看一些例子：

（1）雷横大怒，便骂道："这忤奴，怎敢辱我！"（《水浒传》第五十回）

（2）素姐合他说是三月初三日回娘家去，行在通仙桥上，被不知名一伙恶棍打抢首饰，剥脱衣裳，把丈夫的胳膊打伤，命在垂危。（《醒世姻缘传》第十一回）

（3）（长老）忽一日发个念头，说道："呀，这寺院坍塌的不成模样了，这些蠢狗才攘的秃驴，止会吃酒噇饭……"（《金瓶梅》第五十七回）

二　动物詈称

骂人为动物，最初只是个别的比喻性用法，以动物喻人的詈称数量上还并不是很多。先秦通常骂人为老鼠，如《诗·都风·相鼠》中，以鼠喻人无礼义廉耻之心，《魏风·硕鼠》以硕鼠喻统治者贪婪而畏人。这类詈称往往借助动物的某种劣性，比喻人们存在的某种劣性，以抒发骂人者的憎恶情绪。

到了明清时代，以动物喻人的詈称就多到泛滥的地步了，几乎所有的白话小说中都随处可见。比较有代表性的则是《金瓶梅》和《醒世姻缘传》，但是二者在詈语的使用上还是有一定的区别。《金瓶梅》的淫秽词汇比较多，主要是与性有关的詈称，《醒世姻缘传》中的詈语有意地避开了过于淫秽的詈称，使用的动物性詈语更多，如"畜生、禽兽、孽畜、畜物、乌龟、忘八、狗眼、狗头、狗腿、狗骨头、老狗头、羔子、熟鸭子、豺狗、团脐、虎狼、野牛、老牛、狗彘、蛇太君、狐狸精、肥虫蚁、鹰犬"等。这类詈称通过把人比喻成动物来达到贬低的目的，基本上只剩下动物性了。

由于前文中已经有相关讨论，此处只略举一例。如《醒世姻缘传》中的"忘八"和"王八"都写成一个词，"贼王八""王八羔子"中的

"王八"全部都写作"忘八"，及至明代的《七修类稿》："今骂人曰王八，或云忘八之讹，言忘……不然也。"可见"忘八"和"王八"在明代就已经混淆讹用。"王八"作为詈称本意应该是动物性的，骂人像王八一样缩头，没有勇气。"忘八"是"忘八端"的简化，指忘记人安身立命的"八端"："礼义廉耻、孝悌忠信"。"忘八"是忘记了做人的"八端"，骂的是人的品性道德不正，不过"忘八"是"忘八端"的简化这一说法只是一种推测，没有实际证据。有时候詈语的不可解之处甚多，"王八羔子"在语义上颇为费解，"王八蛋"更容易理解一点，"王八羔子"的组合可能是模拟的"羊羔子"组合。其他类似的一些与动物性的詈称，不可解之处大抵相似，由开除人格、矮化、物化而成。

三　身份詈称

在语言与职业的章节中，我们讨论了明清社会职业称谓上的特点。这里我们只讨论其中的一小部分，詈称所反映出的职业。我国封建社会极为重视封建伦理纲常，封建礼教与等级制度根据人们不同的身份地位划分出尊卑贵贱、等级森严。与身份、职业有关的詈称主要表达的是对地位贱者的贬斥。身份类詈称多用于詈骂庶民、小人贱役，在古代奴隶们实际上就是被当作禽兽、牲畜看待的。

明清社会数量众多的詈称反映长尊幼卑、主尊奴卑、官尊民卑等社会观念，如"小厮、穷花子、叫花子、贼人、强盗、光棍、凶棍、凶徒、囚徒、村囚、戏子、窠子、秃妇"等。具体用例如下：

（1）这尤聪原是盐院承差尤一聘的个<u>小厮</u>，从小使大，与他娶了媳妇。（《醒世姻缘传》第五十四回）

（2）大尹道："看你这个<u>穷花子</u>一片刁词！"计老接道："老爷不要只论眼下；小的是富贵了才贫贱的，他家是贫贱了才富贵的，<u>小的怎便是花子？</u>"（《醒世姻缘传》第十回）

（3）晁无晏涎瞪着一双贼眼，望着晁近仁两个说道："……偏俺就是<u>柳盗跖，是强盗，是贼</u>，拿着俺不当人，<u>当贼待</u>，看着煮粥就落米，看着枭谷就偷谷？……"（《醒世姻缘传》第三十二回）

例（1）中的"小厮"指未成年的男性仆从，没有任何权利和人格尊严，连"奴才"都比不上，是身份地位最低的一种。作为詈称，既可用来指责对方行为举止下贱，也可以指对方身份卑贱。

例（2）中的"花子"也作"叫花子""叫化子"，是旧时对乞丐的称呼。明清各种小说中的"花子系"词汇有"穷花子""叫花子""贼花子""老花子""病花子""京花子"等，称人时是一种詈称，用于嘲讽别人穷，像乞丐一样。《醒世姻缘传》中大尹骂计老为穷花子，计老进行了很不客气的反驳。

例（3）中的"贼"系詈称出现较早，"贼"在先秦已经出现，小篆字形从戈，则声。从戈，刀毁贝，会意字，本义为残害、伤害。《说文解字》："贼，败也。"两汉时期，贼可以指作乱叛国危害人民的人，如《史记·商君列传》："商君，秦之贼。秦强而贼入魏，弗归，不可。"先秦时候"贼"用作詈称的不多，魏晋以后则已广泛用作詈称。至明清时，各种变体"贼系"词，数量最多，各种小说中都可以见到。《三国演义》中的贼字出现586次，《水浒传》841次，《金瓶梅》441次，《西游记》200次，《醒世姻缘传》200次，《红楼梦》105次，如此数量使"贼"字成了明清社会骂人的当之无愧的头牌和主流的词，也很有可能是古代社会使用得最广泛的詈称。各种小说中"贼系"词有"老贼""反贼""逆贼""贼兵""降贼""贼军""曹贼""董贼""从贼""贼党""群贼""贼心不改""附贼""草贼""叛贼""贼眼""负心贼""贼秃""盗贼""贼歪剌骨""六贼""贼寇""仇贼""水贼""贼人""毛贼""贼头鼠脑""认贼作父""贼事""小贼""贼猴头""拿贼拿赃""贼杂种""强贼恶盗""贼人胆虚""贼狗头""国贼""贼赃""流贼""贼淫妇""贼光棍""贼忘八""贼杂种""贼头""贼奴才""贼杀的""贼砍头的"等。清明小说中骂不完的"贼系"词汇，数不尽的"贼组合"，隐藏的是汉族几千年抗外贼、抓内贼的历史记忆，表达了社会对"贼"的痛恨情绪，这种痛恨情绪隐藏的是中华传统文化追求江山一统、追求社会和谐的内在基因，"贼"也因此成为各种小说中的共同的记忆符号。

四　妖魔詈称

骂别人为妖魔鬼怪时，是在语言上将对方做比喻化的"降格"处理，将人妖魔化。妖魔鬼怪通常是丑恶而又凶残的，在汉族民众的心理形象上是阴森恐怖的，引发死亡、灾祸以及苦难等种种不吉事件，妖魔鬼怪们基本上是邪恶、灾难的化身。《醒世姻缘传》中与妖魔鬼怪相关的詈称有"鬼、怪物、鬼头蛤蟆眼、强魂恶鬼、见鬼的、罗、罗刹、妖道、女阎王、贫胎饿鬼、色中饿鬼、邪神野鬼、凶神、夜叉、淫妖、野鬼、鬼胎、妖精、妖人、妖怪、阎王"等，这些称谓具体用例如下：

（1）薛素姐固是个<u>阎王</u>，这童寄姐也就是个<u>罗刹</u>。（《醒世姻缘传》第九十一回）

（2）你不过是几两臭银子买来的<u>毛丫头</u>，这屋里你就作耗，如何使得！好不好拉出去配一个小子，看你还<u>妖精</u>似的哄宝玉不哄！……（《红楼梦》第二十回）

（3）布曰："今日便送去，如何？"氾曰："今日乃<u>凶神</u>值日，不可去。明日大利，宜用戌、亥时。"（《三国演义》第十九回）

（4）正行间，忽见一个巡海的<u>夜叉</u>，挡住问道："那推水来的，是何神圣？说个明白，好通报迎接。"（《西游记》第三回）

例（1）中"阎王"原为佛家语，来源于佛教掌管地狱的主神，"罗刹"在佛教中指食人肉之恶鬼。《慧琳意义》卷二十五中记载："罗刹，此云恶鬼也。食人血肉，或飞空或地行，捷疾可畏。"《醒世姻缘传》中以"阎王"喻薛素姐，"罗刹"喻童寄姐，指她们两人极凶悍，是对二人的詈称。例（2）中"妖精"是传说中能变化为人，可以美色迷人的动物或者精灵，小说中是李嬷嬷对袭人的詈称。例（3）中"凶神值日"，大致等同于"阎王""鬼怪"之类的詈称。古人迷信，出行问凶吉，反映了社会迷信思想盛行。例（4）中"夜叉"是佛教用语，是佛教谓一种捷疾勇健会伤害人的鬼，为八部众之一，能吃人或空中腾飞、速疾隐秘，原为印度神话中一种半神的小神灵，是以用于比喻容貌丑陋或性情凶暴的人。

第四节　本章小结

称谓是一个复杂的系统，它是体现交往双方亲密程度和社会地位的一个重要因素，在影响双方关系方面发挥着重要的作用，因此成为社会语言学研究的重要内容之一。本章我们主要考察了明清小说中的亲属称谓、敬谦称谓以及詈称称谓。

首先，我们讨论了亲属称谓，对明清小说中的一些称谓作了历时的考察。在封建社会，亲属的范围与宗法礼制密切相关，与各种礼仪制度及其权利和义务有密切联系。亲属称谓作为一种基本词汇在语言中形成了一套系统，反映着一个民族的社会生活、思维方式、文化传统。明清时期的称谓词汇系统非常复杂，有大量的亲属称谓，包括对祖辈的称谓、对父母的称谓、与父亲相关亲属的称谓、与母亲相关亲属的称谓、丈夫与妻妾之间的称谓、与丈夫相关亲属的称谓、与妻子相关亲属的称谓、对兄弟姐妹及与其相关亲属的称谓、对子女与其相关亲属的称谓等。总的来说，亲属称谓的复杂性对应的是传统宗亲系统的复杂性，反映的是封建社会宗法制度下的人伦秩序。

其次，我们讨论了明清时期的表敬称谓。礼制的目的是要建立一套规范、统一、和谐的人际秩序，表敬称谓的目的则在于通过礼貌语来以言行事，或避免冒犯造成麻烦。礼制反映在语言称谓上，就必然出现一套语用规范，如尊称和谦称。我们把表敬称谓分为四种类型：与职业有关的尊称、与地位有关的尊称、与性别年龄等属性有关的尊称以及与社会关系有关的尊称。表敬称谓反映的是社会地位尊卑的秩序，社会地位尊卑是隐藏在称谓背后的底层逻辑。

最后，我们讨论了明清时期的詈称称谓，詈称与敬称是相对的。明清时期的白话小说使用詈语是一种十分普遍的现象，一些小说对詈称的使用程度又特别之高，以至于只要从事语言研究，对詈称的研究就不可避免。明清社会詈语泛滥，不胜枚举，研究这些詈称有助于我们理解当时的世俗文化。我们从四个角度来讨论了詈称称谓，一是与性别有关的詈称，二是与动物相关的詈称，三是与身份有关的詈称，四是与妖魔鬼怪相关的詈称。其中的多数詈称，我们都进行了历时的考察，分析其来源，指出其主要形式，阐明其背后的社会文化内涵。总的说来，詈称的背后隐藏着性别歧视、地位尊卑，礼法的失序等问题。

参考文献

一 著作

毕继万：《跨文化非语言交际》，外语教学与研究出版社 1999 年版。

晁瑞：《明代语言政策与语言规划研究》，南京大学出版社 2018 年版。

陈章太：《语言规划研究》，商务印书馆 2022 年版。

段江丽：《〈醒世姻缘传〉研究》，岳麓书社 2003 年版。

郭熙：《中国社会语言学》，商务印书馆 2004 年版。

胡适：《〈醒世姻缘传〉考证》，《胡适作品集》，台北：远流出版事业股份有限公司 1998 年版。

童万周：《醒世姻缘传（后记）》，西周生辑著《醒世姻缘传》，中州古籍出版社 1982 年版。

邢福义、吴振国主编：《语言学概论》（第二版），华中师范大学出版社 2010 年版。

袁宾：《近代汉语概论》，上海教育出版社 1992 年版。

［英］凯特·福克斯：《英国人的言行潜规则》，姚芸竹译，生活·读书·新知三联书店 2010 年版。

二 期刊

曹大为：《〈醒世姻缘传〉作于明末辨》，《北京师范大学学报》（哲学社会科学版）1988 年第 4 期。

曹瑞芳：《山西方言所见〈醒世姻缘传〉词语选释》，《长治学院学报》2005 年第 6 期。

曹瑞芳：《〈醒世姻缘传〉中俗语运用的修辞手法和作用》，《语文知识》
　2007 年第 4 期。

陈建伟：《〈醒世姻缘传〉方言词语试诂》，《临沂师范学院学报》2007 年
　第 2 期。

陈娟、李立：《谈〈醒世姻缘传〉中的言语夸张》，《蒲松龄研究》2006
　年第 3 期。

陈文斌：《关于胡适〈《醒世姻缘传》考证〉的几点辩驳》，《蒲松龄研
　究》2015 年第 3 期。

陈晓青：《〈醒世姻缘传〉对〈金瓶梅〉的继承与发展》，《山东社会科
　学》2004 年第 4 期。

程志兵：《〈醒世姻缘传〉俗语二则辨析》，《山东理工大学学报》（社会
　科学版）2015 年第 1 期。

楚爱华：《〈醒世姻缘传〉中父权秩序的倾覆》，《蒲松龄研究》2002 年第
　2 期。

楚爱华：《〈醒世姻缘传〉中素姐等悍妇形象出现的原因及其时代意义》，
　《北京邮电大学学报》（社会科学版）2001 年第 1 期。

崔兰霞：《〈醒世姻缘传〉第一人称代词例释》，《现代语文》（语言研究
　版）2008 年第 12 期。

丁建川：《〈醒世姻缘传〉中的"把"字句和"将"字句》，《山东农业大
　学学报》（社会科学版）2010 年第 4 期。

杜爱英：《〈醒世姻缘传〉语词拾零》，《古汉语研究》1997 年第 3 期。

段江丽：《"除夕雷雨"与"内官"：〈醒世姻缘传〉成书年代补证》，《中
　国典籍与文化》2002 年第 1 期。

范正群、张晓：《〈醒世姻缘传〉杨无山事迹考略——兼论李粹然、杨无
　山赈灾义举的时间》，《蒲松龄研究》2011 年第 4 期。

冯春田：《〈醒世姻缘传〉方言词例说》，《文史哲》2001 年第 4 期。

冯春田：《〈醒世姻缘传〉含"放着"句式的分析》，《语言教学与研究》
　2001 年第 6 期。

冯春田：《〈醒世姻缘传〉与现代山东方言的"可不"类句式》，《古汉语
　研究》2002 年第 2 期。

付丽：《理性张扬与神道教化〈醒世姻缘传〉的神道设教》，《哈尔滨工

业大学学报》（社会科学版）2002 年第 2 期。

付丽：《男权压抑下的悍妇心理——略论〈醒世姻缘传〉中的薛素姐》，《明清小说研究》2003 年第 1 期。

高文亮：《〈醒世姻缘传〉中的山东方言词浅析》，《西安社会科学》2010 年第 2 期。

谷卉：《〈醒世姻缘传〉的结构艺术》，《株洲师范高等专科学校学报》2002 年第 4 期。

贺卫国：《〈醒世姻缘传〉湘方言词语小笺》，《湘潭师范学院学报》（社会科学版）2006 年第 1 期。

洪帅、吴红英：《〈醒世姻缘传〉方言词语考辨》，《汉语史学报》2010 年第九辑。

黄蒙、赵秀方：《〈醒世姻缘传〉中叛逆女性形象浅析》，《蒲松龄研究》2006 年第 3 期。

江兰英：《从〈醒世姻缘传〉看明代晚期服饰》，《南方文物》2009 年第 2 期。

姜复宁、朱彦羽：《从数理语言学角度论证〈醒世姻缘传〉并非蒲松龄作品》，《武汉工程职业技术学院学报》2015 年第 4 期。

金性尧：《〈醒世姻缘传〉作者非蒲松龄说》，《中华文史论丛》1980 年第 4 辑。

雷汉卿：《〈醒世姻缘传〉方言词补释》，《古汉语研究》2006 年第 3 期。

雷汉卿：《〈醒世姻缘传〉方言词语杂考》，《南京师范大学文学院学报》2004 年第 4 期。

李国庆：《〈醒世姻缘传〉版本新探（上）》，《明清小说研究》2005 年第 2 期。

李金松：《〈醒世姻缘传〉中的戏曲史料述略》，《古籍整理研究学刊》2004 年第 2 期。

李立成：《〈醒世姻缘传〉里的句末语气词"可"》，《中国文学》1998 年第 4 期。

李无未：《〈醒世姻缘传〉诗词用韵考》，《烟台大学学报》（哲学社会科学版）1989 年第 4 期。

李无未、刘富华、禹平：《〈醒世姻缘传〉与吉林方言词语探源》，《吉林大学社会科学学报》2000 年第 2 期。

李焱：《〈醒世姻缘传〉正反疑问句研究》，《古汉语研究》2003 年第 3 期。

刘洪强、王立芬：《〈醒世姻缘传〉素材来源再考——兼论小说成书于顺治年间》，《蒲松龄研究》2012 年第 1 期。

刘洪强：《〈醒世姻缘传〉的蓝本及素材来源》，《明清小说研究》2009 年第 3 期。

刘洪强：《〈醒世姻缘传〉的作者为章丘文士考》，《江汉大学学报》（人文科学版）2010 年第 3 期。

刘钧杰：《从言语特征看蒲松龄跟〈醒世姻缘传〉的关系》，《语文研究》1988 年第 4 期。

刘蕾：《〈醒世姻缘传〉中总括副词"皆"与"都"简析》，《语文学刊》2009 年第 17 期。

刘伟：《〈醒世姻缘传〉黄注商榷》，《蒲松龄研究》2007 年第 3 期。

刘文婷：《〈金瓶梅〉中詈语的文化蕴含与明代市民文化》，《宁夏大学学报》（人文社会科学版）2000 年第 3 期。

刘艳玲：《〈醒世姻缘传〉詈词的分类考察》，《蒲松龄研究》2011 年第 4 期。

刘艳玲：《〈醒世姻缘传〉詈词使用状况的考察》，《常熟理工学院学报》（哲学社会科学）2011 年第 3 期。

刘艳玲：《一种特殊的文化现象——对〈醒世姻缘传〉詈词滥用状况的考察》，《现代语文》（文学研究）2010 年第 11 期。

刘玥：《从处置式比较看〈醒世姻缘传〉非蒲松龄所作》，《蒲松龄研究》2010 年第 1 期。

路恩春、杜爱英、王妮妮：《〈醒世姻缘传〉歇后语释例》，《淄博学院学报》（社会科学版）2002 年第 2 期。

路广、李文倩：《从署名方式看〈醒世姻缘传〉作者问题——兼与王立鹏先生商榷》，《福州大学学报》（哲学社会科学版）2009 年第 4 期。

路广：《山东地区"给"音调查与〈醒世姻缘传〉作者问题》，《古汉语研究》2012 年第 3 期。

路广：《〈醒世姻缘传〉中的介词"从"、"打"、"齐"》，《泰山学院学报》2003 年第 5 期。

罗福腾：《〈醒世姻缘传〉的反复问句》，《语文研究》1996 年第 1 期。

马玉琴、余慕川：《从〈醒世姻缘传〉看明清时期管家媳妇的地位》，《山花》2014 年第 1 期。

聂春艳：《论〈醒世姻缘传〉的伦理道德问题意识》，《名作欣赏》2009 年第 12 期。

欧阳伟华：《〈红楼梦〉詈语及其文化蕴含》，《辽宁行政学院学报》2013 年第 1 期。

蒲泽：《〈醒世姻缘传〉非一人著考辨——〈醒世姻缘传〉作者及成书年代考辨之一》，《蒲松龄研究》2010 年第 1 期。

蒲泽：《〈醒世姻缘传〉中晁源的原型人物考》，《蒲松龄研究》2009 年第 3 期。

蒲泽：《〈醒世姻缘传〉作者西周生考——〈醒世姻缘传〉作者及成书年代考辨之二》，《蒲松龄研究》2010 年第 3 期。

戚晓杰：《谈汉语句式结构的层面渗透——以〈醒世姻缘传〉中的两种基本句式为例》，《古汉语研究》2011 年第 1 期。

戚晓杰：《〈醒世姻缘传〉"比"字句研究》，《古汉语研究》2006 年第 1 期。

秦存钢：《〈醒世姻缘传〉方言词语注释辨正》，《泰山学院学报》2003 年第 5 期。

秦存钢、于亚楠：《〈醒世姻缘传〉中的单音节动词重叠考察》，《泰山学院学报》2008 年第 5 期。

任永辉：《〈醒世姻缘传〉中的陕西方言词语》，《语文学刊》2009 年第 4 期。

任永军：《论近代汉语"个"前"一"的隐现问题——以〈醒世姻缘传〉为例》，《延边大学学报》（社会科学版）2011 年第 2 期。

邵妍：《〈醒世姻缘传〉中转折连词"可"成词理据的共时推测》，《泰安教育学院学报岱宗学刊》2009 年第 2 期。

师为公：《华夏版〈醒世姻缘传〉注释撷误》，《方言》2000 年第 2 期。

师为公：《〈醒世姻缘传〉所见宋鲁方言本字考》，《苏州科技学院学报》（社会科学版）2006 年第 3 期。

施晔：《〈醒世姻缘传〉与〈姑妄言〉中的一种婚姻现象——话说惧内》，《上海师范大学学报》（哲学社会科学版）2004 年第 1 期。

宋瑞：《浅谈〈红楼梦〉中的信仰民俗》，《乌鲁木齐职业大学学报》2011 年第 2 期。

苏家庆、林若红：《〈醒世姻缘传〉写作地点考证》，《蒲松龄研究》2008 年第 3 期。

孙绪武：《〈醒世姻缘传〉歇后语的类型和来源》，《现代语文》（语言研究版）2011 年第 11 期。

孙玉明：《丁耀亢是〈醒世姻缘传〉作者吗?》，《蒲松龄研究》1993 年第 Z2 期。

田璞：《〈醒世姻缘传〉与蒲松龄作品的比较——再谈〈醒世姻缘传〉的作者不是蒲松龄》，《殷都学刊》1988 年第 1 期。

田璞：《〈醒世姻缘传〉作者新探》，《河南大学学报》（哲学社会科学版）1985 年第 5 期。

童小丽：《从〈醒世姻缘传〉看女性地位的变化》，《忻州师范学院学报》2010 年第 6 期。

王光福：《〈醒世姻缘传〉"凡例"与〈红楼梦〉"凡例"》，《蒲松龄研究》2014 年第 3 期。

王洪秀：《〈醒世姻缘传〉中"将"字用法考察》，《现代语文》（语言研究版）2008 年第 9 期。

王瑾：《论〈醒世姻缘传〉非丁耀亢所著》，《广州大学学报》（社会科学版）2002 年第 10 期。

王珏：《从〈醒世姻缘传〉谈被人忽略的婚俗——"出气"》，《兰台世界》2011 年第 28 期。

王立鹏：《从〈醒世姻缘传〉的思想内容和结构看其作者》，《明清小说研究》1997 年第 3 期。

王平：《明清小说婚俗描写的特征及功能——以〈金瓶梅〉、〈醒世姻缘传〉、〈红楼梦〉为中心》，《东岳论丛》2007 年第 3 期。

王平：《〈醒世姻缘传〉与〈聊斋志异〉俗信描写之比较》，《蒲松龄研究》2010 年第 3 期。

王平：《〈醒世姻缘传〉与民俗文化》，《民俗研究》1997 年第 1 期。

王文晖：《〈醒世姻缘传〉词语释义订补》，《枣庄师专学报》1996 年第
　　2 期。

王晓娟：《〈醒世姻缘传〉清人薛景泰批语辑考》，《蒲松龄研究》2015 年
　　第 4 期。

王雪萍：《明代厨婢现象的历史文化蕴涵——以〈醒世姻缘传〉为中心》，
　　《哈尔滨工业大学学报》（社会科学版）2011 年第 6 期。

王衍军：《从次浊入声字的归属看〈醒世姻缘传〉的作者问题》，《蒲松
　　龄研究》2001 年第 1 期。

王衍军、李平：《从〈醒世姻缘传〉看清初学校教育和科举制度》，《齐
　　鲁学刊》2012 年第 5 期。

王衍军：《论〈醒世姻缘传〉中的谐音民俗》，《齐鲁学刊》2009 年第
　　4 期。

王衍军：《谈〈醒世姻缘传〉的语言学价值》，《汉语史学报》2010 年第
　　9 辑。

王衍军：《〈醒世姻缘传〉中的［VC 了］式能性述补结构试析》，《暨南
　　学报》（哲学社会科学版）2009 年第 3 期。

魏启君：《〈醒世姻缘传〉词语拾零》，《学术探索》2012 年第 5 期。

魏文哲：《果报思想与〈醒世姻缘传〉的主题》，《徐州师范学院学报》
　　1995 年第 1 期。

魏文哲：《懦夫与悍妇——〈醒世姻缘传〉的独特的人物形象》，《明清
　　小说研究》1996 年第 2 期。

吴佩林：《〈红楼梦〉中的明清山东方言再举证——基于西周生〈醒世姻
　　缘传〉的对比》，《蒲松龄研究》2014 年第 4 期。

吴晓龙、陶学荣、陶睿：《乡约与明代乡村社会治理——以〈醒世姻缘
　　传〉为例》，《甘肃社会科学》2006 年第 5 期。

夏薇：《〈醒世姻缘传〉成书年代新考》，《辽宁师范大学学报》2004 年第
　　2 期。

夏薇：《〈醒世姻缘传〉的叙事结构及"主线移位"现象》，《明清小说研
　　究》2005 年第 4 期。

夏薇：《寻觅"西周生"——〈醒世姻缘传〉作者与人物的距离及作者
　　"小像"》，《蒲松龄研究》2005 年第 2 期。

徐复岭：《〈醒世姻缘传〉作者为兖州府人贾凫西续考》，《济宁师范专科学校学报》2005 年第 4 期。

徐慧文：《〈醒世姻缘传〉方言量词研究》，《滨州学院学报》2006 年第 1 期。

徐慧文：《〈醒世姻缘传〉时间量词分析》，《济宁师范专科学校学报》2005 年第 2 期。

严云受：《论〈醒世姻缘传〉的因果报应与思想意义》，《安徽师大学报》（哲学社会科学版）1993 年第 1 期。

严云受：《〈醒世姻缘传〉作者问题续考》，《安徽师范大学学报》（人文社会科学版）2001 年第 1 期。

杨春宇：《〈醒世姻缘传〉的研究序说——关于版本和成书年代问题》，《明清小说研究》2003 年第 2 期。

杨东方：《也谈〈醒世姻缘传〉的成书年代——与夏薇女士商榷》，《蒲松龄研究》2008 年第 2 期。

杨华：《〈醒世姻缘传〉因果报应思想剖析》，《长江大学学报》（社会科学版）2012 年第 11 期。

杨会永：《〈醒世姻缘传〉词语补释》，《四川师范学院学报》（哲学社会科学版）2003 年第7 期。

杨萍：《〈醒世姻缘传〉中的民俗文化》，《吉林省教育学院学报》（学科版）2009 年第 10 期。

杨雅娟、高霞、张丽波：《从〈五灯会元〉到〈醒世姻缘传〉：把字句的历史演变》，《长江大学学报》（社会科学版）2014 年第 5 期。

叶桂桐：《〈醒世姻缘传〉研究述评》，《蒲松龄研究》1994 年第 1 期。

叶建军：《〈醒世姻缘传〉中的比拟式》，《安庆师范学院学报》（社会科学版）2004 年第 5 期。

叶建军：《〈醒世姻缘传〉中的反问副词》，《安庆师范学院学报》2003 年第 6 期。

殷晓杰：《〈醒世姻缘传〉方言词拾零》，《语言研究》2008 年第 1 期。

于亚楠：《〈醒世姻缘传〉中几种特殊的动词重叠形式》，《泰山学院学报》2009 年第 2 期。

袁世硕：《〈《醒世姻缘传》作者和语言考论〉序》，《济宁师专学报》

1994 年第 1 期。

岳岚：《〈醒世姻缘传〉幽默艺术分析》，《蒲松龄研究》2008 年第 3 期。

岳岚：《〈醒世姻缘传〉中的语言变异》，《人文丛刊》2007 年第 00 期。

岳立静：《从〈醒世姻缘传〉看近代汉语助词"将"的语法功能》，《语言科学》2008 年第 6 期。

岳立静：《山东中西部方言反复问句 300 年来的演变——以〈醒世姻缘传〉为例》，《东岳论丛》2006 年第 3 期。

张宝胜：《〈醒世姻缘传〉中的"把"字句》，《中州学刊》1999 年第 4 期。

张冠男：《〈醒世姻缘传〉近五年研究综述》，《厦门广播电视大学学报》2011 年第 3 期。

张泓：《近十余年〈醒世姻缘传〉作者问题研究综述》，《四川民族学院学报》2011 年第 1 期。

张丽：《浅析〈醒世姻缘传〉人物命运与作者的儒家情怀》，《宿州教育学院学报》2013 年第 6 期。

张宁：《受虐者：狄希陈形象的心理学分析》，《辽东学院学报》（社会科学版）2011 年第 4 期。

张清吉：《〈醒世姻缘传〉作者补证》，《明清小说研究》1995 年第 1 期。

张清吉：《〈醒世姻缘传〉作者再补证》，《明清小说研究》1997 年第 3 期。

张同胜：《论〈醒世姻缘传〉中的"诙谐"》，《现代语文》（文学研究版）2011 年第 11 期。

张烨：《明清山东基层士人生存状态初探——以〈醒世姻缘传〉为例》，《河南理工大学学报》（社会科学版）2013 年第 1 期。

张玉萍：《〈醒世姻缘传〉词法问题研究综述》，《殷都学刊》2009 年第 4 期。

张玉萍：《〈醒世姻缘传〉作者探索三十年回眸》，《现代语文》（学术综合版）2011 年第 11 期。

张振国：《〈醒世姻缘传〉人名臆解》，《中南大学学报》（社会科学版）2013 年第 2 期。

赵红梅：《〈醒世姻缘传〉与〈汉语大词典〉的释义及书证问题》，《蒲松龄研究》2006 年第 1 期。

赵璐:《〈醒世姻缘传〉与明末清初的戏曲生态》,《周口师范学院学报》2016 年第 3 期。

周薇:《评〈醒世姻缘传〉的崇儒尚佛思想》,《淮阴师专学报》1996 年第 4 期。

邹宗良、解新颜:《"姑奶奶"、"关圣帝君"与"金龙四大王"——再论〈醒世姻缘传〉康熙年间成书说之不能成立》,《蒲松龄研究》2010 年第 4 期。

邹宗良:《〈醒世姻缘传〉中的"明水镇"为淄川王村说之权——〈醒世姻缘传〉历史地理考辨之一》,《蒲松龄研究》2011 年第 3 期。

三　论文

曹思海:《〈醒世姻缘传〉"被"字句研究》,硕士学位论文,广西民族大学,2010 年。

柴胜锋:《〈醒世姻缘传〉研究三题》,硕士学位论文,重庆师范大学,2008 年。

晁瑞:《〈醒世姻缘传〉方言词研究》,博士学位论文,南京师范大学,2006 年。

陈建华:《〈醒世姻缘传〉"得"字句研究》,硕士学位论文,山东师范大学,2010 年。

崔兰霞:《〈醒世姻缘传〉人称代词研究》,硕士学位论文,西北师范大学,2009 年。

邸宏香:《〈醒世姻缘传〉语音研究》,硕士学位论文,吉林大学,2004 年。

丁俊苗:《〈醒世姻缘传〉复句研究》,硕士学位论文,西北师范大学,2003 年。

丁敏:《〈醒世姻缘传〉量词研究》,硕士学位论文,南京师范大学,2012 年。

高娟:《论明代中后期通俗小说对士商关系的整合——以〈醒世姻缘传〉为例》,硕士学位论文,广西师范大学,2003 年。

高小红:《〈醒世姻缘传〉形容词重叠形式研究》,硕士学位论文,山东大学，2009 年。

贺卫国：《〈醒世姻缘传〉动词重叠研究》，硕士学位论文，湖南师范大学，2004 年。

侯旭：《〈醒世姻缘传〉中的民间信仰》，硕士学位论文，长春师范学院，2010 年。

黄悦：《〈醒世姻缘传〉亲属称谓研究》，硕士学位论文，扬州大学，2012 年。

贾娇燕：《〈醒世姻缘传〉社会称谓研究》，博士学位论文，山东大学，2008 年。

江兰英：《〈醒世姻缘传〉的明代服饰词汇训诂》，硕士学位论文，南昌大学，2009 年。

李果丽：《〈醒世姻缘传〉的思想价值》，硕士学位论文，内蒙古大学，2008 年。

李弘历：《〈醒世姻缘传〉研究》，硕士学位论文，辽宁大学，2007 年。

李焱：《〈醒世姻缘传〉语法研究》，博士学位论文，厦门大学，2003 年。

李映忠：《〈醒世姻缘传〉语气词研究》，硕士学位论文，西北师范大学，2005 年。

林茜：《〈醒世姻缘传〉反问句研究》，硕士学位论文，山东师范大学，2009 年。

刘东晓：《〈醒世姻缘传〉中的服饰文化研究》，硕士学位论文，山东大学，2015 年。

刘福根：《古代汉语詈语小史》，博士学位论文，浙江大学，2007 年。

刘欣：《论古代通俗小说中儒家文化与商业伦理的构建》，硕士学位论文，湖南师范大学，2009 年。

柳青：《〈醒世姻缘传〉"把"字类处置式研究》，硕士学位论文，山东师范大学，2010 年。

龙周莉：《〈醒世姻缘传〉人称代词研究》，硕士学位论文，山东师范大学，2010 年。

马月敏：《〈醒世姻缘传〉中的狐意象研究》，硕士学位论文，济南大学，2012 年。

孟宪华：《〈醒世姻缘传〉存在句研究》，硕士学位论文，山东师范大学，

2011 年。

孟烨：《明代法律实践中的权力与文化——以〈醒世姻缘传〉为研究中心》，硕士学位论文，复旦大学，2010 年。

苗俊涛：《〈醒世姻缘传〉与山东民俗》，硕士学位论文，山东大学，2009 年。

彭静：《理学与明清世情小说中的悍妇形象研究》，硕士学位论文，沈阳师范大学，2012 年。

邱姗姗：《〈醒世姻缘传〉时间副词研究》，硕士学位论文，山东师范大学，2012 年。

任双平：《明清山东方言附加式构词法初探》，硕士学位论文，山东大学，2005 年。

石小清：《论〈醒世姻缘传〉中的叛逆女性形象》，硕士学位论文，广西师范大学，2001 年。

史慧：《元明戏曲中的蒙古语借词研究》，硕士学位论文，宁夏大学，2013 年。

史云云：《〈醒世姻缘传〉"梦"意象研究》，硕士学位论文，山东师范大学，2013 年。

孙香雨：《〈醒世姻缘传〉方位词研究》，硕士学位论文，山东大学，2014 年。

孙志刚：《〈金瓶梅〉叙事形态研究》，博士学位论文，哈尔滨师范大学，2010 年。

王爱香：《〈醒世姻缘传〉语气词研究》，硕士学位论文，山东师范大学，2003 年。

王彬：《〈醒世姻缘传〉女性形象研究》，硕士学位论文，内蒙古大学，2005 年。

王桂龙：《明清山东方言概数表示法研究》，硕士学位论文，山东大学，2008 年。

王敏：《〈醒世姻缘传〉中的趋向动词研究》，硕士学位论文，西北师范大学，2002 年。

王群：《〈醒世姻缘传〉副词研究》，硕士学位论文，山东师范大学，2001 年。

王娴：《试论清代小说中的"不肖子"形象——以〈醒世姻缘传〉〈歧路灯〉〈红楼梦〉为中心》，硕士学位论文，首都师范大学，2009 年。

温静：《〈醒世姻缘传〉行为动词研究》，硕士学位论文，西南大学，2007 年。

徐慧文：《〈醒世姻缘传〉量词研究》，硕士学位论文，山东师范大学，2005 年。

杨秋利：《〈醒世姻缘传〉中的女性形象研究》，硕士学位论文，哈尔滨师范大学，2010 年。

张晓晓：《明末清初小说中的"妒妇"形象研究》，硕士学位论文，陕西师范大学，2010 年。

赵秀珍：《〈醒世姻缘传〉程度表达法研究》，硕士学位论文，山东大学，2013 年。

郑东珍：《〈醒世姻缘传〉"给"字研究》，硕士学位论文，华东师范大学，2004 年。